繪圖歷代神仙傳

第一輯
第18冊

繪圖歷代神仙傳

正編
第9種

（新編）繪圖歷代神仙傳目錄

繪圖歷代神仙傳

說帚山真人

邑山黃掌綸 全訂

繪圖歷代神僊傳序

自三教異說紛紜各不相同是書獨揭大道而儒與釋道之妙義發揮旁通要之以中合之以一窮其性命之理殊途同歸有志延年者披閱是書即可知神僊之捷徑其要鍊形洗心而已鍊形之功先以降龍伏虎洗心之法先以遣魂攝魄鍊之熟洗之至自然萬念皆空取坎填離而身成矣不此之審徒欲襲取其外貌終覺無益鍊形之功有六門其一曰玉液煉形其二曰金液煉形其三曰太陰煉形其四曰太陽煉形其五曰內觀煉形其六曰真空煉形煉之千日則四大一身徹如水晶塔子表裏玲瓏內外洞徹心華燦然靈光顯現靈光者慧光也仙人秘訣曰慧光生處覺花開靈慧覺花開處煉形入

微示微有此洗心之語，易經聖人以此洗心，退藏於密之旨矣。膺為心居乎火而藏之以背之水，其洗之之義也。心居乎前而藏之以背之後，其退之之義也。故神學者降伏其心，束之太緊者有炊燥火丈夫之慮。是以暫將心火之南而藏背水之北，而知水火互相交養，並含膺不出，即白玉蟾所謂洗心滌慮為沐浴是也。煉形洗心，其功相輔而行，其致相需而濟，一而二，二而一也。於是修形固於神，頸形神合於氣，所以蹈水火而無礙，對日月而無影，甚至在已出入金石間，或留形住世，或脫質昇仙。有白日而充肉屍者，黃帝之謂也。有留形而住世者，彭祖之謂也。有受命而居天職者，張天師之謂也。有拔宅而上昇者，許旌陽之謂也。有承統而傳北宗、重陽之謂也。有入仕而隱者，東方朔之謂也。至於老子為釋家卒餌為大夫。尹喜為函令，仇生任殷，輔光任漢，馬丹任晉，孫博任趙。正陽棄官，鈍陽辭舉。常有拋職，琴高拋勞，若此者多，不可以枚數。噫，神仙之隱顯去留，豈世之凡夫所能測度者哉。更若憑虛御風之列子，折蘆過江之達摩，若非陶質煉形之功，退藏洗心之能，不可以解其聯舉之身，求與神形俱妙之道。非坐脫立亡者之所能知，所以不免有拋身入身之誤。殊不知煉形洗心之道者，何可與高仙為比哉。故不辭煩勞，將神仙一一繪圖，俾學一目了然，知求仙者自有捷徑之方，不難按圖以參考焉。是為序

康熙庚辰四月朔石園主人書

是書流傳已久本坊覓
得舊藏家本用上等好
紙以付印亦公諸同好
云云耳

道光辰年三魚書屋主人識

繪圖歷代神仙傳目錄

新書出版

[illegible]

詞林紀事

[illegible]

韓昌黎全集

[illegible]

老子

老子者名重耳字伯陽楚國苦縣曲仁里人也其母感大流星而有娠雖受氣天然見於李家猶以李為姓或云老子先天地生或云天之精魄蓋神靈之屬或云母懷之七十二年乃生生時剖母左腋而出生而白首故謂之老子或云其母無夫老子是母家之姓或云老子之母適至李樹下而生老子生而能言指李樹曰以此為我姓或云上三皇時為玄中法師下三皇時為金闕帝君伏羲時為鬱華子神農時為九靈老子祝融時為廣壽子黃帝時為廣成子顓頊時為赤精子帝嚳時為祿圖子堯時為務成子舜時為尹壽子夏禹時為真行子殷湯時為錫則子文王時為文邑先生一云守藏史或云在越為范蠡在齊為鴟夷子在吳為陶朱公皆見於群書不出神仙正經未可據也葛稚川云洪以為老子若是天之精神當無世不出俯尊就卑委逸就勞背清澄而入臭濁棄天官而受人爵也夫有天地則有道術道術之士何時暫乏是以伏羲以來至於三代顯名道術世世有之何必常是一老子也皆由晚學之徒好奇尚異苟欲推崇老子故有此說其實論之老子蓋得道之尤精者非異類也按史記云老子之子名宗事魏為將軍有功封於段至宗之子汪汪之子言言之玄孫瑕仕於漢瑕子解為膠西王太傅家於齊則老子本神靈耳淺見道士欲以老子為神異使後代學者從之而不知此更使不信長生之可學也何者若謂老子是得道者則人必勉力競慕若謂是神靈異類則非可學也或云老子欲西度關關令尹喜知其非常人也從之問道老子驚怪故吐舌聃然遂有老聃之號亦不然也今按九變及元生十二化經老子未入關時固已名聃矣老子數易名字非但一聃而已所以爾者按九宮及三五經及元辰經云人生各有厄會到其時若易名字以隨元氣之變則可以延年度厄今世有道者亦多如此老子在周乃三百餘年二百年之中必有厄會非一是以名稍多耳欲正定老子本末故當以史書實錄為主并老仙經秘文以相參審其他

若俗說多虛妄。洪按西昇中胎。及復命苞。及珠韜玉機金篇內經。皆云老子黃白色。美眉廣顙長耳。大目疏齒方口厚脣。額有三五達理。日角月懸。鼻純骨雙柱。耳有三漏門。足蹈二五。手把十文。以周文王時爲守藏史。至武王時。爲柱下史。時俗見其久壽。故號之爲老子。夫人受命。自有通神遠見者。稟氣與常人不同。應爲道主。故能爲天神所濟。衆仙所從。是以所出度世之法。九丹八石。金醴金液。次存玄素。守一思神。歷藏行氣。鍊形消災。辟惡治鬼。養性絕穀。變化厭勝。教戒役使鬼魅之法。凡九百三十卷。符書七十卷。皆老子本起中篇所記者也。自有目錄。其不在此數者。皆後之道士。私所增益。非真文也。老子恬淡無欲。專以長生爲務者。故在周雖久。而名位不遷者。蓋欲和光同塵。內實自然。道成乃去。蓋仙人也。孔子常往問禮。先使子貢觀焉。子貢至。老子告之曰。子之師名丘。相從三年而後可教焉。孔子既見老子。老子告曰。良賈深藏若虛。君子盛德若愚。去子之驕氣與多欲淫志。是皆無益於子也。孔子讀書。老子見而問之曰。何書。曰。易也。聖人亦讀之。老子曰。聖人讀之可也。汝曷爲讀之。其要何說。孔子曰。要在仁義。老子曰。蚊虻噆膚。通夕不得眠。今仁義慘然而汩人心。亂莫大焉。夫鵠不日浴而白。烏不日染而黑。天之自高矣。地之自厚矣。日月自明矣。星辰固自列矣。草木固有區矣。夫子修道而趨。則以至矣。又何用仁義。若擊鼓以求亡羊乎。夫子乃亂人之性也。老子問孔子曰。亦得道乎。孔子曰。求二十七年而不得也。老子曰。使道可獻。人則人莫不獻之其君。使道而可進人。則人莫不進之其親矣。使道可告人。則人莫不告之兄弟矣。使道可傳人。則人莫不傳之其子矣。然而不可者。無他也。中無主。而道不可居也。孔子曰。丘治詩書禮樂易春秋。誦先王之道。明周召之迹。以千七十餘君。而不見用。甚矣。人之難說也。老子曰。夫六藝。先王之陳迹也。豈其所陳哉。今子所修者。皆因陳迹也。迹者履之出。而迹豈異哉。孔子歸。三日不談。子貢怪而問之。孔子曰。吾見人之用意如飛鳥者吾飾意以為弓弩射之未嘗不及而加之也人之用意如麋鹿者吾飾意以為走狗而逐之未嘗不銜而頓之也人之用意如淵魚者吾飾意以為鈎緡而投之未嘗不釣而制之也至於龍乘雲氣遊太清吾不能逐也今見老子其猶龍乎使吾口張而不能翕舌出而不能縮神錯而不知其所居也陽子見於老子老子告之曰虎豹之文猨猱之捷所以致射也陽子曰敢問明王之治老子曰明王之治功蓋天下而以不自己化被萬物而使民不恃其有德而不稱其名位乎不測而遊乎無有者也老子將去而西出關以昇崑崙關令尹喜占風氣逆知當有神人來過乃掃道四十里見老子而知是也老子在中國都未有所授知喜命應得道乃停關中老子有客徐甲少賃於老子約日雇百錢計欠甲七百二十萬錢甲見老子出關遊行速索償不可得乃債人作辭詣門令以言老子而為作辭者亦不知甲已隨老子二百餘年矣唯計甲所應得直之多許以女嫁甲甲見女美尤喜遂通辭於尹喜得辭大驚乃見老子老子問甲曰汝久應死吾昔賃汝為官卑家貧無有使役故以太玄清生符與汝所以至今日汝何以言吾吾語汝到安息國固當以黃金計直還汝汝何以不能忍乃使甲張口向地其太玄真符立出於地丹書文字如新甲成一聚枯骨矣喜知老子神人能復使甲生乃為甲叩頭請命乞為老子出錢還之老子復以太玄符投之甲立更生喜即以錢二百萬與甲遣之而去并執弟子之禮具以長生之事授喜喜又請教誡老子語之五千言喜退而書之名曰道德經焉尹喜行其道亦得仙漢竇太后信老子之言孝文帝及外戚諸竇皆不得不讀讀之皆大得其益故文景之世天下謐然而竇氏三世保其榮寵太子太傅疏廣父子深達其意知功成身退之義同日棄官而歸散金布惠保其清貴及諸隱士其遵老子之術者皆外損榮華內養生壽無有顛沛於險世其洪源長流所潤洋洋如此豈非乾坤所定萬世之師表哉故莊周之徒

莫不以老子爲宗也。

木公亦云東王父亦云東王公蓋青陽之元氣百物之先也冠三維之冠服九色雲霞之服亦號玉皇君居於雲房之間以紫雲爲蓋青雲爲城仙童侍立玉女散香真僚仙官巨億萬計各有所職皆禀其命而朝奉翼衛故男女得道者名籍所隸焉昔漢初小兒於道歌曰著青裙入天門揖金母拜木公時人皆不識唯張子房知之乃再拜之曰此乃東王公之玉童也蓋言世人登仙皆揖金母而拜木公焉或云居東極大蓬中有山焉以清玉爲室深廣數里僚屬真仙時往謁九靈金丹一歲再遊其宮共校定男女真仙階品功行以昇降之總其行籍而上奏元始中開玉晨以禀命於老君也天地刧歷陰陽代謝世運興廢陽九百六舉善黜惡靡不由之或與一玉女更投壺焉每投一投十二百梟設有入不出者天爲嚻（呼盤切）噓（嚻呼者言開口而笑也）梟而脫悟不接者天爲之嗤儒者記而詳焉所謂王者乃尊爲貴上之稱非其氏族也世人以王父王母爲姓斯亦誤矣

黃安

黃安代郡人也爲代郡卒云卑猥不獲處人間執鞭推荊讀書畫地以記數一夕地成池時人謂安舌耕年可八十餘彊視若童子常服朱砂舉體皆赤冬不著衣坐一龜廣長三尺時人問此龜有幾年矣曰昔伏羲始造網罟得此龜以授吾其龜背已平矣此蟲畏日月之光二千年則一出頭我生此蟲已五出頭矣行則負龜而趨世人謂安萬歲矣出洞冥記

周穆王

周穆王名滿房后所生昭王子也昭王南巡不還穆王乃立時年五十矣立五十四年一百四歲王少好神仙之道常欲使車轍馬跡遍於天下以倣黃帝焉乃乘八駿之馬奔戎使造父為御得白狐玄貉以祭於河宗導車涉弱水魚鼈黿鼉以為梁遂登於春山又觴西王母於瑤池之上王母謠曰白雲在天道里悠遠山川間之將子無死尚能復來王荅曰余歸東土和洽諸夏萬民平均吾顧見汝比及三年將復而野又至於雷首太行遂入於宗周時尹喜既通流沙草樓於終南之陰王追其舊跡招隱士尹軌杜沖居於草樓之所因號樓觀從詣焉祭父自鄭圃來謁諫王以徐偃之亂王乃返國宗社復安王造崑崙時飲峰山石髓食玉樹之實又登羣玉山西王母所居皆得飛靈沖天之道而示跡託形者蓋所以示民有終耳況其飲琬琰之膏進甜雪之味素蓮黑棗碧藕白橘皆神仙之物得不延期長生乎又云西王母降穆王之宮相與昇雲而去

繪圖歷代神仙鑑 卷一 彭祖 二

彭祖者姓籛諱鏗帝顓頊之玄孫也殷末已七百六十七歲而不衰老少好恬靜不卹世務不營名譽不飾車服唯以養生治身為事王聞之以為大夫常稱疾閑居不與政事善於補導之術服水桂雲母粉麋角散常有少容然性沈重終不自言有道亦不作詭惑變化鬼怪之事窈然無為少周遊時還獨行人莫知其所詣伺候竟不見也有車馬而常不乘或數百日或數十日不持資糧還家則衣食與人無異常閉氣內息從旦至中乃危坐拭目摩搦身體舐唇咽唾服氣數十乃起行言笑其體中或瘦倦不安便導引閉氣以攻所患心存其體面九竅五臟四肢至于毛髮皆令具至覺其氣雲行體中故於鼻口中達十指末尋即體和王自往問訊不告致遺珍玩前後數萬金而皆受之以恤貧賤無所留又采女者亦少得道知養性之方年二百七十歲視之如五六十歲奉事之於掖庭為立華屋紫閣飾以金玉乃令采女乘輜軿往問道於彭祖既至再拜請問延年益壽之法彭祖曰欲舉形登天上補仙官當用金丹紫炁召太一所以白日昇天也此道至大非君王之所能為其次當愛養精神服藥草可以長生但不能役使鬼神乘虛飛行身不知交接之道縱服藥無益也能養陰陽之意可推之而得但不思言耳何足怪問也吾遺腹而生三歲而失母遇犬戎之亂流離西域百有餘年加以少枯喪四十九妻失五十四子數遭憂患和氣折傷冷熱肌膚不澤榮衛焦枯恐不度世所聞淺薄不足宣傳大宛山有青精先生者傳言千歲色如童子步行日過五百里能終歲不食亦能一日九食真可問也采女曰敢問青精先生是何仙人者也彭祖曰得道者耳非仙人也仙人者或竦身入雲無翅而飛或駕龍乘雲上造天階或化為鳥獸遊浮青雲或潛行江海翱翔名山或食元氣或茹芝草或出入人間而人不識或隱其身而莫之見面生異骨體有奇毛率好深僻不交俗流然此等雖有不死之壽去人情遠榮樂有若雀化為蛤雉化為蜃失其本真更守異氣余之

愚心未願此已入道當食甘旨服輕麗通陰陽處官秩耳骨節堅彊顏色和澤老而不衰延年久視長在世間寒温風濕不能傷鬼神衆精莫敢犯五兵百蟲不可近嗔喜毀譽不為累乃可貴耳人之受氣雖不知方術但養之得宜常至百二十歲不及此者傷也小復曉道可得二百四十歲加之可至四百八十歲盡其理者可以不死但不成仙人耳養壽之道但莫傷之而已夫冬温夏涼不失四時之和所以適身也美色淑資幽閑娛樂不致思慾之惑所以通神也車服威儀知足無求所以一志也八音五色以悅視聽所以導心也凡此皆以養壽而不能斟酌之者反以速患古之至人恐下才之子不識事宜流遁不還故絕其源故有上士別牀中士異被服藥百裹不如獨卧五音使人耳聾五味使人口爽苟能節宣其宜適抑揚其通塞者不以減年得其益也凡此之類譬猶水火用之過當反為害也不知其經脉損傷血氣不足內理空疎髓腦不實體已先病故為外物所犯因氣寒酒色以發之耳若本充實豈有病也夫遠思強記傷人憂喜悲哀傷人喜樂過差忿怒不解傷人汲汲所願傷人陰陽不順傷人有所傷者數種而獨戒於房中豈不謬哉男女相成猶天地相生也所以神氣導養使人不失其和天地得交接之道故無終竟之限人失交接之道故有傷殘之期能避衆傷之事得陰陽之術則不死之道也天地晝分而夜合一歲三百六十交而精氣和合故能生產萬物而不窮人能則之可以長存次有服氣得其道則邪氣不得入治身之本要其餘吐納導引之術及念體中萬神有含影守形之事一千七百餘條及四時首向責己謝過卧起早晏之法皆非真道可以教初學者以正其身人受精養體服氣煉形則萬神自守其真不然者則榮衛枯悴萬神自逝悲思所留者也人為道不負其本而逐其末告以至言而不能信見約要之書謂之輕淺而不盡服誦觀夫太清北神中經之屬以此自疲至死無益不亦悲哉又人苦多事少能棄世獨往山居穴

處者以道教之終不能行是非仁人之意也但知房中閉氣節其思慮適飲食則得道也吾先師初著九節都解指韜形隱遯尤為開明四極九室諸經萬三千首為以示始涉門庭者采女具受諸要以教王王試之有驗殷王傳彭祖之術屢欲秘之乃下令國中有傳祖之道者誅之又欲害祖以絕之祖知之乃去不知所之其後七十餘年聞人於流沙之國西見之王不常行彭祖之術得壽三百歲氣力丁壯如五十時得鄭女妖婬王失道而殂俗閒言傳彭祖之道殺人者由於王禁之故也後有黃山君者修彭祖之術數百歲猶有少容彭祖既去乃追論其言以為彭祖經

魏伯陽

魏伯陽者吳人也本高門之子而性好道術後與弟子三人入山作神丹丹成知弟子心懷未盡乃試之曰丹雖成然先宜與犬試之若犬飛然後人可服耳若犬死即不可服乃與犬食犬即死伯陽謂諸弟子曰作丹唯恐不成今既成而犬食之死恐是未合神明之意服之恐復如犬為之奈何弟子曰先生當服之否伯陽曰吾背違世路委家入山不得道亦恥復還死之與生吾當服之乃服丹入口即死弟子顧視相謂曰作丹以求長生服之即死當奈此何獨一弟子曰吾師非常人也服此而死得無意也因乃取丹服之亦死餘二弟子相謂曰所以得丹者欲求長生耳今服之既死焉用此為不服此藥自可更得數十歲在世間也遂不服乃共出山欲為伯陽及死弟子求棺木二子去後伯陽即起將所服丹內死弟子及白犬口中皆起弟子姓虞遂皆仙去道逢入山伐木人乃作手書與鄉里人寄謝二弟子乃始懊恨伯陽作參同契五行相類凡三卷其說是周易其實假借爻象以論作丹之意而世之儒者不知神丹之事多作陰陽注之殊失其旨矣

漢武帝

漢孝武皇帝景帝子也。未生之時、景帝夢一赤彘從雲中下直入崇芳閣。景帝覺而坐閣下、果有赤龍如霧來蔽戶牖宮內嬪御望閣上有丹霞蓊蔚而起霞滅見赤龍盤迴棟間景帝召占者姚翁以之問翁曰吉祥也此閣必主命世之人攘夷狄而獲嘉瑞為劉宗盛主也然亦大妖景帝使王夫人移居崇芳閣欲以順姚翁之言也乃改崇芳閣為猗蘭殿旬餘景帝夢神女捧日以授王夫人夫人吞之十四月而生武帝景帝曰吾夢赤氣化為赤龍占者以為吉可名之吉至三歲景帝抱於膝上撫念之知其心藏洞徹試問兒樂為天子否對曰由天不由兒願每日居宮垣在陛下前戲弄亦不敢逸像以遺子道景帝聞而愕然加敬而訓之他日復抱之凡前試問兒悅習何書為朕言之乃誦伏羲以來羣聖所錄陰陽診候及龍圖龜策數萬言無一字遺落至七歲聖徹過人景帝令改名徹及即位好神仙之道常禱祈名山大川五嶽以求神仙元封五年正月甲子登嵩山起道宮帝齋七日祠訖乃還至四月戊辰帝閒居承華殿東方朔董仲舒在側忽見一女子著青衣美麗非常帝愕然問之女對曰我墉宮玉女王子登也向為王母所使從崑崙山來語帝曰聞子輕四海之祿尋道求生降帝王之位而屢禱山嶽勤哉有似可教者也從今日清齋不閑人事至七月七日王母暫來也帝下席跪諾言訖玉女忽然不知所在帝問東方朔此何人朔曰是西王母紫蘭宮玉女常傳使命往來扶桑出入靈州交關常陽傳言糸都阿母昔出配北燭仙人近又召還使領命祿真靈官也帝於是登延靈之臺盛齋存道其四方之事權委於冢宰焉到七月七日乃修除宮掖設坐大殿以紫羅薦地燔百和之香張雲錦之幃燃九光之燈列玉門之棗酌蒲萄之醴宮監香果為天宮之饌帝乃盛服立於階下敕端門之內不得有妄窺者內外寂謐以候雲駕到夜二更之後忽見西南如白雲起鬱然直來逕趨宮庭須臾轉近聞雲中簫鼓之聲人馬之響半食頃王母至也縣投殿前有似鳥集或駕龍虎或乘白麟或乘白鶴或乘軒車或乘天馬羣仙數千光耀庭宇既至從官不復知所在唯見王母乘紫雲之輦駕九色斑龍別有五十天仙側近鸞輿皆長丈餘同執綵旄之節佩金剛靈璽戴天真之冠咸住殿下王母唯扶二侍女上殿侍女年可十六七服青綾之袿容眸流眄神姿清發真美人也王母上殿東向坐著黃金褡襡文采鮮明光儀淑穆帶靈飛大綬腰佩分景之劍頭上太華髻戴太真晨嬰之冠履元璚鳳文之舄視之可年三十許修短得中天姿掩藹容顏絕世真靈人也下車登牀帝跪拜問寒暄畢立因呼帝共坐帝面南王母自設天廚真妙非常豐珍上果芳華百味紫芝萎蕤芬芳填樏清香之酒非地上所有香氣殊絕帝不能名也又命侍女更索桃果須臾以玉盤盛仙桃七顆大如鴨卵形圓青色以呈王母母以四顆與帝三顆自食桃味甘美口有盈味帝食收其核王母問帝帝曰欲種之母曰此桃三千年一生實中夏地薄種之不生帝乃止於坐上酒觴數遍王母乃命諸侍女王子登彈八琅之璈又命侍女董雙成吹雲和之笙石公子擊昆庭之金許飛瓊鼓震靈之簧婉淩華拊五靈之石范成君擊湘陰之磬段安香作九天之鈞於是衆聲澈朗靈音駭空又命法嬰歌玄靈之曲畢王母曰夫欲修身當營其氣太仙真經所謂行益易之道益者益精易者易形能益能易名上仙籍不益不易不離死厄行益易者謂常思靈寶也靈者神也寶者精也子但愛精握固閉氣吞液氣化為血血化為精精化為神神化為液液化為骨行之不倦神精充溢為之一年易氣二年易血三年易精四年易脈五年易髓六年易骨七年易筋八年易髮九年易形形易則變化變化則成道成道則為仙人吐納六氣口中甘香欲食靈芝存得其味微息揖吞從心所適氣者水也無所不成至柔之物通致神精矣此元始天王在丹房之中所說微言今敕侍笈玉女李慶孫書錄之以相付子善錄而修焉於是王母言語既畢嘯命靈官使駕龍嚴車

欲去地下席叩頭請留殷勤王母乃止王母乃遣侍女郭密香與上元夫人相問云王九光之母敬謝但不相見四千餘年矣天事勞我致以愆面劉徹好道適來視之見徹了了似可成進然形慢神穢腦血淫漏五臟不淳關胃彭孛骨無津液脉浮反升肉多精少瞳子不夷三尸狡亂玄白失時雖當語之以至道殆恐非仙才也吾久在人間寔為臭濁然時復可遊望以寫細念庸主對坐悒悒不樂夫人可暫來否若能屈駕當停相須帝見時侍女下殿俄失所在須臾郭侍女返上元夫人又遣一侍女答問云阿環再拜上問起居遠隔絳河擾以官事遂替顏色近五千年仰戀光潤情係無違密香至奉信承降尊於劉徹處聞命之際登當命駕先被太帝君敕使詣呑洲校定天元正爾暫住如是當還還便東帶願暫少留帝因問王母不審上元何真也王母曰是三天上元之官統領十萬玉女名籙者也俄而夫人至亦聞雲中簫鼓之聲既至從官文武千餘人並是女子年皆十八九許形容明逸多服青衣光彩耀目真靈官也夫人年可二十餘天姿精耀靈眸絕朗服青霜之袍雲彩亂色非錦非繡不可名字頭作三角髻餘髮散垂至腰戴九雲夜光之冠曳六出火玉之佩垂鳳文林華之綬腰流黃揮精之劍上殿向王母拜王母坐而止之呼同坐北向夫人設厨厨亦精珍與王母所設者相似王母敕帝曰此真元母尊貴之神女當起拜帝拜問寒溫還坐夫人笑曰五濁之人耽酒榮利嗜味淫色固其常也且徹以天子之貴其亂目者倍於凡焉而復以華麗之墟拔嗜慾之根願無為之事良有志矣王母曰所謂有心哉夫人謂帝曰汝好道乎聞數招方術祭山嶽祠靈神禱山川亦為勤矣勤而不獲寔有由也汝胎性暴胎性淫胎性奢胎性酷胎性賊五者恒舍於榮衛之中五藏之內雖獲良針固無愈也暴則使氣奔而攻神是故神擾而氣竭淫則使精漏而魂疲是故精竭而魂消奢則使真離而魄穢是故命逝而靈失酷則使喪仁而自攻是故失仁而眼亂賊則

使心鬭而口乾是故內戰而外絕此五事者皆是截身之刀鋸刳命之斧斤矣雖復志好長生不能遣茲五難亦何為損命而自勞乎然由是得小益以自知往爾若從今已捨爾五性反諸柔善明務察下慈務矜寬惠務濟貧賑務施勞念務存孤惜務及愛身恒為陰德救濟死厄旦夕孜孜不泄精液於是閉諸淫養汝神放諸奢從至儉勤齋戒節飲食絕五穀去羶腥鳴天鼓飲玉漿蕩華池叩金梁按而行之當有異耳今阿母迂天尊之重下降於蟪蛄之窟霄虛之靈而詣狐鳥之俎且阿母至誠妙唱玄音驗其敬勗節度明修所奉比及百年阿母必能致汝於玄都之墟迎汝於昆闐之中位以仙官遊於十方信吾言矣子勵之哉若不能爾無所言矣帝下席跪謝曰臣受性凶頑生長亂濁面墻不啟無由開達然貪生畏死奉靈敬神今日受此乃天也徹戢聖命以為身範是小醜之臣當獲生活唯垂哀護願賜上元夫人使帝還坐王母謂夫人曰卿之為戒言甚急切更使未解之人畏於志意夫人曰若其志道將以身投饑虎忘軀破滅蹈火履水固於一志必無憂也若其志道則心凝真性嫌惑之徒不畏急言急言之發欲成其志耳阿母既有念必當賜以尸解之方耳王母曰此子勤心已久而不遇良師遂欲毀其正志當疑天下必無仙人是故我發閬宮暫舍塵濁既欲堅其仙志又欲令向化不惑也今日相見令人念之至於尸解下方吾甚不惜後三年吾必欲賜以成丹半劑石象散一具與之則徹不得復停當今匈奴未彌邊陲有事何必令其倉卒舍天下之尊而便入林岫但當問篤向之志何如如其迴改吾方數來王母因拊帝背曰汝用上元夫人至言必得長生可不勗勉耶帝跪曰徹書之金簡以身佩之焉帝又見王母巾笈中有一卷書盛以紫錦之囊帝問此書是仙靈方耶不審其目可得瞻盼否王母出以示之曰此五嶽真形圖也昨青城諸仙就吾請求今當過以付之乃三天太上所出文祕禁重豈汝穢質所宜佩乎今且與汝靈光生經可以通

神勸心也帝下地叩頭固請不已王母曰昔上皇清虛元年三天太上道君下觀六合瞻河海之長短察卯山之高卑立天柱而安於地理植五嶽而擬諸鎮輔貴昆陵以舍靈仙尊蓬卯以館真人安水神於極陰之源棲梧桐於扶桑之墟於是方丈之阜為理命之室滄浪傳於養九老之堂祖瀛玄炎長元流光生鳳麟聚窟各為洲名竝在滄流大海玄津之中水則碧黑俱流波則震蕩羣精諸仙玉女聚居滄浪其名難測其寔分明乃因山源之規矩覩河嶽之盤曲陵廻阜轉山高隴長周旋逶迤形似書字是故因象制名定寔之號書形祕於玄臺而出為靈真之信諸仙佩之皆如傳章道士執之行經山川百神羣靈尊奉親近汝雖不正然數訪仙澤扣求不忘於道欣子有心今以相與當深奉慎如事君父泄示凡夫必禍及也上元夫人語帝曰阿母今以瓊笈妙韞發紫臺之文賜汝八會之書五嶽真形可謂至珍且貴上帝之玄觀矣子自非受命合神弗見此文矣今雖得其真形觀其妙理而無五帝六甲左右靈飛之符太陰六丁通真逐靈玉女之籙太陽六戊招神天光策精之書左乙混沌東蒙之文右庚素收攝殺之律壬癸六遁隱地八術丙丁入火赤班符六辛入金致黃水月華之法六己石精金光藏景化形之方子午卯酉八稟十訣六靈威儀丑辰未戌地真素訣長生紫書三五順行寅申巳亥紫度炎光內視中方凡缺此十二事者當何以召山靈朝地神攝總萬精驅策百鬼束虎豹役蛇龍乎子所謂適知其一未見其他也帝下跪叩頭曰徹下土濁民不識清真今日聞道是生命會遇聖母今當賜以真形修以度世夫人云今告徹應須五帝六甲六丁六符致靈之術既蒙發啟私益無量唯願告誨濟臣飢渴使已枯之木蒙靈陽之潤焦炎之草幸甘雨之溉不敢多陳帝啟叩不已王母又告夫人曰夫真形寶文靈宮所貴此子守求不已誓以必得故虧科禁特以與之然五帝六甲通真招神此術眇邈必須清潔至誠殆非流濁所宜施行吾今既賜徹

以真形夫人當授之以致靈之途矣吾嘗憶與夫人共登乎隴朔野及雕真之山視王子童王子立就吾求請太上隱書吾以三元祕言不可傳泄於中仙夫人時亦有言見助於童子之言志矣吾既難違來意不獨執惜至今於日之事有以相似後造朱火丹陵食靈瓜味甚好憶此未久而已七千歲矣夫人既以告徹篇曰十二事畢必當匠而成之緣何令人主籍首請乞叩頭流血耶上元夫人曰阿環不苟惜向不特來耳此是太虛羣文真人赤童所出傳之既自有男女之限禁又宜授得道者恐徹下才未應得此耳王母色不平乃曰天禁漏泄犯違明料傳必其人授必知真者夫人何向下才而說其靈飛之篇目乎妄說則泄泄而不傳是衒天道此禁豈輕於傳耶別敕三官司直推夫人之輕泄也吾之五嶽真形太寶乃太上天皇所出其文寶妙而為天仙之信豈復應下授於劉徹耶直以徹孜孜之心數請川嶽勤修齋戒以求神仙之應志在度世不遭明師故吾等有以下眄之耳至於教仙之術不復限惜而弗傳夫人且有致靈之方能獨執之乎吾今所以授徹真形文者非謂其必能得道欲使其精誠有驗求仙之不惑可以誘進向化之徒又欲令悠悠者知天地間有此靈真之事足以却不信之狂夫耳吾意在此也此子性氣淫暴服精不純何能得成真仙浮空參差十方乎勤而行之適可度於不死耳明科所云非長生難聞道難也行之難非行之難也終之難良匠能與人規矩不能使人必巧也何足隱之耶夫人謝曰謹受命矣但環倒昔蒙倒景君無常先生二君傳靈飛之約以四十年一傳女授女不授男太上科禁已表於昭生之符矣環受書以來并賢大女即抱蘭凡傳六十八女子固不可授男也伏見扶廣山青真小童授六甲靈飛於太甲中元凡十二事與環所授者同青真是環入火第子所受六甲未聞別授與人彼男官也今止敕取之將以授徹也先所以告篇目者意是愍其有心將欲堅其專氣令且廣求他日與之亦欲以男授男承科

而行使勤而方獲令知天真之珍貴耳非徒苟執銜泄天道阿環主臣頗不罪焉阿母真形之貴愍於勤志亦已授之可謂大不宜矣王母笑曰亦可恕乎上元夫人即命侍女紀離容徑到扶廣山敕青真小童出六甲左右靈飛致神之方十二事當以授劉徹也須臾侍女還捧五色玉笈鳳文之蘊以出六甲之文曰弟子何昌言向奉使絳河攝南真七元君檢校羣龍猛獸之數事畢授教承阿母相指劉徹家不意天靈至尊乃復下降於臭濁中也不審起居比來何如侍女紀離容至云尊母欲得金書秘字六甲飛靈左右策精之文十二事欲授劉徹輙封一通付信曰徹雖有心寔非仙才詎宜以此傳泄於行尸乎昌近在帝處見有上言者甚衆云山鬼哭於叢林孤魂號於絕域興師旅而旅有功忘賞勞而刑士卒縱横白骨煩擾黔首淫酷自恣罪已彰於太上怨已見於天氣嚣言互聞必不得度世也奉尊見敕不敢違耳王母歎曰言此子者誠多然帝亦不必推也夫好道慕仙者精誠志念齋戒恩愆輙除過一月克已反善奉敬真神存真守一行此一月輙除過一年徹念道累年齋亦勤矣累禱名山願求度脫校計功過殆已相掩但今以去勤修至誠奉上元夫人之言不宜復奢淫暴虐使萬兆勞殘寃魂窮鬼有被掘之訴流血之尸忘功賞之辭耳夫人乃下席起立手執八色玉笈鳳文之蘊仰帝而祝曰九天浩洞太上耀靈神照系寂清虛朗明登虛者妙守氣者生至念道臻寂感真誠役神形辱安精年榮授徹靈飛及此六丁左右招神天光策精可以步虛可以隱形長生久視還白留青我傳有四萬之紀授徹傳在四十之齡違犯泄漏禍必族傾反是天真必沉幽冥爾其慎禍敢告劉生爾師主事真青童小君太上中黃道君之師真元始十天王入室弟子也姓延陵名陽字庇華形有嬰孩之貌故仙宮以青真小童為號其為器也玉朗洞照聖周萬變玄鏡幽覽才為真俊游於扶廣權此始運館玄圃治仙職分子在師居從爾所願不存所授命必傾淪言畢

夫人一一手指所施用節度以示帝焉凡十二事都畢又告帝曰夫五帝者方面之天精六甲六位之通靈佩而尊之可致長生此書上帝所封於夕景之臺子其寶祕焉王母曰此三天太上之所撰藏於紫陵之臺隱以靈臺之房封以華琳之函韞以蘭繭之帛約以紫羅之素印以太帝之璽受之者四十年傳一人無其人八十年可頓授二人得道者四百年一傳得仙者四千年一傳得真者四萬年一傳昇太上者四十萬年一傳非其人謂之泄大道得其人不傳是謂蔽天寶非限妄傳是謂輕天老受而不敬是謂慢天藻泄蔽輕慢四者取死之刀斧延禍之車乘也泄者身死於道路受上刑而骸裂蔽者盲聾於來世命凋枉而卒歿輕則鍾禍於父母詣糸都而考罰慢則暴終而墮惡道棄疾於後世此皆道之科禁故以相戒不可不慎也王母因授以五嶽真形圖帝拜受俱畢夫人自強雲林之璈歌步玄之曲王母命侍女曰四非答哥哥畢乃告帝從者姓名及冠帶執佩物名所以得知而紀焉至明旦王母與上元夫人同乘而去人馬龍虎導從者樂如初而時雲彩鬱勃盡為香氣極望西南良久乃絕帝既見王母及上元夫人乃信天下有神仙之事其後帝以王母所授五真圖靈光經及上元夫人所授六甲靈飛十二事自撰集為一卷及諸經圖皆奉以黃金之箱封以白玉之函以珊瑚為軸紫錦為囊安著柏梁臺上數自齋潔朝拜燒香灑掃然後乃執省焉帝自受法出入六年意旨清暢高韻自許為神真見降必當度世恃此不修至德更興起臺館勞弊萬民坑降殺服遠征夷狄路盈怨歎流血膏城每事不從至太初元年十一月乙酉天火燒柏梁臺真形圖靈飛經錄十二事靈光經及自撰所受凡十四卷并函並失王母當知武帝既不從訓故火災耳其後東方朔一旦乘龍飛去同時衆人見從西北上冉冉仰望良久大霧覆之不知所適至元狩二年二月帝病行盩厔西憩五柞宮丁卯帝崩入殯未央宮前殿三月葬茂陵是夕帝棺自動而有聲聞宮

外如此數遍又有芳香異常陵畢墳埏閒大霧門柱壞霧經一月許日帝塚中先有一玉箱一玉杖
此是西湖康渠王所獻帝甚愛之故入梓宮中其後四年有人於扶風市中買得此二物帝時左右
侍人識此物有是先帝所珍玩者因認以告有司詰之買者乃商人也從關外來宿鄽市其日見一
人於北車巷中賣此二物青布三十足錢九萬即售之度寔不知賣箱杖主姓名事寔如此有司以
聞商人放還詔以二物付太廟又帝崩時遺詔以雜經三十餘卷常讀玩之使隨身斂到建康二年
河東功曹李友入上黨抱犢山採藥於巖室中得此經緘以金箱卷後題東觀臣姓名記月日武帝
時也河東太守張純以經箱奏進帝問武帝時左右侍臣有典書中郎冉登見經及箱流涕對曰此
孝武皇帝殯殮時物也臣當時以著梓宮中不知何緣得出宣帝大愴然驚愕以經付孝武帝廟中
按九都龍真經云得仙之下者皆先死過太陰中鍊尸骸度地戶然後乃得尸解去耳且先斂經杖
乃忽顯出貨於市中經見山室自非神變幽妙孰能如此者乎

卷二

蕭史

一

蕭史不知得道年代貌如二十許人善吹簫作鸞鳳之響而瓊姿煒爍風神超邁真天人也混迹於世時莫能知之秦穆公有女弄玉善吹簫公以弄玉妻之遂教弄玉作鳳鳴居十數年吹簫似鳳聲鳳凰來止其居公為作鳳臺夫婦止其上不飲不食不下數年一旦弄玉乘鳳蕭史乘龍昇天而去秦為作鳳女祠時聞簫聲今洪州西山絕頂有蕭史石仙壇石室及巖屋真像存焉莫知年代

衛叔卿

衛叔卿者中山人也服雲母得仙漢儀鳳二年八月壬辰孝武皇帝閒居殿上忽有一人乘雲車駕白鹿從天而下來集殿前其人年可三十許色如童子羽衣星冠帝乃驚問曰為誰答曰吾中山衛叔卿也帝曰子若是中山人乃朕臣也可前共語叔卿本意謁帝謂帝好道見之必加優禮而帝今云是朕臣也於是大失望默然不應忽焉不知所在帝甚悔恨即遣使者梁伯至中山推求叔卿不得見但見其子名度世即將還見帝問云汝父今在何所對曰臣父少好仙道嘗服藥導引不交世事委家而去已四十餘年云當入太華山也帝即遣使者與度世共之華山求尋其父到山下欲上輒火不能上也積數十日度世謂使者曰豈不欲令吾與他人俱往乎乃齋戒獨上未到其嶺於絕巖之下望見其父與數人博戲於石上紫雲鬱鬱於其上白玉為牀又有數仙童執幢節立其後度世望而載拜叔卿曰汝來何為度世曰帝甚恨前日倉卒不得與父言語今故遣使者梁伯與度世共來願更得見也叔卿曰前為太上所遣欲誡帝以大災之期及救危厄之法國祚可延而彊梁自貴不識真道而反欲臣我不足告語是以去耳今當與中黃太乙共定天元吾終不復往耳度世曰不審向與父並坐是誰也叔卿曰洪崖先生許由巢父火低公飛黃子王子晉薛容耳今世向大亂天下無聊後數百年間土滅金亡汝歸當取吾齋室西北隅大柱下玉函函中有神素書取而按方合服之一年可能乘雲而行道成來就吾於此勿得為漢臣也亦不復為語帝也度世於是拜辭而去下山見梁伯不告所以梁伯意度世必有所得乃叩頭於度世求乞道術先是度世與之共行見伯情行溫實乃以語之梁伯但不見柱下之神方耳後掘得玉函封以飛仙之香取而餌服乃五色雲母遂合藥服之與梁伯俱仙去留其方與子而世人多有得之者

陽翁伯者盧龍人也事親以孝葬父母於無終山山高八十里其上無水翁伯廬於墓側晝夜號慟神明感之出泉於其墓側因引水就官道以濟行人嘗有飲馬者以白石一升與之令翁伯種之當生美玉果生白璧長二尺者數雙一日忽有青童乘虛而至引翁伯至海上仙山謁羣仙曰此種玉陽翁伯也一仙人曰汝以孝於親神真所感昔以玉種與之汝果能種之汝當夫婦俱仙今此宮即汝他日所居也天帝將巡省於此開禮玉十珽汝可致之言訖使仙童與俱還翁伯以禮玉十珽以授仙童北平徐氏有女翁伯欲求婚徐氏謂媒者曰得白璧一雙可矣翁伯以白璧五雙遂壻徐氏數年雲龍下迎夫婦俱昇天今謂其所居為玉田坊翁伯仙去後子孫立大石柱於田中以紀其事

王次仲者古之神仙也當周末戰國之時合縱連橫之際居大夏小夏山以為世之篆文功多而用寡難以速就四海多事筆札所先乃變篆籀之體為隸書始皇既定天下以其功利於人徵之入秦不至復命使召之勑使者曰吾削平六合一統天下孰敢不賓者次仲一書生而逆天子之命若不起當殺之持其首來以正風俗無肆其悍慢也詔使至山致命次仲化為大鳥振翼而飛使者驚拜曰無以復命亦恐見殺惟神人憫之鳥徘徊空中故墮三翮使者得之以進始皇素好神仙之道聞其變化頗有悔恨今謂之落翮山在幽州界鄉里祠之不絕

王子

玉子者姓韋名震南郡人也少好學衆經周幽王徵之不出乃歎曰人生世間日失一日去生轉遠去死轉近而但貪富貴不知養性命命盡氣絕則死位為王侯金玉如山何益於灰土乎獨有神仙度世可以無窮耳乃師長桑子具受衆術乃別造一家之法著道書百餘篇其術以務魁為主而精於五行之意演其微妙以養性治病消災散禍能起飄風發屋折木作雷雨雲霧能以木瓦石為六畜龍虎立成能分形為百千人能涉江海含水噴之皆成珠玉亦不變或時閉氣不息舉之不起推之不動屈之不曲伸之不直或百日數十日乃起每與子弟行各丸泥為馬與之皆令閉目須臾成大馬乘之日行千里又能吐氣五色起數丈見飛鳥過指之即墮臨淵投符召魚鼈之屬悉來上岸能令弟子舉眼見千里外物亦不能久也其務魁時以器盛水著兩肘之間噓之水上立有赤光輝輝起一丈以此水治病在內飲之在外者洗之皆立愈後入崆峒山合丹白日昇天而去

茅濛字初成咸陽南關人也即東鄉司命君盈之高祖也濛性慈憫好行陰德廉靜博學逆睹周室將衰不求進於諸侯常歎人生若電流出處宜及其時於是師北郭鬼谷先生受長生之術神丹之方後入華山靜齋絕塵修道合藥乘龍駕雲白日昇天先是其邑歌謠曰神仙得者茅初成駕龍上昇入太清時下玄洲戲赤城繼世而往在我盈帝若學之臘嘉平秦始皇聞因改臘為嘉平

沈羲者吳郡人學道於蜀中但能消災治病救濟百姓不知服藥物功德感天天神識之羲與妻賈共載詣子婦卓孔寧家還逢白鹿車一乘青龍車一乘白虎車一乘從者皆數十騎皆朱衣仗矛帶劍輝赫滿道問羲曰君是沈羲否羲愕然不知何等答曰是也何為問之騎人曰羲有功於民心不忘道自少小以來履行無過壽命不長年壽將盡黃老今遣仙官來下迎之侍郎薄延之乘白鹿車是也度世君司馬生青龍車是也迎使者徐福白虎車是也須臾有三仙人羽衣持節以白玉簡青玉介丹玉字受羲羲不能識遂載羲昇天昇天之時道間鉏耘人皆共見不知何等斯須大霧霧解失其所在但見羲所乘車牛在田食苗或有識是羲車牛以語羲家弟子恐是邪鬼將羲藏山谷間乃分布於百里之內求之不得四百餘年忽還鄉里推求得數世孫名懷喜懷喜告曰聞先人說家有先人仙去久不歸也留數十日說初上天時云不得見帝但見老君東向而坐左右勅羲不得謝但默坐而已宮殿鬱鬱如雲氣五色玄黃不可名狀侍者數百人多女少男庭中有珠玉之樹眾芝叢生龍虎成羣遊戲其間聞琅琅如銅鐵之聲不知何等四壁熠熠有符書着之老君身形畧長一丈被髮文衣身體有光輝須臾數玉女持金按玉盃來賜羲曰此是神丹飲者不死夫妻各一盃壽萬歲乃告言飲服畢拜而勿謝服藥後賜棗二枚大如雞子脯五寸遺羲曰暫還人間治百姓疾病如欲上來書此符懸之竿杪吾當迎汝乃以一符及仙方一首賜羲羲奄忽如寐已在地上多得其符驗也

陳安世京兆人也爲權叔本家傭賃稟性慈仁行見禽獸常下道避之不欲驚之不踐生蟲未嘗殺物年十三四叔本好道思神有二仙人託爲書生從叔本游以觀試之而叔本不覺其仙人也久而意轉怠叔本在內方作美食而二仙復來詣門問安世曰叔本在否答曰在耳入白叔本叔本即欲出其婦引還而止曰餓書生輩復欲來飽腹耳於是叔本使安世出答言不在二人曰前者云在旋言不在何也答曰大家君教我云耳二人善其誠實乃謂叔本勤苦有年今適值我二人而乃懈怠是其不遇幾成而敗乃問安世曰汝好游戲耶答曰不好也又曰汝好道乎答曰好而無由知之二人曰汝審好道明日早會道北大樹下安世承言早往期處到日西不見一人乃起欲去曰書生定欺我耳二人已在其側呼曰安世汝來何晚也答曰早來但不見君耳二人曰吾端坐在汝邊耳頻三期之而安世輒早至知可教乃以藥二丸與安世誡之曰汝歸勿復飲食別止於一處安世承誡二人常來往其處叔本怪之曰安世處空室何得有人語往輒不見叔本曰向聞多人語聲今不見一人何也答曰我獨語耳叔本見安世不復食但飲水止息別位疑非常人自知失賢乃歎曰夫道尊德貴不在年齒父母生我然非師則莫能使我長生先聞道者即爲師矣乃執弟子之禮朝夕拜事之爲之灑掃安世道成白日昇天臨去遂以要道術授叔本叔本後亦仙去矣

張子房名良韓國人也避地於南陽徙居於沛後為沛國人焉童幼時過下邳圯橋風雪方甚遇一老叟着烏巾黃單衣墜履於橋下目子房曰孺子為我取之子房無倦色下橋取履以進老叟引足以納之子房神意愈恭叟笑曰孺子可教也明旦來此當有所教子房昧爽至叟已在矣曰期而後至未可傳道如是者三子房先至亦無倦怠老叟喜以書授之曰讀此當為帝王師若復求吾乃穀城山下黃石也子房讀其書能應機權變佐漢祖定天下後人謂其書為黃石公書修之於身能煉氣絕力輕身羽化與綺里季東園公甪里先生夏黃公為雲霞之交漢初遇四五小兒路上羣戲一兒曰着青裙入天門揖金母拜木公時人莫知之子房知之往拜之曰此東王公之玉童也所謂金母者西王母也木公者東王公也此二元尊乃陰陽之父母天地之本源化生萬靈育養羣品木公為男仙之主金母為女仙之宗長生飛化之士昇天之初先覲金母後謁木公然後昇三清朝太上矣此歌乃玉童教世人拜王公而揖王母也子房佐漢封留侯為太司徒解形於世葬於龍首原赤眉之亂人發其墓但見黃石枕化而飛去若流星焉不見其尸形衣冠得素書一篇及兵畧數章子房登仙位為太玄童子常從老君於太清之中其孫道陵得道朝崑崙之夕子房往焉

東方朔

東方朔小名曼倩父張氏名夷字少平母田氏夷年二百歲顏若童子朔生三日而田氏死死時漢景帝三年也鄰母拾朔養之時東方始明因以姓焉年三歲天下祕讖一覽暗誦於口恒指揮天上空中獨語鄰母忽失朔累月暫歸母笞之後復去經年乃歸母見之大驚曰汝行經年一歸何以慰吾朔曰兒暫之紫泥之海有紫水汚衣仍過虞泉湔浣朝發中還何言經年乎母又問曰汝悉經何國朔曰兒湔衣竟暫息冥都崇臺一寤眠王公啗兒以丹栗霞漿兒食之既多飽悶幾死乃飲乎天黃露半合即醒還遇一蒼虎息於路初兒騎虎而還打捶過痛虎嚙兒腳傷母便悲嗟乃裂青布裳裹之朔復去家萬里見一枯樹脫布挂樹布化為龍因名其地為布龍澤朔以元封中遊鴻濛之澤忽遇母採桑於白海之濱俄而有黃眉翁指母以語朔曰昔為我妻託形為太白之精今汝亦此星之精也吾卻食吞氣已九十餘年目中童子皆有青光能見幽隱之物三千年一返骨洗髓二千年一剝皮伐毛吾生來已三洗髓五伐毛矣朔既長仕漢武帝為太中大夫武帝暮年好仙術與朔狎暱一日謂朔曰朕欲使愛幸者不老可乎朔曰臣能之帝曰服何藥曰東北地有芝草西南有春生之魚帝曰何知之曰三足烏欲下地食此草羲和以手揜烏目不許下畏其食此草也烏獸食此既美悶不能動問曰子何知之朔曰小兒時掘井陷落井下數十年無所託有人引臣往取此草乃隔紅泉不得渡其人與臣一隻履臣乃乘履泛泉得而食之其國人皆織珠玉為簟要臣入雲韍之幕設乎珉雕枕刻鏤為日月雲雷之狀亦曰鏤空枕亦曰乎雕枕又薦蚳毫之珍褥以百蚳之毫織為褥此毫褥而冷常以夏日舒之因名柔毫水藻之褥臣舉手拭之恐水濕席定視乃光也其後武帝寢於靈光殿召朔於青綺窗綈紈幕下問朔曰漢年運火德統以向精何瑞為祥朔對曰臣常遊吴然之墟在長安之東過扶桑七萬里有雲山山頂有井雲從井中出若土德則黃雲火德則赤雲金

德則白雲水德則黑雲帝深信之太初元年朔從西那邪國還得聲風木十枝以獻帝長九尺大如指此木出因桓之水則禹貢所謂因桓是來即其源也出甜波上有紫燕黃鵠集其間實如細珠風吹珠如玉聲因以為名帝以枝遍賜羣臣年百歲者頒賜此人有疾枝則有汗將死者枝則折昔老聃在周二千七百年此枝未汗洪崖先生堯時年已三千歲此枝亦未一折帝乃賜朔朔曰臣見此枝三遍枯死死而復生何翅汗折而已語曰年末年枝忽汗此木五千歲一濕萬歲一枯也帝以為然又天漢二年帝升蒼龍館思仙術召諸方士言遠國遐鄉之事唯朔下席操筆疏曰臣遊北極至鏡火山日月所不照有龍銜火以照山四極亦有園圃池苑皆植異草木有明莖草如金燈折為燭照見物鬼形仙人寗封嘗以此草然為夜朝見腹內外有光亦名洞腹草帝剉此草為蘇以塗明雲之觀夜坐此觀即不加燭亦名照魅草採以籍足則入水不沉朔又嘗東遊吉雲之地得神馬一匹高九尺帝問朔何獸曰王母乘雲光輦以適東王公之舍稅此馬於芝田東王公怒棄此馬於清津天岸臣至王公壇因騎而返遶日三匝此馬入漢關關門猶未掩臣於馬上睡不覺還至帝曰其名云何朔曰因事為名名步景駒朔曰自馭之如駑馬蹇驢耳朔曰臣有吉雲草千頃種於九泉山東二千年一花明年應生臣走往刈之以秣馬馬立不饑朔曰臣至東極過吉雲之澤帝曰何為吉雲曰其國常以雲氣占凶吉若有喜慶之事則滿室雲起五色照人著於草樹皆成五色露露味皆甘帝曰吉雲五露可得否曰臣負吉雲草以備馬此立可得日可三二往乃東走至夕而還得玄白青黃露盛以青玻璃各受五合授帝帝偏賜羣臣其得之者老者皆少疾者皆除也又武帝嘗見彗星朔折指星木以授帝帝指星應時星沒時人莫之測也朔又善嘯每曼聲長嘯輒塵落漫飛朔未死時謂同舍郎曰天下人無能知朔知朔者唯太王公耳朔卒後武帝得此語即召太王公問之曰爾

知東方朔乎公對曰不知公何所能曰頗善星歷帝問星歷皆具在否曰諸星具獨不見歲星十八年今復見耳帝仰天歎曰東方朔生在朕傍十八年而不知是歲星哉慘然不樂其餘事跡多散在別卷此不備載

卷三

王喬

一

王喬河東人也漢顯宗時為葉令有神術每月朔望常詣京朝帝怪其來數而不見車騎密令太史伺望之言臨至必有雙鳧從東南飛來於是候鳧至舉羅張之但得一舄焉乃四年時所賜尚書官屬履也每當朝時葉縣門下鼓不擊自鳴聞於京師後天忽下玉棺於庭前吏人推排終不搖動喬曰天帝欲召我耶乃沐浴服餌臥棺中蓋便立覆宿昔乃葬城東土自成墳其夕縣中牛羊皆流汗喘乏人莫知之百姓為立廟號葉君祠禱無不應遠近尊崇帝詔迎取其鼓置都亭下畧無復聲或云即古仙人王喬也示變化之跡於世耳

卷三

周隱遙

周隱遥洞庭山道士自云甪里先生之孫山上有其祖甪里廟甪里邨言其數世得道嘗居焦山中學太陰鍊形之道死於崖窟中囑其弟子曰檢視我屍勿令他物所犯六年後若再生當以衣裳衣我弟子視之初則臭穢蟲壞唯五臟不變依言閉護之至六年往看乃身全都生弟子備湯沐以新衣衣之髮鬒而黑髭粗而直若獸鬣焉十六年又死如前更七年復生如此三度已四十年餘近八十歲狀貌如三十許人隋煬帝聞之徵至東都頒賜豐厚恩禮隆異而懇乞歸山尋還本郡真觀中召至長安於內殿安置問修習之道對曰臣所修者匹夫之志功不及物利唯一身帝王修道一言之利萬國蒙福得道之效速於人臣區區所學非九重萬乘之所修也懇求歸山尋亦遂其所適

劉商

劉商者中山靖王之後舉孝廉歷官合淝令而篤好無為清簡之道方術服鍊之門五金八石所難致者必力而求之人有方疏未合鍊施效者必資其藥石給其鑪鼎助使成之未嘗有所覬覦也因泛舟苕霅問遂卜居武康上強山下有樵童藥叟雖常草木之藥詣門而售者亦答以善價一旦樵夫鬻樵有朮一把商亦厚價致之其庭廡之下籬落之間草木諸藥已堆積矣忽閑步杖策逍遙田畝蹊隨之傍聊自怡適聞聚林間有人相與言曰中山劉商今日已賜真朮矣蓋陰功篤好之所感乎窺林中杳無人跡奔歸取朮修而服之月餘齒髮益盛貌如嬰童舉步輕速可及馳馬登涉雲巖無復困憊又月餘坐知四方之事驗若符契乃入上彊洞中咸通初有酒家以樵叟稍異盡禮接之累月復一至因謂酒家曰我山中劉商也夙攻水墨願留一圖以酬見待之厚使備繪素而約以再來一日果至酒家援毫運思頃刻而千山萬水非世工之所及將去謂酒家曰我祖淮南王今為九海總司居列真之任從我以南溟都水之秩旬日遠別不復來矣如是十許日天色晴霽香風瑞雲彌布山谷樵者見空中騎乘飛舉南去

繪圖歷代神仙譜　卷三

白石先生

四

白石先生者中黄丈人弟子也至彭祖時已二千歲餘矣不肯修昇天之道但取不死而已不失人間之樂其所據行者正以交接之道為主而金液之藥為上也初以居貧不能得藥乃養羊牧猪十數年間約衣節用置貨萬金乃大買藥服之常煑白石為糧因就白石山居時人故號曰白石先生亦食脯飲酒亦食穀食日行三四百里視之色如四十許人性好朝拜事神好讀幽經及太素傳彭祖問之曰何不服昇天之藥答曰天上復能樂比人間乎但莫使老死耳天上多至尊相奉事更苦於人間故時人呼白石先生為隱遁仙人以其不汲汲於昇天為仙官亦猶不求聞達者也

黃初平

皇初平者丹溪人也年十五家使牧羊有道士見其良謹便將至金華山石室中四十餘年不復念家其兄初起行山尋索初平歷年不得後見市中有一道士初起召問之曰吾有弟名初平因令牧羊失之四十餘年莫知死生所在願道君為占之道士曰金華山中有一牧羊兒姓皇字初平是卿弟非疑初起聞之即隨道士去求弟遂得相見悲喜語畢問初平羊何在曰近在山東耳初起往視之不見但見白石而還謂初平曰山東無羊也初平曰羊在耳兄但目不見之初平與初起俱往看之初平乃叱曰羊起於是白石皆變為羊數萬頭初起曰弟獨得仙道如此吾可學乎初平曰唯好道便可得之耳初起便棄妻子留住就初平學共服松脂茯苓至五百歲能坐在立亡行於日中無影而有童子之色後乃俱還鄉里親族死終畧盡乃復還去初平改字為赤松子初起改字為魯班其後服此藥得仙者數十人

卷二
王遠

王遠字方平東海人也舉孝廉除郎中稍加中散大夫學通五經尤明天文圖讖河洛之要逆知天下盛衰之期九州吉凶如觀之掌握後棄官入山修道道成漢孝桓帝聞之連徵不出使郡國逼載以詣京師遠低頭閉口不答詔乃題宮門扇板四百餘字皆說方來之事帝惡之使削去外字適去內字復見墨皆徹板裏削之愈分明遠無子孫鄉里人累世相傳供養之同郡太尉陳耽為遠營道室旦夕朝拜之但乞福未言學道也遠在陳家四十餘年陳家曾無疾病死喪奴婢皆然六畜繁息田桑倍獲遠忽語陳耽曰吾期運當去不得久停明日日中當發至時遠死耽知其仙去不敢下着地但悲啼嘆息曰先生捨我我將何怙具棺器燒香就牀衣裝之至三日夜忽失其屍衣冠不解如蛇蛻耳遠卒後百餘日耽亦卒或謂耽得遠之道化去或曰知耽將終故委之而去也初遠欲東入括蒼山過吳住胥門蔡經家蔡經者小民耳而骨相當仙遠知之故住其家遂語經曰汝生命應得度世欲取汝以補官僚耳然少不知道今氣少肉多不得上去當為屍解如從狗竇中過耳於是告以要言乃委經而去經後忽身體發熱如火欲得冷水灌之舉家汲水灌之如沃焦石如此三日銷耗骨立乃入室以被自覆忽然失之視其被內唯有皮頭足具如蟬蛻也去十餘年忽還家容色少壯鬢髮鬒黑語家人曰七月七日王君當來其日可多作飲食以供從官至其日經家乃借瓮器作飲食百餘斛羅列布置庭下是日王君果來未至先聞金鼓簫管人馬之聲比近皆驚莫知所在及至經舍舉家皆見遠冠遠遊冠朱衣虎頭鞶囊五色綬帶劍黃色少髭長短中形人也乘羽車駕五龍龍各異色前後麾節幡旗導從威儀奕奕如大將軍也有十二伍伯皆以臘封其口鼓吹皆乘龍從天而下懸集於庭從官皆長丈餘不從道衢既至從官皆隱不知所在唯獨見遠坐耳須臾引見經父母兄弟因遣人召麻姑亦莫知麻姑是何人也言曰王方平敬報久不到民間今來在此想姑

能暫來語否須臾信還不見其使但聞信語曰麻姑載拜不相見忽已五百餘年尊卑有序拜敬無階煩信承來在彼食頃即到先受命當按行蓬萊今便暫往如是當還還便親覲願未即去如此兩時聞麻姑來來時亦先聞人馬聲既至從官半於遠也麻姑至蔡經亦舉家見之是好女子年可十八九許於頂上作髻餘髮散垂至腰衣有文采又非錦綺光彩耀目不可名狀皆世之所無也入拜遠遠為之起立坐定各進行廚皆金盤玉盃無限也餚膳多是諸花而香氣達於內外擘脯而食之云麟脯麻姑自說云接侍以來已見東海三為桑田向到蓬萊又水淺於往日會時略半耳豈將復為陵陸乎遠嘆曰聖人皆言海中行復揚塵也麻姑欲見蔡經母及婦等時經弟婦新產數日姑見知之曰噫且立勿前即求少許米來得米擲之墮地謂以米祛其穢也視其米皆成丹砂遠笑曰姑故年少也吾老矣不喜復作如此狡獪變化也遠謂經家人曰吾欲賜汝輩美酒此酒方出天廚其味醇醲非俗人所宜飲飲之或能爛腸今當以水和之汝輩勿怪也乃以斗水合升酒攪之以賜經家人人飲一升許皆醉良久酒盡遠遣左右曰不足復還取也以千錢與餘杭姥乞酤酒須臾信還得一油囊酒五斗許使傳餘杭姥答言恐地上酒不中尊飲耳麻姑手爪似鳥經見之心中念曰背大癢時得此爪以爬背當佳也遠已知經心中所言即使人牽經鞭之謂曰麻姑神人也汝何忽謂其爪可爬背耶但見鞭着經背亦莫見有人持鞭者遠告經曰吾鞭不可妄得也經比舍有姓陳者失其名嘗罷縣尉聞經家有神人乃詣門叩頭求乞拜見於是遠使引前與語此人便欲從驅使比於蔡經遠曰君且向日而立遠從後觀之曰噫君心邪不正終未可教以仙道當授君地上主者之職司臨去以一符并一傳著以小箱中與陳尉告言此不能令君度世止能存君本壽自出百歲向上可以禳災治病者命未終及無罪者君以符到其家便愈矣若邪鬼血食作祟禍者便帶此符以

傳勑吏遣其鬼君心中亦當知其輕重臨時以意治之陳以此符治病有效事之者數百家壽一百一十歲而死死後子弟行其符不復驗矣遠去後經家所作飲食數百斛皆盡亦不見有人飲食也經父母私問經曰王君是何神人復居何處經曰常在崑崙山往來羅浮括蒼等山山上皆有宮室主天曹事一日之中與天上相反覆者十數過地上五嶽生死之事皆先來告王君王君出城盡將百官從行唯乘一黃麟將十數侍人每行常見山林在下去地常數百丈所到則山海之神皆來奉迎拜謁其后數十年經復暫歸家遠有書與陳尉其書廓落大而不工先是人無知方平名遠者因此乃知之陳尉家于今世世存錄王君手書并符傳於小箱中

漢淮南王劉安者漢高帝之孫也其父厲王長得罪徙蜀道死文帝哀之而裂其地盡以封長子故安得封淮南王時諸王子貴侈莫不以聲色游獵犬馬為事唯安獨折節下士篤好儒學兼占候方術養士數千人皆天下俊士作內書二十二篇又中篇八章言神仙黃白之事名為鴻寶萬畢三章論變化之道凡十萬言武帝以安辯博有才屬為諸父甚重尊之特詔及報書常使司馬相如等共定草乃遣使召安入朝嘗詔使為離騷經旦受詔食時便成奏之安每宴見談說得失及獻諸賦頌晨入夜出乃天下道書及方術之士不遠千里卑辭重幣請致之於是乃有八公詣門皆鬚眉皓白門吏先密以白王王使閽人自以意難問之曰我王上欲求延年長生不老之道中欲得博物精義入妙之大儒下欲得勇敢武力扛鼎暴虎橫行之壯士今先生年已耆矣似無駐衰之術又無賁育之氣豈能究於三墳五典八索九邱鉤深致遠窮理性盡乎三者既乏餘不敢通入公笑曰我聞王尊禮賢士吐握不倦苟有一介之善莫不畢至古人貴九九之好養鳴吠之技誠欲市馬骨以致騏驥師郭生以招群英吾年雖鄙陋不合所求故遠致其身且欲一見王雖使無益亦豈有損何以年老而疑見嫌耶王必若見年少則謂之有道皓首則謂之庸叟恐非發石採玉深淵索珠之謂也薄吾老今則少矣言未竟八公皆變為童子年可十四五角髻青絲色如桃花門吏大驚走以白王王聞之足不履跣而迎登思仙之臺張錦帳象牀燒百和之香進金玉之几執弟子之禮北面叩首而言曰安以凡才少好德藝羇鑠世務沉淪流俗不能遺累負笈山林然夙夜飢渴思願神明沐浴濯濁精誠淺薄懷情不暢邈若雲漢不期原幸道君降屈是安祿命當蒙拔擢喜懼屏營不知所措唯願道君哀而教之則螟蛉假翼於鴻鵠可冲天矣八童子乃復為老人告王曰余雖復淺識備為先學聞王好士故來相從未審王意有何所欲吾一人能坐風致雨立起雲霧畫地為江河撮土為山嶽

一人能崩高山塞深泉收束虎豹召致蛟龍使役鬼神一人能分形易貌坐存立亡隱蔽六軍白日為暝一人能乘雲步虛越海凌波出入無間呼吸千里一人能入火不灼入水不濡刃射不中冬凍不寒夏曝不汗一人能千變萬化恣意所為禽獸草木萬物立成移山駐流行宮易室一人能煎泥成金凝鉛為銀水鍊入石飛騰流珠乘雲駕龍浮於太清之上在王所欲安乃日夕朝拜供進酒脯各試其向所言千變萬化種種異術無有不效遂授王丹經三十六卷藥成未及服而太子遷好劍自以人莫及也於時郎中雷被召與之戲而被誤中遷遷大怒被怖恐為遷所殺乃求擊匈奴以贖罪安聞不聽被大懼乃上書於天子云漢法諸侯壅閼不與擊匈奴其罪入死安合當誅武帝素重王不咎但削安二縣耳安怒被被恐死與伍被素為交親伍被曾以姦私得罪於安安怒之未發二人恐為安所誅乃共誣告稱安謀反天子使宗正持節治之八公謂安曰可以去矣此乃是天之發遣王王若無此事日復一日未能去世也八公使安登山大祭埋金地中即白日昇天八公與安所踏山上石皆陷成跡至今人馬跡存猶八公告安曰夫有藉之人被人誣告者其誣人當即死滅伍被等今當復誅矣於是宗正以失安所在推問云王仙去矣天子悵然乃諷使廷尉張湯奏伍被云為畫計乃誅二被九族一如八公之言也漢使祕之不言安得神仙之道恐後世人主當廢萬機而競求於安道乃言安得罪後自殺非得仙也按左吳記云安臨去欲誅二被八公諫曰不可仙去不欲害行虫況於人乎安乃止又問八公曰可得將素所交親俱至彼使遣還否公曰何不得爾但不得過五人安即以左吳王眷傳生等五人至玄洲便遣還吳記俱說云安未得上天遇諸仙伯安少習尊貴稀為卑下之禮坐起不恭語聲高亮或誤稱寡人於是仙伯主者奏安云不敬應斥遣去八公為之謝過乃見赦謫守都廁三年後為散仙人不得處職但得不死而已武帝聞左吳等隨王仙

去更還乃詔之親問其由吳具以對帝大懊恨乃嘆曰使朕得為淮南王者視天下如脫履耳遂便招募賢士亦冀遇八公不能得而為公孫卿欒大等所欺意猶不已庶獲其真者以安仙去分明方知天下寔有神仙也時人傳八公安臨去時餘藥器置在中庭雞犬舐啄之盡得昇天故雞鳴天上犬吠雲中也

陰長生

陰長生者新野人也漢皇后之親屬少生富貴之門而不好榮貴唯專務道術聞馬鳴生得度世之道乃尋求之遂得相見便執奴僕之役親運履之勞鳴生不教其度世之法但日夕别與之高談論當世之事治農田之業如此十餘年長生不懈同時共事鳴生者十二人皆恚歸去唯長生執禮彌肅鳴生告之曰子真能得道矣乃將入青城山中煑黃土為金以示之立壇西面乃以太清神丹經授之鳴生别去長生乃歸合之丹成服半劑不盡卽昇天乃大作黃金十數萬斤以布惠天下貧乏不問識與不識者周行天下與妻子相隨一門皆壽而不老在民間三百餘年後於平都山東白日昇天而去著書九篇云上古仙者多矣不可盡論但漢興以來得仙者四十五人連余為六矣二十人尸解餘並白日昇天抱朴子曰洪聞諺書有之曰子不夜行則安知道上有夜行人今不得仙者亦安知天下山林間不有學道得仙者陰君已服神藥未盡昇天然方以類聚同聲相應便自與仙人相集尋索聞見故知此近世諸仙人數耳而俗民謂為不然以己所不聞則謂無有不亦悲哉夫草澤間士以隱逸得志以經籍自娛不耀文采不揚聲名不修求進不營聞達人猶不能識之況仙人亦何急急今聞達朝闕之徒知其所云為哉陰君自叙云漢延光元年新野山北予受仙君神丹要訣道成去世付之名山如有得者列為真人行乎去來何為俗閒不死之要道在神丹行氣導引俛仰屈伸服食草木可得延年不能度世以至乎仙子欲聞道此是要言積學所致無為合神上士為之勉力加勤下愚大笑以為不然能知神丹久視長安於是陰君裂黃素寫丹經一通封一文石之函置嵩高山一通黃櫨之簡漆書之封以青玉之函置太華山一通黃金之簡刻而書之封以白銀之函置蜀綏山一封縑書合為十篇付弟子使世世當有所傳付又著詩三篇以示將來其一曰惟余之先佐命唐虞爰逮漢世紫艾重紆我獨好道而為匹夫高尚素志不仕王侯貪生得生亦又

何求超跡蒼霄乘龍駕浮清風承翼與我為儷入火不灼蹈波不濡逍遙太極何慮何憂傲戲仙都顧愍羣愚年命之逝如彼川流奄忽未幾泥土為儔奔馳索死不肯暫休其二章曰余之聖師體道之真升降變化喬松為隣唯余同學十有二人寒苦求道歷二十年中多怠墮志行不堅痛乎諸子命也自天天不妄授道必歸賢身沒幽壤何時可還嗟爾將來勤加精研勿為流俗富貴所牽神道一成升彼九天壽同三光何但億千其三章曰惟余束髮少好道德棄家隨師東西南北委放五濁避世自匿三十餘年名山之側寒不遑衣饑不暇食思不敢歸勞不敢息奉事聖師承歡悅色面垢足胝乃見誠實遂受要訣恩深不測妻子延年咸享無極黃白已成貨財千億使役鬼神玉女侍側今得度世神丹之力陰君處民間百七十年色如女子白日昇天而去

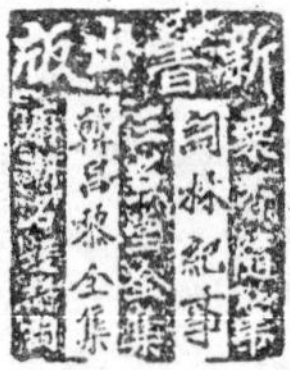
新書出版
詞林紀事
韓昌黎全集

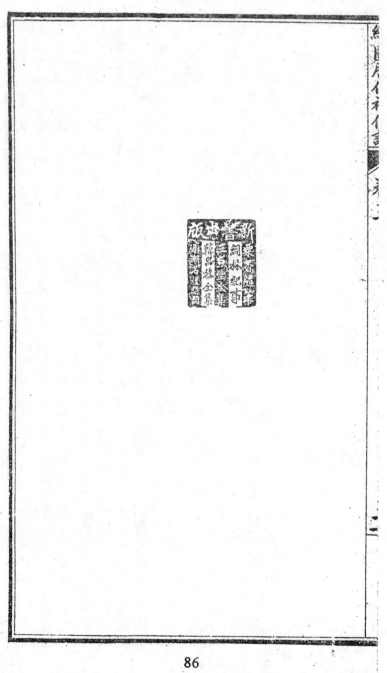

張道陵者沛國人也本太學書生博通五經晚乃歎曰此無益於年命遂學長生之道得黃帝九鼎丹法欲合之用藥皆糜費錢帛陵家素貧欲治生營田牧畜非己所長乃不就聞蜀人多純厚易可教化且多名山乃與弟子入蜀住鵠鳴山著作道書二十四篇乃精思鍊志忽有天人下千乘萬騎金車羽蓋驂龍駕虎不可勝數或自稱柱下史或稱東海小童乃授陵以新出正一明威之道陵受之能治病於是百姓翕然奉事之以為師弟子戶至數萬即立祭酒分領其戶有如官長幷立條制使諸弟子隨事輪出米絹器物紙筆樵薪什物等領人脩復道路不脩復者皆使疾病縣有應治橋道於是百姓斬草除溷無所不為皆出其意而愚者不知是陵所造將為此文從天上下也陵又欲以廉恥治人不喜施刑罰乃立條制使有疾病者皆疏記生身以來所犯之辠乃手書投水中與神明共盟約不得復犯法當以身死為約於是百姓計念邂逅疾病輒當首過一則得愈二使羞慚不敢重犯且畏天地而改從此之後所違犯者皆改為善矣陵乃多得財物以市其藥合丹丹成服半劑不願即昇天也乃能分形作數十人其所居門前水池陵常乘舟戲其中而諸道士賓客往來盈庭蓋座上常有一陵與賓客對談共食飲而真陵故在池中也其治病事皆採取玄素但改易其大較轉其首尾而大途猶同歸也行氣服食故用仙法亦無以易故陵語諸人曰爾輩多俗態未除不能棄世正可得吾行氣導引房中之事或可得服食草木數百歲之方耳其有九鼎大要唯付王長而後合有一人從東方來當得之此人必以正月七日日中到具說長短形狀至時果有趙昇者從東方來生平原相見其形貌一如陵所說陵乃七度試昇皆過乃受昇丹經七試者第一試昇到門不為通使人罵辱四十餘日露宿不去乃納之第二試使昇於草中守黍驅獸暮遣美女非常託言遠行過寄宿與昇接牀明日又稱脚痛不去遂留數日亦復調戲昇終不失正第三試昇行道忽見

遺金三十鉼昇乃走過不取第四令昇入山採薪三虎交前咬昇衣服唯不傷身昇不恐顏色不變謂虎曰我道士耳少年不為非故不遠千里來事神師求長生之道汝何以爾也豈非山鬼使汝來試我乎須臾虎乃起去第五試昇於市買十餘匹絹付直訖而絹主誣之云未得昇乃脫己衣買絹而償之殊無悋色第六試昇守田穀有一人往叩頭乞食衣裳破弊面目塵垢身體瘡膿臭穢可憎昇愴然為之動容解衣衣之以私糧設食又以私米遺之第七試陵將諸弟子登雲臺絕巖之上下有一桃樹如人臂傍生石壁下臨不測之淵桃大有實陵謂諸弟子曰有人能得此桃實當告以道要於時伏而窺之者三百餘人股戰流汗無敢久臨視之者莫不却退而還謝不能得昇一人乃曰神之所護何險之有聖師在此終不使吾死於谷中耳師有教者必是此桃有可得之理故耳乃從上自擲投樹上足不蹉跌取桃實滿懷而石壁險峻無所攀緣不能得返於是乃以桃一一擲上正得二百二顆陵得而分賜諸弟子各一陵自食留一以待昇陵乃以手引昇衆視之見陵臂加長三二丈引昇昇忽然來還乃以向所留桃與之昇食桃畢陵乃臨谷上戲笑而言曰趙昇心自正能投樹上足不蹉跌吾今欲自試投下當應得大桃也衆人皆諫唯昇與王長嘿然陵遂投空不落桃上失陵所在四方皆仰上則連天下則無底往無道路莫不驚歎悲涕唯昇長二人良久乃相謂曰師則父也自投於不測之崖吾何以自安乃俱投身而下正墮陵前見陵坐局脚牀斗帳中見昇長二人笑曰吾知汝來乃授二人道畢三日乃還歸治舊舍諸弟子驚悲不息後陵與昇長三人皆白日沖天而去衆弟子仰視之久而乃沒於雲霄也初陵入蜀山合丹半劑雖未沖舉已成地仙故欲化作七試以度趙昇乃如其志也

繪圖歷代神仙譜　卷四　李少君　三

李少君者齊人也漢武帝招募方士少君於安期先生得神丹爐火之方家貧不能辦藥謂弟子曰老將至矣而財不足雖躬耕力作不足以致辦今天子好道欲往見之求為合藥可得恣意乃以方上帝云丹砂可成黃金金成服之昇仙臣常游海上見安期先生食棗大如瓜天子甚尊敬之賜遺無數少君常與武安侯飲食座中有一老人年九十餘少君問其名乃言曾與老人祖父游夜見小兒從其祖父吾故識之時一座盡驚又少君見武帝有故銅器因識之曰齊桓公常陳此器於寢座帝按言覩其刻字果齊之故器也因知少君是數百歲人矣視之如五十許人面色肌膚甚有光澤口齒如童子王公貴人聞其能令人不死莫不仰慕所遺金錢山積少君乃密作神丹丹成謂帝曰陛下不能絕驕奢遣聲色殺伐不止喜怒不勝萬里有不歸之魂市曹有流血之刑神丹大道未可得成乃以少藥方與帝少君便稱疾是夜帝夢與少君俱上嵩高山半道有使者乘龍持節雲中來言太乙請少君帝遂覺即使人問少君消息且告近臣曰朕昨夢少君捨朕去少君乃病困帝往視之并使人受其方事未竟而卒帝曰少君不死故化去耳及斂失屍所在中表衣悉不解如蟬蛻也帝猶憎歎恨求少君不勤也初少君與朝議郎董仲躬相親愛仲躬宿有疾體枯氣少少君乃與其成藥二劑并其方用戊巳之草後土脂黃精根獸沈先莠之根百卉花釀亥月上旬合煎銅器中使童子沐浴潔淨調其湯火使合成雞子三枚為程服盡一劑身體便輕服三劑齒落更生五劑年壽長而不復傾仲躬為人剛直博學五經然不達道術笑世人服藥學道頻上書諫武帝以為人生則命衰老有常非道術所能延意雖見其有異將為天性非術所致得藥竟不服又不問其方少君去後數月仲躬病甚嘗聞武帝說前夢恨惜少君仲躬憶少君所留藥試服之未半乃身體輕壯其病頓愈服盡氣力如年少時乃信有長生不死之道解官行求道士問其方竟不能悉曉仲躬唯得

髮不白形容盛甚年八十餘乃死囑其子道生曰我少得少君方藥初不信事後得力無能解之懷恨於黃泉矣汝可行求人間方術之事解其方意長服此藥必度世也時有文成將軍亦得少君術事武帝帝後遣使誅之文成謂使者曰為吾謝帝不能忍少日而敗大事乎帝好自愛後三十年求我於成山方共事不相怨也使者還具言之帝令發其棺視之無所見唯有竹筒一枚帝疑其弟子竊其屍而藏之乃收捕撿問其跡帝乃大悔誅文成後復徵諸方士更於甘泉祀太乙又別設一座祀文成帝親執禮焉

孔元方

孔元方許昌人也常服松脂茯苓松實等藥老而益少容如四十許人郄元節左元放皆為親友俱棄五經當世之人事專修道術元方仁慈惡衣蔬食飲酒不過一升年有七十餘歲道家或請元方會同飲酒次至元方元方作一令以杖拄地乃手把杖倒竪頭在下足向上以一手持盃倒飲人莫能為也元方有妻子不畜餘財頗種五穀時失火諸人並來救之出屋下衣糧牀几元方都不救唯箕踞籬下視火其妻促使元方助收物元方笑曰何用惜此又鑿水邊岸作一窟室方廣丈餘元方入其中斷穀或一月兩月乃復還家人亦不得往來窟前有一栢樹生道後棘草間委曲隱蔽弟子有急欲詣元方窟室者皆莫能知後東方有一少年姓馮名遇好道伺候元方便尋窟室得見曰人皆來不能見我汝得見似可教也乃以素書二卷授之曰此道之要言也四十年得傳一人世無其人不得以年限足故妄授若四十年無所授者即八十年而有二人可授者即頓接二人可授不授為閉天道不可授而授為泄天道皆殃及子孫我已得所傳吾其去矣乃委妻子入西嶽後五十餘年暫還鄉里時人尚有識之者

卷四 王烈

王烈者字長休邯鄲人也常服黃精及鉛年三百三十八歲猶有少容登山歷險行步如飛少時本太學書生學無不覽常以人談論五經百家之言無不該博中散大夫譙國嵇叔夜甚敬愛之數數就學共入山遊戲採藥後烈獨之太行山中忽聞山東崩地殷殷如雷聲烈不知何等往視之乃見山破石裂數百丈兩畔皆是青石石中有一穴口經濶尺許中有青泥流出如髓烈取泥試丸之須臾成石如投熱蠟之狀隨手堅凝氣如粳米飯嚼之亦然烈合數丸如桃大用攜少許歸乃與叔夜曰吾得異物叔夜甚喜取而視之已成青石擊之琿琿如銅聲叔夜即與烈往視之斷山以復如故烈入河東抱犢山中見一石室室中百石架架上有素書兩卷烈取讀莫識其文字不敢取去却着架上暗書得數十字形體以示康康盡識其字烈喜乃與康共往讀之至其道徑了了分明比及又失其石室所在烈私語弟子曰叔夜未合得道故也又按神仙經云神山五百年輒開其中石髓出得而服之壽與天相畢烈前得者必是也河東聞喜人多累世奉事烈者晉永寧年中出洛下遊諸處與人共戲鬬射烈挽二石弓射百步十發矢九破的一年復去又張子道者年九十餘拜烈烈平坐受之座人怪之子道曰我年八九歲時見顏色與今無異吾今老矣烈猶有少容後莫知所之

焦先者字孝然河東人也年一百七十歲常食白石以分與人熟煮如芋食之日日入山伐薪以施人先自村頭一家起周而復始負薪以置人門外人見之鋪席與坐為設食先便坐亦不與人語負薪來如不見人便私置於門閭便去連年如此及魏受禪居河之湄結草為菴獨止其中不設牀席以草褥襯坐其身垢污濁如泥潦或數日一食行不由徑不與女人交遊衣弊則賣薪以買故衣着之冬夏單衣太守董經因往視之又不肯語經益以為賢後遭野火燒其菴人往視之見先危坐菴下不動火過菴燼先方徐徐而起衣物悉不焦灼又更作菴天忽大雪人屋多壞先菴倒人往不見所在恐已凍死乃共拆菴求之見先熟卧於雪下顏色赫然氣息休休如盛暑醉卧之狀人知其異多欲從學道先曰我無道也或忽老忽少如此二百餘歲後與人別去不知所適所請者竟不得一言也

河上公

河上公者莫知其姓字漢文帝時公結草為菴於河之濱帝讀老子經頗好之勅諸王及大臣皆誦之有所不解數事時人莫能道之聞時皆稱河上公解老子經義旨乃使齎所不決之事以問公曰道尊德貴非可遙問也帝即幸其菴躬問之帝曰普天之下莫非王土率土之濱莫非王臣域中四大王居其一子雖有道猶朕民也不能自屈何乃高乎公即撫掌坐躍冉冉在虛空中去地數丈俛仰而答曰余上不至天中不累人下不居地何民臣之有帝乃下車稽首曰朕以不德忝統先業才小任大憂於不堪雖治世事而心敬道直以暗昧多所不了唯願道君有以教之公乃授素書二卷與帝曰熟研之此經所疑皆了不事多言也余注此經以來一千七百餘年凡傳三人連子四矣勿以示非其人言畢失其所在須臾雲霧晦冥天地泯合帝甚貴之論者以為文帝好老子之言世不能盡通故神人特下教之而恐漢文心未至信故示神變所謂聖人無常心以百姓心為心耶

趙瞿者字子榮上黨人也得癩病重垂死或告其家云當及生棄之若死於家則世世子孫相蛀耳家人為作一年糧送置山中恐虎狼害之從外以木砦之瞿悲傷自恨晝夜啼泣如此百餘日夜中忽見石室前有三人問瞿何人瞿度深山窮林之中非人所行之處必是神靈乃自陳乞叩頭求哀其人行諸砦中有如雲氣了無所礙問瞿必欲愈病當服藥能否瞿曰無狀多罪嬰此惡疾已見疎棄死在旦夕若刖足割鼻而可活猶所甚願況服藥豈不能也神人乃以松子松栢脂各五升賜之告瞿曰此不但愈病當長生耳服半可愈愈即勿廢瞿服之未盡病愈身體強健乃歸家家人謂是鬼具說其由乃喜遂更服之二年顏色轉少肌膚光澤走如飛鳥年七十餘食雉兔皆嚼其骨能負重更不疲極年百七十夜臥忽見屋間光有如鏡者以問左右云不見後一日一室內盡明能夜書文再見面上有二人長三寸乃美女也甚端正但小耳戲其鼻上如此二女稍長大至如人不復在面上出在前側常聞琴瑟之聲欣然懽樂在人間三百餘年常如童子顏色入山不知所之

繪圖歷代中山普　卷四　王遥

王遙者字伯遼鄱陽人也有妻無子頗能治病病無不愈者亦不祭祀不用符水針藥其行治病但以八尺布帊敷坐於地不飲不食須臾病愈便起去其有邪魅作禍者遙畫地作獄因召呼之皆見其形入在獄中或狐狸鼉蛇之類乃斬而燔燒之病者即愈遙有竹篋長數寸有一弟子姓錢隨遙數十年未嘗見遙開之一夜大雨晦暝遙使錢以九節杖擔此篋將錢出冒雨而行遙及弟子衣皆不濕所行道非所曾經又常有兩炬火導前約行三十里許登小山入石室室中有二人遙既至取弟子所擔篋發之中有五舌竹簧三枚遙自鼓一枚以二枚與室中二人並坐鼓之良久遙辭去收三簧皆納篋中使錢擔之室中二人出送語遙曰卿當早來何為久在俗間遙答曰我如是當來也遙還家百日天復雨遙夜忽大治裝遙先有葛單衣及葛布巾已五十餘年未嘗著此夜皆取著之其妻即問曰欲捨我去乎遙曰暫行耳妻曰當將錢去不遙曰獨去耳妻即泣涕曰為且復少留遙曰如是還耳因自擔篋而去之遂不復還後三十餘年弟子見遙在馬蹄山中顏色更少蓋地仙也

劉憑者沛人也有軍功封壽光金鄉侯學道於稷丘子常服石桂英及中嶽石硫黃年三百餘歲而有少容尤長於禁氣嘗到長安諸賈人聞憑有道乃往拜見之乞得侍從求見祐護憑曰可耳又有百餘人隨憑行并有雜貨約直萬金乃於山中逢賊數百人拔刃張弓四合圍之憑語賊曰汝輩作人當念溫良若不能展才布德居官食祿當勤身苦體夫何有靦面目豺狼其心相教賊道危人利己此是伏尸都市肉饗烏鳶之法汝等弓箭當何所用於是賊射諸客箭皆反著其身須臾之間大風折木飛沙揚塵憑大呼曰小物輩敢爾天兵從頭刺殺先造意者憑言絕而衆兵一時頓地反手背上不能復動張口短氣欲死其中首帥三人即鼻中出血頭裂而死餘者或能語曰乞放餘生改惡為善於是諸客或斫殺者憑禁止之乃責之曰本擬盡殺汝猶復不忍今赦汝猶敢為賊乎皆乞命曰便當易行不敢復爾憑乃勑天兵赦之遂各能奔走去嘗有居人妻病邪魅累年不愈憑乃勑之其家宅傍有泉水水自竭中有一蛟枯死又有古廟廟間有樹樹上常有光人止其下多遇暴死禽鳥不敢巢其枝憑乃勑之盛夏樹便枯死有大蛇長七八丈懸其間而死後不復為患憑有姑子與人爭地俱在太守坐姑子少黨而敵家多親助為之言者四五十人憑反覆良久忽然大怒曰汝輩敢爾應聲有雷電霹靂赤光照耀滿屋於是敵人之黨一時頓地無所復知太守甚怖為之跪謝曰願君侯少寬威靈當為理斷終不使差失日移數丈諸人乃能起漢孝武帝聞之詔徵而試之曰殿下有怪輒有數十人絳衣披髮持燭相隨走馬可效否憑曰此小鬼耳至夜帝偽令人作之憑於殿上以符擲之皆面搶地以火焠口無氣帝大驚曰非此鬼也朕以相試耳乃解之後入太白山數十年復歸鄉里顏色更少

左慈字元放廬江人也明五經兼通星氣見漢祚將衰天下亂起乃歎曰值此衰亂高官者危財多者死當世榮華不足貪也乃學道尤明六甲能役使鬼神坐致行廚精思於天柱山中得石室中九丹金液經能變化萬端不可勝記魏曹公聞而召之閉一石室中使人守視斷穀期年乃出之顏色如故曹公自謂生民無不食道而慈乃如是必左道也欲殺之慈已知求乞骸骨曹公曰何以忽爾對曰欲見殺故求去耳公曰無有此意公却高其志不苟相留也乃為設酒曰今當遠曠乞分盃飲酒公曰善是時天寒溫酒尚熱慈拔道簪以撓酒須臾道簪都盡如人磨墨初公聞慈求分盃飲酒謂當使公先飲以與慈耳而拔道簪以畫盃酒中斷其間相去數寸即飲半半與公公不善之未即為飲慈乞盡自飲之飲畢以盃擲屋棟盃懸搖動似飛鳥俯仰之狀若欲落而不落舉坐莫不視盃良久乃墜既而已失慈矣尋問之還其所居曹公遂益欲殺慈試其能免死否乃勅收慈慈走入羣羊中而追者不分乃數本羊果餘一口乃知是慈化為羊也追者語主人意欲待見先生暫還無怯也俄而有大羊前跪而曰為審爾否吏相謂曰此跪羊慈也欲收之於是羣羊咸向吏言曰為審爾否由是吏亦不復知慈所在乃止後有知慈處者告公公又遣吏收之得慈慈非不能隱故示其神化耳於是受執入獄獄吏欲拷掠之戶中有一慈戶外亦有一慈不知孰是公聞而愈惡之使引出市殺之須臾忽失慈所在乃閉市門而索或不識慈者問其狀言眇一目著青葛巾青單衣見此人便收之及爾一市中人皆眇目著葛巾青衣卒不能分公令普逐之如見便殺後有人見知便斬以獻公公大喜及至視之乃一束茅驗其尸亦亡處所後有人從荊州來見慈刺史劉表亦以慈為惑衆擬收害之表出耀兵慈意知欲見其術乃徐徐去因又詣表云有薄禮願以餉軍表曰道人單僑吾軍人衆安能為濟乎慈重道之表使視之有酒一斗器盛脯一束而十人共舉不勝慈乃自出取

之以刀削脯投地請百人奉酒及脯以賜兵士酒肉盃脯一片食之如常脯味凡萬餘人皆周足而器中酒如故脯亦不盡坐上又有賓客千人皆得大醉表乃大驚無復害慈之意數日乃委表去入東吳有徐墮者有道術居丹徒慈過之墮門下有賓客車牛六七乘欺慈云徐公不在慈知客欺之便去客即見牛在楊樹梢行適上樹即不見下即復見行樹上又車轂皆生荊棘長一尺斫之不斷推之不動客大懼即報徐公有一老翁眇目吾見其不急之人因欺之云公不在去後須臾牛皆如此不知何等意公曰咄咄此是左公過我汝曹那得欺之急追可及諸客分布逐之及慈羅布叩頭謝之慈意解即遣還去及至車牛等各復如故慈見吳主孫討逆復欲殺之後出游請慈俱行使慈行於馬前欲自後刺殺之慈在馬前著水屐拄一竹杖徐徐而行討逆著鞭策馬操兵逐之終不能及討逆知其有術乃止後慈以意告葛仙公言當入霍山合九轉丹遂乃仙去

大茅君

大茅君盈南至句曲之山漢元壽二年八月己酉南嶽真人赤君西城王君及諸青童並從王母降於盈室頃之天皇大帝遣繡衣使者冷廣子期賜盈神璽玉章大微帝君遣三天左宮御史管修條賜盈八龍錦輿紫羽華衣太上大道君遣協晨大夫叔門賜盈金虎真符流金之鈴金闕聖君命太極真人正一上玄玉郎王忠鮑丘等賜盈以四節嚥胎流明神芝四使者授訖使盈食之佩璽服衣玉冠帶符握鈴而立四使者告盈曰食四節隱芝者位為真卿食金闕玉芝者位為司命食流明金英者位為司祿食長曜雙飛者位為司命真伯食夜光洞草者總主在左御史之任子盡食之矣壽齊天地位為司命上真東嶽上卿統吳越之神仙綜江左之山源矣言畢使者俱去五帝君各以方面車服降於其庭傳太帝之命賜紫玉之版黃金刻書九錫之文拜盈為東嶽上卿司命真君太元真人事畢俱去王母及盈師西城王君為盈設天廚酣飲歌玄靈之曲宴罷王母攜王君及盈省顧盈之二弟各授道要王母命上元夫人授茅固茅衷太霄隱書丹景道精等四部寶經王母執太霄隱書命侍女張靈子執交信之盟以授於盈固及衷事訖西王母昇天而去其後紫虛元君魏華存夫人請齋於陽洛之山隱元之臺西王母與金闕聖君降於臺中乘八景之輿同詣清虛上宮傳玉清隱書四卷以授華存是時三元夫人馮雙珠紫陽左仙公石路成太極高仙伯延蓋公子西城真人王方平太虛真人南嶽真人赤松子桐栢真人王喬等三十餘真各歌太極陰歌之曲王母為之歌曰駕我八景輿欻然入玉清龍羣拂霄上虎旆攝朱兵逍遙玄津際萬流無暫停哀此去留會劫盡天地傾當尋無中景不死亦不生體彼自然道寂觀合太真南岳擬貞幹玉英耀穎精有任靡其事虛心自受靈嘉會降河曲相與樂未央王母歌畢三元夫人答歌亦畢王母及三元夫人紫陽左公太極仙伯清靈王君乃攜南岳魏華存同去東南行俱詣天台霍山過句曲之金壇宴太元真人

茅叔申於華易洞天留華存於霍山洞宮玉宇之下衆真皆從王母昇還龜臺矣

壺公

壺公者不知其姓名也今世所有召軍符召鬼神治病玉府符凡二十餘卷皆出自公故總名壺公符時汝南有費長房者為市掾忽見公從遠方來入市賣藥人莫識之賣藥口不二價治病皆愈語買人曰服此藥必吐某物某日當愈事無不效其錢日收數萬便施與市中貧乏饑凍者唯留三五十常懸一空壺於屋上日入之後公跳入壺中人莫能見唯長房樓上見之知非常人也長房乃日日自掃公座前地及供饌物公受而不辭如此積久長房尤不懈亦不敢有所求公知長房篤信謂房曰至暮無人時更來長房如其言即往公語房曰見我跳入壺中時卿便可效我跳自當得入長房依言果不覺已入入後不復是壺唯見仙宮世界樓觀重門閣道公左右侍者數十人公語房曰我仙人也昔處天曹以公事不勤見責因謫人間耳卿可教故得見我長房下座頓首曰肉人無知積罪卻厚幸謬見哀憫猶入剖棺布氣生枯起朽但恐臭穢頑弊不任驅使若見哀憐百生之厚幸也公曰審爾大佳勿語人也公後詣長房於樓上曰我有少酒相就飲之酒在樓下長房使人取之不能舉盎至數十人莫能得上乃白公公乃下以一指提上與房共飲之酒器如拳許大飲之至暮不竭告長房曰我某日當去卿能去乎房曰欲去之心不可復言欲使親眷不覺知去當有何計公曰易耳乃取一青竹杖與房戒之曰卿以竹歸家便可稱病以此竹杖置卿所臥處默然便來房如公言去後家人見房已死屍在牀乃向竹杖耳乃哭泣葬之房詣公恍惚不知何所公乃留房於羣虎中虎磨牙張口欲噬房房不懼明日又內於石室中頭上有一方石廣數丈以茅綯懸之又諸蛇來嚙繩繩即欲斷而長房自若公至撫之曰子可教矣又令長房啗屎兼蛆長寸許異常臭惡房難之公乃歎謝遣之曰子不得仙道也賜子為地上主者可得壽數百歲為傳封符一卷付之曰帶此可主諸鬼神常稱使者可以治病消災房憂不得到家公以一竹杖與之曰但騎此得到家耳房騎

竹杖辭去忽如睡覺已到家家人謂是鬼具述前事乃發棺視之唯一竹杖方信之房所騎竹杖棄葛陂中視之乃青龍耳初去至歸謂一日推問家人已一年矣房乃行符收鬼治病無不愈者每與人同坐共語常呵責嗔怒問其故曰嗔鬼耳時汝南有鬼怪歲輒數來郡中來時從騎如太守入府打鼓周行內外爾乃還去甚以為患房因詣府廳事正值此鬼來到府門前府君馳入獨留房鬼知之不敢前房大叫呼曰便捉前鬼來乃下車伏庭前叩頭乞曰改過房呵之曰汝死老鬼不念溫良無故導從唐突宮府自知合死否急復真形鬼須臾成大鼈如車輪頭長丈餘房又令復人形房以一札符付之令送與葛陂君鬼叩頭流涕持札去使人追視之乃見符札立陂邊鬼以頭繞樹而死房後到東海東海大旱三年謂請雨者曰東海神君前來淫葛陂夫人吾係之辭狀不測脫然忘之遂致久旱吾今當赦之令其行雨即便有大雨房有神術能縮地脈千里存在目前宛然放之復舒如舊也

薊子訓
二

薊子訓者齊人也少嘗任州郡舉孝廉除郎中又從軍除駙馬都尉人莫知其有道在鄉里時唯行信讓與人從事如此三百餘年顏色不老人怪之好事者追隨之不見其所常服藥物也性好清澹常閑居讀易小小作文皆有意義見北屋抱嬰兒訓求抱之失手墮地兒即死鄰家素尊敬子訓不敢有悲哀之色乃埋瘞之後二十餘日子訓往問之曰復思兒否鄰曰小兒相命應不合成人死已積日不能復思也子訓因出外抱兒還其家其家謂是死不敢受子訓曰但取之無苦故是汝本兒也兒識其母見而欣笑欲母取之抱猶疑不信子訓既去夫婦共往視所埋兒棺中唯有一泥兒長六七寸此兒遂得長成諸老人鬚髮畢白者子訓但與之對坐共語宿昔之間明旦皆黑矣京師貴人聞之莫不虛心謁見無緣致之有年少與子訓鄰居為太學生諸貴人作計共呼太學生謂之曰子勤苦讀書欲規富貴但召得子訓來使汝可不勞而得矣生許諾便歸事子訓灑掃供侍左右數百日子訓知意謂生曰卿非學道焉能如此生尚諱之子訓曰汝何不以實對妄為虛飾吾已具知卿意諸貴人欲見我我豈以一行之勞而使卿不獲榮位乎汝可還京吾某日當往生甚喜辭至京與貴人具說某日子訓當到至則未發生父母來詣子訓子訓曰汝恐吾忘使汝兒失信不仕耶吾今食後即發半日乃行二千里既至生急往拜迎子訓問曰誰欲見我生曰欲見先生者甚多不敢枉屈但知先生所至當自來也子訓曰吾千里不倦豈惜寸步乎欲見者語之令各絕賓客吾明日當各詣宅生如言告諸貴人各自絕客灑掃至時子訓果來凡二十三家各有一子訓諸朝士各謂子訓先到其家明日至朝各問子訓何時到宅二十三人所見皆同時所服飾顏貌無異唯所言語隨主人意答乃不同也京師大驚異其神變如此諸貴人並欲詣子訓子訓謂生曰諸貴人謂我重瞳八采故欲見我今見我矣我亦無所能論道吾去矣適出門諸貴人冠蓋塞路而來生具言適去

矣東陌上乘騾者是也各走馬逐之不及如此半日相去常一里許終不能及遂各罷還子訓至陳公家言曰吾明日中時當去陳公問遠近行乎曰不復更還也陳公以葛布單衣一送之到時子訓乃死屍僵手足交胷上不可得伸狀如屈鐵屍作五香之芳氣達於巷陌其氣甚異乃殯之棺中未得出棺中翕然作雷霆之音光照宅宇坐人頓伏良久視其棺蓋乃分裂飛於空中棺中無人但遺一隻履而已須臾聞陌上有人馬簫鼓之聲徑東而去乃不復見子訓去後陌上數十里芳香百餘日不歇也

董奉

董奉者字君異侯官人也吳先主時有少年為奉本縣長見奉年四十餘不知其道罷官去後五十餘年復為他職行經侯官諸故吏人皆老而奉顏貌一如往日問言君得道邪吾昔見君如此吾今已皓首而君轉少何也奉曰偶然耳又杜燮為交州刺史得毒病死死已三日奉時在彼乃往與藥三丸內在口中以水灌之使人捧舉其頭搖而消之須臾手足似動顏色漸還半日乃能起坐後四日乃能語云死時奄忽如夢見有十數烏衣人來收燮上車去入大赤門徑以付獄中獄各一戶戶纔容一人以燮內一戶中乃以土從外封塞之不復見外光忽聞戶外人言云太乙遣使來召杜燮又聞除其戶土良久引出見有車馬赤蓋三人共坐車上一人持節呼燮上車將還至門而覺燮遂活因起謝曰甚蒙大恩何以報効乃為奉起樓於庭中奉不食他物唯啖脯棗飲少酒燮一日三度設之奉每來飲食或如飛鳥騰空來坐食了飛去人每不覺如是一年餘辭燮去燮涕泣留之不住燮問欲何所之莫要大船否奉曰不用船唯要一棺器耳燮即為具之至明日日中時奉死燮以其棺殯埋之七日後有人從容昌來奉見囑云為謝燮好自愛理燮聞之乃啓殯發棺視之唯存一帛一面畫作人形一面丹書作符後還豫章廬山下居有一人中有癘疾垂死載以詣奉叩頭求哀之奉使病人坐一房中以五重布巾蓋之使勿動病者云初聞一物來舐身痛不可忍無處不匝量此舌廣一尺許氣息如牛不知何物也良久物去奉乃往池中以水浴之遣去告云不久當愈勿當風十數日病者身赤無皮甚痛得水浴痛即止二十日皮生即愈身如凝脂後忽大旱縣令丁士彥議曰聞董君有道當能致雨乃自齎酒脯見奉陳大旱之意奉曰雨易得耳因視屋曰貧道屋皆見天恐雨至何堪令解其意曰先生但致雨當為立架好屋明日士彥自將人吏百餘輩運竹木起屋立成方聚土作泥擬數里取水奉曰不須爾暮當大雨乃止至暮即大雨高下皆平方民大悅奉居山

不種田日為人治病亦不取錢重病愈者使栽杏五株輕者一株如此數年計得十萬餘株鬱然成林乃使山中百禽羣獸游戲其下卒不生草常如芸治也後杏子大熟於林中作一草倉示時人曰欲買杏者不須報奉但將穀一器置倉中即自往取一器杏去常有人置穀來少而取杏去多者林中羣虎出吼逐之大怖急挈杏走路傍傾覆至家量杏一如穀多少或有人偷杏者虎逐之到家嚙至死家人知其偷杏乃送還奉叩頭謝過乃却使活奉每年貨杏得穀旋以賑救貧乏供給行旅不逮者歲二萬餘斛縣令有女為精邪所魅醫療不效乃投奉治之若得女愈當以侍巾櫛奉然之即召得一白鼉長數丈陸行詣病者門奉使侍者斬之女病即愈奉遂納女為妻久無兒息奉每出行妻不能獨住乃乞一女養之年十餘歲奉一日聳身入雲中去妻與女猶存其宅賣杏取給有欺之者虎還逐之奉在人間三百餘年乃去顏狀如三十時人也

孔安國

孔安國者魯人也常行氣服鉛丹年三百歲色如童子隱潛山弟子隨之數百人每斷穀入室一年半復出益少其不入室則飲食如常與世人無異安國為人沉重尤寶惜道要不肯輕傳其奉事者五六年審其為人志性乃傳之有陳伯者安樂人也求事安國安國以為弟子留三年如其執信乃謂之曰吾亦少更勤苦尋求道術無所不至遂不能得神丹入石登天之法唯受地仙之方適可以不死而昔事海濱漁父漁父者故越相范蠡也乃易姓名隱以避凶世哀我有志授我秘方服餌之法以得度世則大伍司誠子期姜伯塗山皆千歲之後更少壯吾受道以來服藥三百餘年以其一方授崔仲卿卿年八十四服來已三十三年矣視其肌體氣力甚健鬚髮不白口齒完堅子往與相見事之陳伯遂往事之受其方亦度世不老又有張合妻年五十服之反如二十許人一縣怪之八十六生一男又教數人皆四百歲後入山去亦有不度世者由於房中之術故也

繪圖歷代神仙譜　卷十六　尹軌　一

尹軌者字公度太原人也博學五經尤明天文星氣河洛讖緯無不精微晚乃學道常服黃精華日三合計年數百歲其言天下盛衰安危吉凶未嘗不效腰佩漆竹筒十數枚中皆有藥言可辟兵疫常與人一丸令佩之會世大亂鄉里多罹其難唯此家免厄又大疫時或得粒許大塗門則一家不病弟子黃理居陸渾山中患虎暴公度使其斷木為柱去家五里四方各埋一柱公度即印封之虎即絕迹到五里輒還有怪鳥止屋上者以白公度公度為書一符著鳥所鳴處至夕鳥伏死符下或有人遭喪當葬而貧汲汲無以辦公度過省之孝子遂說其孤苦公度為之愴然令求一片鉛公度入荊山架小屋於爐火中銷鉛以所帶藥如米大投鉛中攪之乃成好銀與之告曰吾念汝貧困不能營葬故以拯救慎勿多言也有人負官錢百萬身見收縛公度於富人借數千錢與之令致錫得百兩復銷之以藥方寸匕投之成金還官後到太和山中仙去也

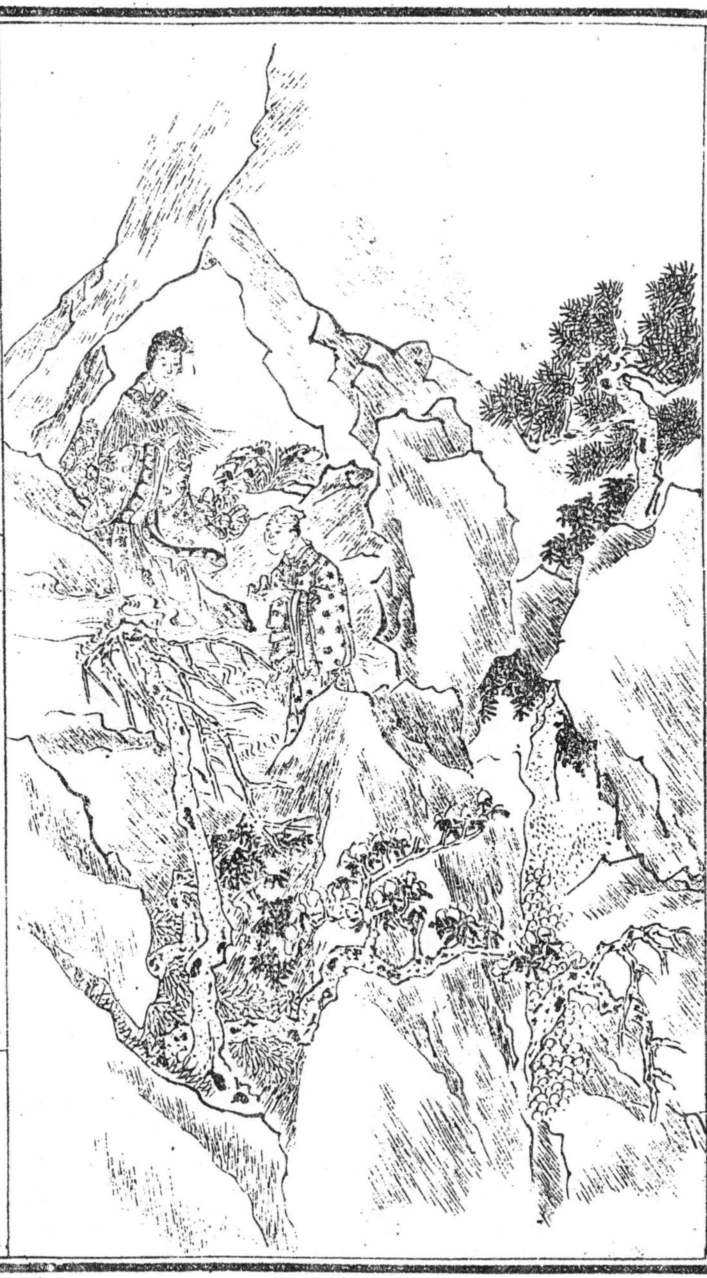

介象者字元則會稽人也學通五經博覽一家之言能屬文後學道入東山善度世禁氣之術能於茅上燃火煮雞而不燋令一里內人家炊不熟雞犬三日不吠令一市人皆坐不能起隱形變化為草木鳥獸不鳴聞有五丹經周旋天下尋求之不得其師乃入山精思冀遇神仙憊極臥石上有一虎往舐象額象寤見虎乃謂之曰天使汝來侍衛我汝且停若山神使汝試我卽疾去虎乃去象入山谷上有石子紫色光綵甚好大如雞子不可稱數乃見取兩枚谷深不能前乃還於山中一美女年十五六許顏色非常被服五綵蓋神仙也象乞長生之方女曰子可送手中物着故處乃可汝未應取此物吾故止待汝象送石還見女子在前處語象曰汝血食之氣未盡斷穀三年更來吾止此象歸斷穀三年復往見此女故在前處乃以還丹經一首授象告之曰得此便得仙勿復他為也乃辭歸象常住弟子駱廷雅舍帷下屏牀中有數生諭左傳義不平象傍聞之不能忍乃忿然為決書生知非常人密表薦於吳主象知之欲去曰恐官事拘束我耳廷雅固留吳王徵至武昌甚尊敬之稱為介君詔令立宅供帳皆是綺繡遺黃金千鎰從象學隱形之術試還後宮出入閨閣莫有見者如此幻法種種變化不可勝數後告言病帝遣左右姬侍以美梨一奩賜象象食之須臾便死帝埋葬之以日中時死晡時已至建業所賜梨付苑吏種之吏後以表聞先主即發棺視之唯一符耳帝思之與立廟時時躬往祭之常有白鶴來集座上遲迴復去後弟子見在蓋竹山中顏色轉少

蘇仙公者桂陽人也漢文帝時得道先生早喪所怙鄉中以仁孝聞宅在郡城東北出入往來不避燥濕至於食物不憚精麤先生家貧常自牧牛與里中小兒更日為牛郎先生牧之牛則徘徊側近不驅自歸餘小兒牧牛牛則四散跨岡越嶮諸兒問曰爾何術也先生曰非汝輩所知常乘一鹿先生常與母共食母曰食無鮮他日可往市買也先生於是以筯挿飯中携錢而去斯須即以鮓至母食去畢母曰何處買來對曰便縣市也母曰便縣去此百二十里道途徑嶮往來遽至汝欺我也欲杖之先生跪曰買鮓之時見舅在市與我語云明日來此請待舅至以驗虛實母遂寬之明曉舅果到云昨見先生便縣市買鮓母即驚駭方知其神異先生曾持一竹杖時人謂曰蘇生竹杖固是龍也數歲之後先生灑掃門庭修飾墻宇友人曰有何邀仰荅曰仙侶當降俄頃之間乃見天西北隅紫雲氤氳有數十白鶴飛翔其中翩翩然降於蘇氏之門皆化為少年儀形端美如十八九歲人怡然輕舉先生斂容逢迎乃跪白母曰某受命當仙被召有期儀衛已至當違色養即便拜辭母子歔欷母曰汝去之後使我如何存活先生曰明年天下疾疫庭中井水簷邊橘樹可以代養井水一升橘葉一枚可療一人兼封一櫃留之有所缺乏可以扣櫃言之所須當至愼勿開也言畢即出門踟躕顧望聳身入雲紫雲捧足羣鶴翱翔遂昇雲漢而去來年果有疾疫遠近悉求母療之皆以水及橘葉無不愈者有所闕乏即扣櫃所須即至三年之後母心疑因即開之見雙白鶴飛去自後扣之無復有應母年百餘歲一旦無疾而終鄉人共葬之如世人之禮葬後忽見州東北牛脾山紫雲蓋上有號哭之聲咸知蘇君之神也郡守鄉人皆就山弔慰但聞哭聲不見其形郡守鄉人苦請相見空中荅曰出俗日久形貌殊凡若當露見誠恐驚怪固請不已即出半面示以手皆有細毛異常人也因請郡守鄉人曰遠勞見慰途徑險阻可從直路而還不須迴顧言畢即見橋亘嶺傍直至郡城

行次有一官吏輒迴顧遂失橋所墮落江濱乃見一赤龍於脚下宛轉而去先生哭處有桂竹兩枝無風　掃其地恒淨三年之後無復哭聲因見白馬常在嶺上遂改牛脾山為白馬嶺自後有白鶴來止郡城東北樓上人或挾彈彈之鶴以爪攫樓板似漆書云城郭是人民非三百甲子一來歸吾是蘇君彈何為至今修道之人每至甲子日焚香禮於仙公之故第也

成仙公者諱武丁桂易臨武烏里人也後漢時年十三身長七尺為縣小吏有異姿少言大度不附人人謂之癡少有經學不授於師但有自然之性時先被使京還過長沙郡投郵舍不及遂宿於野樹下忽聞樹上人語云向長沙市藥平旦視之乃二白鶴仙公異之遂往市見二人罩白傘相從而行先生遂呼之設食食訖便去曾不顧謝先生乃隨之行數里二人顧見先生語曰子有何求而隨不止先生曰僕少出陋賤聞君有濟生之術是以侍從耳二人相向而笑遂出玉函看素書果有武丁姓名於是與藥二丸令服之二人語先生曰君當得地仙遂令還家明照萬物獸聲鳥鳴悉能解之先生到家後縣使送餉府君府君周昕有知人之鑒見先生呼曰汝何姓名也對曰姓成名武丁縣司小吏府君異之乃留在左右久之署為文學主簿嘗與衆共坐聞羣雀鳴而笑之衆問其故答曰市東車翻覆米羣雀相呼往食遣視之信然也時郡中寮吏豪族皆怪不應引寒小之人以亂職位府君曰此非卿輩所知也經旬日乃與先生居閣直至年初元會之日三百餘人令先生行酒酒巡徧訖先生忽以盃酒向東南噀之衆客愕然怪之府君曰必有所以因問其故先生曰臨武縣火以此救之衆客皆笑明日司儀上事稱武丁不敬即遣使往臨武縣驗之縣人張濟上書稱元日慶集飲酒晡時火忽延燒廳事從西北起時天氣清澄南風極烈見陣雲自西北直聳而上徑止縣大雨火即滅雨中皆有酒氣衆疑異之乃知先生蓋非凡人也後府君令先生出郡城西立宅居止只有母一小弟及兩小兒比及二年先生告病四宿而殞府君自臨殯之經兩日猶未成服先生友人從臨武來於武昌岡上逢先生乘白騾西行友人問曰日將暮何所之也答曰暫往迷溪斯須卻返我去向來忘大刀在戶側履在雞棲上可過語家人收之友人至其家聞哭聲大驚曰吾向來於武昌岡逢先生共語云暫至迷溪斯須當返令過語家人收刀并履何得爾乎其家人云刀履並入棺

中那應在外郡以此事往啟府君府君遂令發棺視之不復見尸棺中唯一青竹杖長七尺許方知先生託形仙去時人謂先生乘騾於武昌岡乃改為騾岡在郡西十里也

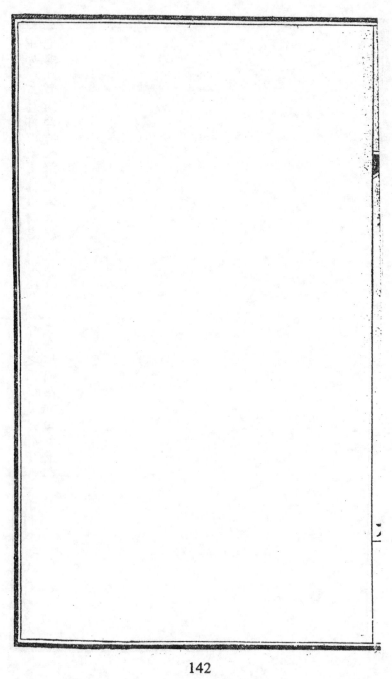

劉子南者乃漢冠軍將軍武威太守也從道士尹公受務成子螢火丸辟疾病疫氣百鬼虎狼虺蛇
蜂蠆諸毒及五兵白刃賊盜凶害用雄黃各二兩螢火鬼箭蒺藜各一兩鐵槌柄燒令焦黑鍛竈中
灰羖羊角各一分半研如粉麵以雞子黃并丹雄雞冠血丸如杏仁大者以三角絳囊盛五丸常帶
左臂上從軍者繫腰中居家懸戶上辟盜賊諸毒物子南合而佩之永平十二年於武威邑界遇虜
大戰敗績餘衆奔潰獨為寇所圍矢下如雨未至子南馬數尺矢輒墮地終不能中傷虜以為神人
也乃解圍而去子南以教其子及兄弟為軍者皆未嘗被傷喜得其驗傳世寶之漢末青牛道士封
君達得之以傳安定皇甫隆隆授魏武帝乃稍傳於人間一名冠軍丸亦名武威丸今載在千金翼
中

郭文

郭文字文舉洛陽人也晉書有傳隱餘杭天柱山或居大壁巖太和真人曾降其室授以沖真之道晦跡潛修世所不知有虎張口至石室前若有所告文舉以手探虎喉中得骨去之明日虎啣一死鹿致石室之外自此虎常馴擾於左右亦可撫而牽之文舉出山虎必隨焉雖在城市衆人之中虎俛首隨行不敢肆暴如犬羊耳或以書策致其背上亦負而行文嘗採木實竹葉以貨鹽米置於筐中虎負而隨之晉帝聞之徵詣闕下問曰先生馴虎有術邪對曰自然耳人無害獸之心獸無傷人之意何必術為撫我則后虎猶民也虐我則讐民猶虎也理民與馴虎亦何異哉帝高其言拜官不就歸隱螯亭山得道而去後人於其臥床席下得蒻葉書金雄詩金雌記其言皆當時讖詞其蛻如蛇也

嵩山叟

嵩山叟晉時人也世說云嵩山北有大穴莫測其深淺百姓每歲遊觀其上叟嘗悞墮穴中同輩冀其儻不死投食於穴墮者得而食之巡穴而行十許日忽曠然見明有草屋一區中有二仙對棊局下有數杯白飲墮者告以饑渴棊者與之飲飲畢氣力十倍棊者曰汝欲留此否答不願停棊者云云從此西行數十步有大井井中多怪異慎勿畏之必投身井中自當得出若饑可取井中物食之如其言入井中多蛟龍然見叟輒避其路於是隨井而行井中物如青泥而香美食之了不飢半年許乃出蜀青城山因得歸洛下問張華華曰此仙館大夫所飲者玉漿所食者龍穴石髓子其得仙者乎遂尋洞却往不知所之玄中記云蜀郡青城山有洞穴分為三道西北通崐崘茅君傳云青城是第五洞九仙寶室之天周廻二千里十洞天之一也入山十里得至焉

繪圖歷代神仙譜　卷六　許真君

許真君名遜字敬之本汝南人也祖琰父肅世慕至道東晉尚書郎邁散騎常侍護軍長史穆皆真君之族子也真君弱冠師大洞君吳猛傳三清法要鄉舉孝廉拜蜀旌陽令尋以晉室棼亂棄官東歸因與吳君同游江左會王敦作亂二君乃假為符竹求謁於敦蓋將欲止敦之暴以存晉室也一日二君與郭璞同候於敦敦蓄怒以見之謂二君曰孤昨得一夢擬請先生圓之可乎真君曰請大將軍具述敦曰孤夢將一木上破其天孤禪帝位果十全乎許君曰此夢固非得吉敦曰請問其說吳君曰木上破天是未字也明公未可妄動晉祚固未衰耳王敦怒因令郭璞筮之卦成景純曰無成又問其壽璞曰明公若起事禍將不久若住武昌壽不可測敦大怒又問曰卿壽幾何璞曰余壽盡今日敦怒令武士執璞出將赴刑焉是時二真君方與敦飲酒許君擲杯梁上飛遶梁間敦等舉目看盃許君坐中隱身於是南出晉關抵廬江口因召船師載往鍾陵是時船師曰我雖有此船且無人力乘駕無由載君二君曰汝但以船載我我當自與行船仍謂船師曰汝宜入船閉門深隱若聞船行疾速不得輒有潛窺於是騰舟離水凌空入雲二君談論端坐頃刻之間已抵廬山金闕洞之西北紫霄峯頂二君意欲暫過洞中龍行既抵其船拽撥林木戞刺響駭其聲異常舟師不免偷目潛窺二龍知人見之峯頂委舟而去二君謂船師曰汝違吾教驚觸二龍委棄此船萬仞峯頂吾緣貪與衆真除蕩妖害暫須離此游涉江湖汝既失船徙返人世汝可隱此紫霄峯上游覽匡廬示之以服餌靈草之門指之以遁跡地仙之術由是舟師之船底遺跡尚存後與豫章遇一少年容儀脩整自稱愼郎許君與之談話知非人類指顧之間少年告去真君謂門人曰適來年少乃是蛟蜃之精吾念江西累為洪水所害若非翦戮恐致逃遁蜃精知真君識之潛於龍沙洲北化為黃牛真君以道眼遙覷謂弟子施大王曰彼之精怪化作黃牛我令化其身為黑牛仍以手巾掛膊將以認

之汝見牛犇鬬當以劒截後真君乃化身而去俄頃果見黑牛犇趁黃牛而來大王以劒揮牛中其左股因投入城西井中許君所化黑牛趁後亦入井內其蜃精復從此井奔走徑歸潭州却化為人先是蜃精化為美少年聰明爽儁而又富於寶貨知潭州刺史賈玉有女端麗欲求貴壻以匹之蜃精乃廣用財寶賂遺賈公親近遂獲為伉儷焉自後與妻於衙署後院而居每至春夏之間常求旅游江湖歸則珍寶財貨數餘萬計賈使君之親姻僮僕莫不賴之而成豪富至是蜃精一身空歸且云被盜所傷舉家歎惋之際典客者報云有道流姓許字敬之求見使君賈公遽見之真君謂賈公曰聞君有貴壻畧請見之賈公乃命慎郎出與道流相見慎郎怖畏託疾潛藏真君勵聲而言曰此是江湖害物蛟蜃老魅焉敢遁形於是蜃精復變本形宛轉堂下尋為吏兵所殺真君又令將其二子出以水噀之即化為小蜃妻賈氏幾欲變身父母懇真君遂與神符救療仍令穿其宅下丈餘已旁亘無際矣真君謂賈玉曰汝家骨肉幾為魚鼈也今須速移不得暫停賈玉蒼黃徙居俄頃之間官舍崩没白浪騰涌即今舊跡宛然在焉真君以東晉孝武帝太康二年八月一日於洪州西山舉家四十二口拔宅上昇而去唯有石函藥臼各一所車轂一具與真君所御錦帳復自雲中墮於故宅鄉人因於其地置游帷觀焉

吳真君名猛字世雲家於豫章武寧縣七歲事父母以孝聞夏寢臥不驅蚊蚋蓋恐其去而噬其親也及長事南海太守鮑靖因語至道將遊鍾陵江波浩淼猛不假舟楫以白羽扇畫水而渡觀者奇之猛有道術忽一日狂風暴起猛乃書符擲於屋上有一青鳥啣符而去須臾風定人或問之答曰南湖有遭此風者其中二道人呼天求救故以此拯焉後人訪尋果如所述時武寧縣令于慶死三日未殯猛往哭之因云令長固未合死今吾當為上天訟之猛遂臥慶屍旁數日俱還時方盛暑屍柩壞爛其魂惡不欲復入猛強排之乃復重蘇慶弟晉著作郎寶感其兄及覩亡父殉妾復生因撰搜神記備行於世猛後於西平乘白鹿寶車沖虛而去

萬寶常

萬寶常不知何許人也生而聰穎妙達鍾律徧工八音常於野中遇十許人車服鮮麗麾幢森列如有所待寶常趨避之此人使人召至前曰上帝以子天授音律之性將傳八音於季末之世救將壞之樂然正始之聲子未備知也使鈞天之官以示子玄微之要命坐而教以歷代之樂鋰亂之音靡不周述寶常畢記之良久羣仙淩空而去寶常還家已五日矣自此人間之樂無不精究嘗與人同食之際言及聲律時無樂器寶常以食器雜物以筯扣之品其高下宮商畢備諧作絲竹大為時人所賞歷周泊隋落拓不仕開皇初沛國公鄭譯定樂成奏之文帝召寶常問其可否常曰此亡國之音哀怨浮散非正雅之聲極言其不可詔令寶常創造樂器而其聲率下不與舊同又云世有周禮旋宮之義自漢魏以來知音者皆不能通之寶常創之人皆哂笑於是試令為之應手成曲衆咸嗟異由是損益樂器不可勝紀然其聲雅澹不合於俗人皆不好卒寢而不行寶常聽太常之樂泣謂人曰淫厲而哀天下不久相殺盡當時海內晏安天下全盛人聞其言大為不爾及大業之末卒驗其事是時鄭譯何妥盧賁蘇道蕭吉王令言皆能於雅樂安馬駒曹妙達王長通敦金樂等能作新聲皆心服寶常言其久假矣寶常無子嘗謂其友曰吾不堪病則孤矣因病妻竊其財物而逃幾至餓殞忽一夕先所遇神仙來降其家曰汝捨九天之高逸念下土之塵愛淪沒於茲限將畢矣須記得雲亭宮之會乎寶常憯然良久乃悟他日謂鄰人曰吾偶自仙宮謫於人世即將去矣旬日不知所之

道士王纂

道士王纂者金壇人也居馬跡山常以陰功救物仁逮蠢類値西晉之末中原亂離饑饉旣臻疫癘
乃作時有毒瘴殞斃者多閭里凋荒死亡枕藉纂於靜室飛章告玄三夕之中繼之以泣至第三夜
有光如晝照其家庭卽有瑞風景雲紛郁空際俄而異香天樂下集庭中介金執銳之士三千餘人
羅列若有所候頃之珠幢寶幡虬旆羽節紅旂錦旆各二相對前引幢居其前節最居後又曰青童
執花捧香二侍女捧案地舒錦席前立巨屛左右龍虎將軍侍從官將各二十許人立屛兩面若有
備衛焉復有金甲大將軍二十六人神五十人次龍虎二君之外班列肅如也須臾笙簧駭空自北
而至五色奇光灼爍豔逸一人佩劍持版而前告纂曰太上道君至矣於是百寶大座自空而下太
上大道君侍二眞人二天帝在座之上道君五色蓮花二眞二帝立侍焉纂拜手迎謁跪伏於地道
君曰子愍念生民形於章奏剡心投血感動幽冥地司列言吾得以鑒躬於子矣纂俯伏禮謝竟道
君告曰夫一陰一陽化育萬物而五行爲之用五行且有相勝各有盛衰代謝推遷間不容息是以
生生不停氣氣相勝億劫已來未始暫輟也得其生者合於純陽升於天而仙得其死者淪於至陰
在地而爲鬼鬼物之中自有優劣强弱剛柔善惡與人世無異玉皇天尊慮鬼神之肆橫害於人也
常命五帝三官檢制部御之律令刑章罔不明備然而季世之民澆僞者衆淳源旣散妖詐萌生不
忠於君不孝於親違三綱五常之教自投死地由是六天故氣魔鬼之徒與歷代已來將敗軍死衆
結爲黨亦戕害生民駕雨乘風因衰伺隙爲種種病中傷極多亦有不終天年罹其夭枉者昔於杜
陽宮出神呪經授眞人唐平使其流布以救於物民間有之世人見王翦白起之名謂爲虛誕此蓋
從來將領者生爲兵統死爲鬼帥有功者遷爲陰官殘害者猶居魔屬乘五行敗氣爲瘵爲瘧然以
陽爲憚以神咒服之自當弭戢矣今以神化神咒二經復授於子按而行之以極護萬民也卽命侍

童披九光之韞以神化經及三五大齋之訣授之於纂曰勉而勤之陰功克成真階可冀也言訖千乘萬騎西北而舉昇還上清矣纂按經品齋科行於江表疫毒鎮弭生靈又康自晉及茲蒙其福者不可勝紀焉

真白先生

真白先生陶君諱弘景字通明吳荊州牧濬七世孫丹陽人也母初娠夢青龍出懷并二天人降手執香爐覺語左右言當孕男子非凡人多恐無後及生標異幼而聰識長而博達因讀神仙傳有乘雲馭龍之志年十七與江斆褚炫劉俊為宋朝昇明四友仕齊歷諸王侍讀年二十餘稍服食後就興世觀主孫先生咨禀經法精行道要殆通幽洞微傳奏朝請乃拜表解職答詔優歎賜與甚厚公卿祖之於征虜亭供帳甚盛咸云宋齊已來未有斯事遂入茅山又得楊許真書遂登巖告靜自稱華陽隱居書疏亦以此代姓名至明年時議欲迎往蔣山懇辭得止然敕命餉賚恒為繁極乃造三層樓棲止身居其上弟子居中接賓於下令一小豎傳度而已潛光隱耀內脩祕密深誠所詣遠屬靈人可謂感而遂通矣身長七尺八寸為性圓通謙謹心如明鏡遇物便了深慕張良之為人率性輕虛飄飄然頗有雲間興其所通者皆得於心非傍識所能及長於詮正謬偽地理歷算文不空發成即為體造渾天儀轉之與天相會其撰真誥隱訣注老子等書二百餘卷至永平三年深藏向晦及梁武帝革命議國號未定先生乃引諸讖記定梁應運之符又擇交禪日靈驗昭著敕使入山宣旨酬謝帝既早與之交游自此後動靜必報先生既得祕旨妙訣以為神丹可成恒苦無藥帝給之又手敕咨逆先生因畫二牛一散放於水間一著金籠一人執繩以杖驅之帝笑曰此人無所不作欲效曳尾龜豈可致邪其時每有大事無不已前陳奏時人謂之山中宰相以大同初獻二刀一名善勝一名成勝為佳寶梁武初未知道教先生漸悟之後詣張天師道裕建立玄壇三百所皆先生之資也梁武帝金樓子云予於隱士重陶真白士大夫重周弘正其於義理精博無窮亦一時名士也先生嘗作詩云夷甫任散誕平叔坐譚空不信昭陽殿化作單于宮其時人皆談空理不習武事侯景之難亦如所言先生以大同二年丙辰歲三月壬寅朔十二日癸丑告化時年八十一顏色不

變屈伸如常室中香氣積日不散以其月十四日窆於雷平山同軒轅之葬衣冠如子喬之藏劒舄比於茲日可得符焉詔追贈中散大夫謚貞白先生仍敕舍人監護馬樞得道傳云受蓬萊都水監弟子數百人有先得道者唯王遠知陸逸沖桓清遠嗣先生之德焉唐天寶元年追贈金紫光祿大夫太保梁郡陵王蕭綸為碑銘焉

卷七
柏閣
七

桓闓者不知何許人也事華陽陶先生為執役之士辛勤十餘年性常謹默沈靜奉役之外無所營為一旦有二青童白鶴自空而下集隱居庭中隱居欣然臨軒接之青童曰太上命求桓先生耳隱居默然心計門人無姓桓者命求之乃執役桓君耳問其所修何道而致此桓君曰修默朝之道積年親朝太帝九年矣乃有今日之召將昇天陶君欲師之桓固執謙畀不獲請陶君曰某行教修道勤亦至矣得非有過而淹延在世乎願為訪之他日相告於是桓君服天衣駕白鶴昇天而去三日密降陶君之室言曰君之陰功著矣所修本草以蝱虫水蛭輩為藥功雖及人而害於物命以此一紀之後當解形去世署蓬萊都水監耳言訖乃去陶君復以草木之藥可代物命者著別行木草三卷以贖其過焉後果解形得道

兗州曲阜縣高平鄉九原里有至人蘭公家族百餘口精專孝行感動乾坤忽有斗中真人下降蘭公之舍自稱孝弟王云居日中為仙王月中為明王斗中為孝弟王夫孝至於天日月為之明孝至於地萬物為之生孝至於民王道為之成具其三才肇分始於三氣三氣者玉清三天也玉清境是元始太聖真王治化也太清者玄道流行虛無自然玉皇所治也吾於上清已下託化人間示陳孝道之教後曾代當有真仙許遜傳吾孝道之宗是為衆仙之長因付蘭公至道秘旨於是蘭公獲斯妙訣頴悟真機默辨徃由顧知前事因與里人共出郊野忽覩古塚三所乃云此是吾三仙解化之墳請民報官令移塚旁之路勿令人物踐蹋吏乃訊于蘭公此言以何驗實公曰第一塚者昔有真人骸骨今乃已得復形是為地仙長生久視第二塚見有仙衣一對道經一函復有一人方如醉臥發之良久乃能話談此以太陰鍊形綿養真氣耳第三塚有玉液丹服之白日便當沖斎于時官吏與蘭公對開三塚其所明驗一一並同蘭公乃詣塚間躬取仙衣掛體又取金丹服之招邀卧塚二真人同共聳身而輕舉官吏悔謝虔懇拜陳啓問蘭公何時下降公曰我自此每十日一至于斯更逾數年百日一降施行孝道宜准玄科接濟樊籠符臻至道自爾吳都十五童子丹陽三歲靈孩洎於蘭公並是仙之化現也所傳孝道之秘法別有寶經一帙金丹一合銅符鐵券得之者唯高明大使許真君焉

阮基者河內人也以周武帝建德七年因射熊入王屋山東北見一道士坐松樹下神狀奇異基遂捨弓矢稽首起居已師命基曰可暫往觀中眺望巖間忽有一童子引基到觀門臺殿嚴麗皆飾以金玉土地清淨皆紺碧琉璃行樹端直綠葉朱實清風時起鏘然有聲基於門下觀覽心神惶怖載拜請退即至師所師笑曰汝不敢進邪基曰凡夫肉人不識大道忽於今日得覩天堂情誠喜悅不能自勝願師弘慈濟基沈溺師曰汝積罪人也先身微緣今得遇我汝命將盡其奈之何基聞不勝惶竦叩頭千百求乞生津師遂令基捨惡從善誓棄弓矢乃授基智惠上品十戒兼為設蔬食訖令去基載拜奉辭師曰汝命絕之時吾將度汝其年冬基得暴病而卒唯左手一指尚煖家人不即瘞之三日而活久能言言云初見黃衣使者二人執文書引基去忽至一處狀如臺府至屏門使者引入見大廳上有官人隱隱階前小吏數十人皆執簿書或青或黑有一吏執黑簿謂基曰汝積罪深厚應入地獄基聞倉卒惶怖莫知何言良久思之忽憶聖師心中作念初別之時言臨命絕時必來度汝今日危困幸垂救濟須臾天西北端雲忽起雲車冉冉自空而下直至階前去地丈餘而止乃見聖師在車中坐冥官見之皆稽首作禮聖師曰我有弟子在此故來度之乃取經一卷付基基載拜跪授題云太上救苦經令基讀之一遍冥官皆稽首受命聽訖謂基曰可去勿住此深勤精進後更與汝相見言訖失師所在唯覺香氣氛氳久之乃見一黃衣使者引基至家唯聞家號泣之聲基乃還活凝坐良久追憶夢中經不遺一字乃慎持念遂抄錄傳于世復辭親友入王屋山莫知所在

杜子春者蓋周隋間人少落拓不事家產然以志氣間曠縱酒間游資產蕩盡投於親故皆以不事見棄方冬衣破腹空徒行長安中日晚未食彷徨不知所往於東市西門饑寒之色可掬仰天長吁有一老人策杖於前問曰君子何歎春言其心且憤其親戚之踈薄也感激之氣發於顏色老人曰幾緡則豐用子春曰三五萬則可以活矣老人曰未也更言之十萬曰未也乃言百萬亦曰未也曰三百萬乃曰可矣於是袖出一緡曰給子今夕明日午時候子於西市波斯邸慎無後期及時子春往老人果與錢三百萬不告姓名而去子春既富蕩心復熾自以為終身不復羈旅也乘肥衣輕會酒徒徵絲管歌舞於倡樓不復以治生為意一二年間稍稍而盡衣服車馬易貴從賤去馬而驢去驢而徒倏忽如初既而復無計自歎於市門發聲而老人到握其手曰君復如此奇哉吾將復濟子幾緡方可子春慚不應老人因逼之子春愧謝而已老人曰明日午時來前期處子春忍愧而往得錢一千萬未受之初憤發以為從此謀身治生石季倫猗頓小豎耳錢既入手心又翻然縱適之情又卻如故不一二年間貧過舊日復遇老人於故處子春不勝其愧掩面而走老人牽裾止之又曰嗟乎拙謀也因與三千萬曰此而不痊則子貧在膏肓矣子春曰吾落拓邪游生涯罄盡親戚豪族無相顧者獨此叟三給我我何以當之因謂老人曰吾得此人間之事可以立孤孀可以衣食子名教復圓矣感叟深惠立事之後唯叟所使老人曰吾心也子治生畢來歲中元見我於老君雙檜子春以孤孀多寓淮南遂轉資揚州買良田百頃郭中起甲第要路置邸百餘間悉召孤孀分居下第中婚嫁甥姪遷祔族親恩者煦之讐者復之既畢事及期而往老人者方嘯於二檜之陰遂與登華山雲臺峯入四十里餘見一處室屋嚴潔非常人居彩雲遙覆鸞鶴飛翔其上有正堂中有藥爐高九尺餘紫焰光發灼煥窗戶玉女九人環爐而立青龍白虎分據前後其時日將暮老人者不復

俗衣乃黃冠縫帔士也持白石三丸酒一巵遺子春令速食之訖取一虎皮鋪於內西壁東向而坐戒曰慎勿語雖尊神惡鬼夜叉猛獸地獄及君之親屬為所困縛萬苦皆非真實但當不動不語宜安心莫懼終無所苦當一心念吾所言言訖而去子春視庭唯一巨甕滿中貯水而已道士適去旌旗戈甲千乘萬騎徧滿崖谷呵叱之聲震動天地有一人稱大將軍身長丈餘人馬皆着金甲光芒射人親衛數百人皆杖劒張弓直入堂前呵曰汝是何人敢不避大將軍左右竦劒而前逼問姓名又問作何物皆不對問者大怒摧斬爭射之聲如雷竟不應將軍者極怒而去俄而猛虎毒龍狻猊獅子蝮蝎萬計哮吼拏攫而爭前欲搏噬或跳過其上子春神色不動有頃而散既而大雨滂澍雷電晦暝火輪走其左右電光掣其前後目不得開須臾庭際水深丈餘流電吼雷勢若山川開破不可制止瞬息之間波及坐下子春端坐不顧未頃而將軍者復來引牛頭獄卒奇貌鬼神將大鑊湯而置子春前長槍兩叉四面周匝傳命曰肯言姓名即放不肯言即當心取叉置之鑊中又不應因執其妻來捽於階下指曰言姓名免之又不應及鞭捶流血或射或斫或煮或燒苦不可忍其妻號哭曰誠為陋拙有辱君子然幸得執巾櫛奉事十餘年矣今為尊鬼所執不勝其苦不敢望君匍匐拜乞但得公一言即全性命矣人誰無情君乃忍惜一言雨淚庭中且呪且罵春終不顧將軍且曰吾不能毒汝妻耶令取剉碓從脚寸寸剉之妻叫哭愈急竟不顧之將軍曰此賊妖術已成不可使久在世間敕左右斬之斬訖魂魄被領見閻羅王曰此乃雲臺峯妖民乎捉付獄中於是鎔銅鐵杖碓擣磑磨火坑鑊湯刀山劒樹之苦無不備嘗然心念道士之言亦似可忍竟不呻吟獄卒告受罪畢王曰此人陰賊不合得作男宜令作女人配生宋州單父縣丞王勸家生而多病針灸藥醫略無停日亦嘗墜火墮牀痛苦不齊終不失聲俄而長大容色絕代而口無聲其家目為啞女親戚狎者

悔之萬端終不能對同鄉有進士盧珪者聞其容而慕之因媒氏求焉其家以啞辭之盧曰苟為妻而賢之何用言矣亦足以戒長舌之婦乃許之盧生備六禮親迎為妻數年恩情甚篤生一男僅二歲聰慧無敵盧抱兒與之言不應多方引之終無辭盧大怒曰昔賈大夫之妻鄙其夫纔不笑然觀其射雉尚釋其憾今吾陋不及賈而文藝非徒射雉也而竟不言大丈夫為妻所鄙安用其子乃兩足以頭撲於石上應手而碎血濺數步子春愛生于心忽忘其約不覺失聲云噫噫聲未息身坐故處道士者亦在其前初五更矣見其紫焰穿屋上大火起四合屋室俱焚道士歎曰錯大誤余乃如是因提其髮投水甕中未頃火息道士前曰吾子之心喜怒哀懼惡慾皆忘矣所未臻者愛而已向使子無噫聲吾之藥成子亦上仙矣嗟乎仙才之難得也吾藥可重鍊而子之身猶為世界所容矣勉之哉遙指路使歸子春强登基觀焉其爐已壞中有鐵柱大如臂長數尺道士脫衣以刀子削之子春既歸愧其忘誓復自效以謝其過行至雲臺峯絕無人跡歎恨而歸

張老

張老者揚州六合縣園叟也其鄰有韋恕者梁天監中自揚州曹掾秩滿而來有長女既笄召里中媒媼令訪良壻張老聞之喜而候媒於韋門媼出張老固延久且備酒食酒闌謂媼曰聞韋氏有女將適人求良才於媼有之乎曰然曰某誠衰邁灌園之業亦可衣食幸為求之事成厚謝媼大罵而去他日又邀媼媼曰叟何不自度豈有衣冠子女肯嫁園叟耶此家誠貧士大夫家之敵者不少顧叟非匹吾安能為叟一盃酒乃取辱於韋氏叟固曰強為吾一言之言不從即吾命也媼不得已冒責而入言之韋氏大怒曰媼以我貧輕我乃如是且韋家焉有此事況園叟何人敢發此議叟固不足責媼何無別之甚耶媼曰誠非所宜言為叟所逼不得不達其意韋怒曰為吾報之今日內得五百緡則可媼出以告張老乃曰諾未幾車載納於韋氏諸韋大驚曰前言戲之耳且此翁為園何以致此吾度其必無而言之今不移時而錢到當如之何乃使人潛候其女女亦不恨乃曰此固命乎遂許焉張老既取韋氏園業不廢負穢钁地鬻蔬不輟其妻躬執爨濯了無怍色親戚惡之亦不能止數年中外之有識者責恕曰君家誠貧鄉里豈無貧子弟奈何以女妻園叟既棄之何不令遠去也他日恕致酒召女及張老酒酣微露其意張老起曰所以不即去者恐有留念今既相厭去亦何難某王屋山下有一小莊明旦且歸耳天將曙來別韋氏他歲相思可令大兄往天壇山南相訪遂令妻騎驢戴笠張老策杖相隨而行絶無消息後數年恕念其女以為蓬頭垢面不可識也令其男義方訪之到天壇南適遇一崑崙奴駕黃牛耕田問曰此有張老家莊否崑崙投杖拜曰大郎子何久不來莊去此甚近某當前引遂與俱東去初上一山山下有水過水連綿凡十餘處景色漸異不與人間同忽下一山其水北朱戶甲第樓閣參差花木繁榮煙雲鮮媚鸞鶴孔雀徊翔其間歌管寥毫耳目崑崙指曰此張家莊也韋驚駭不測俄而及門門有紫衣人吏拜引入廳中鋪陳之華目所

未覩異香氤氲徧滿崖谷忽聞珠珮之聲漸近二青衣出曰阿郎來此次見青衣十數容色絕代相對而行若有所引俄見一人戴遠游冠衣朱綃曳朱履徐出門一青衣引韋前拜儀狀偉然容色芳嫩細視之乃張老也言曰人世勞苦若在火中身未清涼愁焰又熾而無斯須泰時兄久客寄何以自娛賢妹畧梳頭即當奉見因揖令坐未幾一青衣來曰孃子已梳頭畢遂引入見妹於堂前其堂沉香為梁玳瑁帖門碧玉窗珍珠箔階砌皆冷滑碧色不辨其物其妹服飾之盛世間未見畧敘寒暄問尊長而已意甚鹵莽有頃進饌精美芳馨不可名狀食訖館韋於內廳明日方曙張老與韋坐忽有二青衣附耳而語長老笑曰宅中有客安得暮歸因曰小妹暫欲游蓬萊山賢妹亦當去然未暮即歸兄但憩此張老揖而入俄而五雲起於庭中鸞鳳飛翔絲竹並作張老與妹各乘一鳳餘從乘鶴者十數人漸上空中正東而去望之已沒猶隱隱聞音樂之聲韋君在後小青衣供侍甚謹迨暮稍聞笙簧之音倏忽復到及下于庭張老與妻見韋曰獨居大寂寞然此地神仙之府非俗人得游以兄宿命合得到此然亦不可久居明日當奉別耳及時妹復出別兄殷勤傳語父母而已張老曰人世遐遠不及作書奉金二十鎰并與一故席帽曰兄若無錢可於揚州北邸賣藥王老家取一千萬持此為信遂別復令崑崙奴送出却到天壇崑崙奴拜別而去韋自荷金而歸其家驚訝問之或以為神仙或以為妖妄不知所謂五六年間金盡欲取王老錢復疑其妄或曰取爾許錢不持一字此帽安足信既而困極其家强逼之曰必不得錢亦何傷乃往揚州入北邸而王老者方當肆陳藥韋前曰叟何姓曰姓王韋曰張老令取錢一千萬持此帽為信王曰錢即實有席帽是乎韋曰叟可驗之豈不識耶王老未語有小女出青布幃中曰張老常過令縫帽頂其時無皂線以紅線縫之線色手踪皆可目驗因取看之果是也遂得載錢而歸乃信真神仙也其家又思女復遣義方往

天壇南尋之到即千山萬水不復有路時逢樵人亦無知張老莊者悲思浩然而歸舉家以為仙俗路殊無相見期又尋王老亦去矣後數年義方偶游揚州閒行北邸前忽見張家崑崙奴前曰大郎家中何如孃子雖不得歸如日侍左右家中事無巨細莫不知之因出懷金十斤以奉曰孃子令送與大郎君阿郎與王老會飲於此酒家大郎且坐崑崙當入報義方坐於酒旗下日暮不見出乃入覩之飲者滿坐坐上並無二老亦無崑崙取金視之乃真金也驚歎而歸又以供數年之食後不復知張老所在

繪圖歷代神仙傳 卷八

裴諶

裴諶王敬伯梁芳約為方外之友隋大業中相與入白鹿山學道謂黃白可成不死之藥可致雲飛羽化無非積學辛勤採練手足胼胝十數年間無何梁芳死敬伯謂諶曰吾所以去國忘家耳絕絲竹口厭肥豢目棄奇色去華屋而樂茅齋賤歡娛而貴寂寞者豈非覬乘雲駕鶴游戲蓬壺縱其不成亦望長生壽畢天地耳今仙海無涯長生未致辛勤於雲山之外不免就死敬伯所樂將下山乘肥衣輕聽歌翫色游於京洛意足然後求達建功立事以榮耀驂人寰縱不能憇三山飲瑤池龍衣霞歌鸞舞鳳與仙官為侶且腰金拖紫圖形凌煙廁卿大夫之間何如哉子盍歸乎無空死深山諶曰吾乃夢醒者不復低迷敬伯遂歸諶留之不得時唐貞觀初以舊籍調授左武衛騎曹參軍天將軍趙朏妻之以女數年間遷大理廷評衣緋奉使淮南舟行過高郵制使之行呵叱風生舟船不敢動時天微雨忽有一漁舟突過中有老人衣簑戴笠鼓棹而去其疾如風敬伯以為吾乃制使威振遠近此漁父敢突過試視之乃諶也遂令追之因請維舟延之坐內握手慰之曰兄久居深山拋擲名宦而無成到此極也夫風不可繫影不可捕古人倦夜長尚秉燭游況少年白晝而擲之乎敬伯自出山數年今廷尉評事矣昨者推獄平允乃天錫命服淮南疑獄今獻於有司上擇詳明吏覆訊之敬伯預其選故有是行雖未可言官達比之山叟自謂差勝兄甘勞苦竟如曩日奇哉奇哉今何所須當以奉給諶曰吾儕野人心近雲鶴未可以腐鼠嚇也吾況子浮魚鳥各適何必矜炫也夫人世之所須者吾當給爾子何以贈我吾與山中之友市藥於廣陵亦有息肩之地青園橋東有數里櫻桃園園北車門即吾宅也子公事少隙當尋我於此遂翛然而去敬伯到廣陵十餘日事少閒思諶言因出尋之果有車門試問之乃裴宅也人引以入初尚荒涼移步愈佳行數百步方及大門樓閣重複花木鮮秀似非人境煙翠蔥蘢景色妍媚不可形狀香風颯來神清氣爽飄飄然有凌雲之

意不復以使車為重視其身若腐鼠視其徒若螻蟻既而稍聞劍佩之聲二青衣出曰裴郎來俄有一人衣冠偉然儀貌奇麗敬伯前拜視之乃諶也裴慰之曰塵界仕官久食腥羶愁欲之火焰於心中貟之而行固甚勞困遂揖以入坐於中堂窗戶棟梁飾以異寶屏帳皆畫雲鶴有頃四青衣捧碧玉臺盤而至器物珍異皆非人世所有香醪嘉饌目所未窺既而日將暮命其促席燃九光之燈光華滿室女樂二十人皆絕代之色列坐其側裴顧小黃頭曰王評事者吾山中之友道情不固棄吾下山別近十年纔為廷尉屬今俗心已就須俗妓以樂之顧令家女無足召者當召士大夫之女已適人者如近無妹麗五千里內皆可擇之小黃頭唯唯而去諸妓調碧玉箏調未諳而黃頭已復命引一妓自西階登拜裴席前裴指曰参評事敬伯答拜細視之乃敬伯妻趙氏而敬伯驚訝不敢言妻亦甚駭目之不已遂令坐玉階下一青衣捧玳瑁箏授之趙素所善也因令與坐妓合曲以送酒敬伯坐間取一殷色朱李投之趙顧敬伯潛係於衣帶妓奏之曲趙皆不能逐裴乃令隨趙所奏時時停之以呈其曲其歌雖非雲韶九奏之樂而清亮宛轉酬獻極歡天將曙裴召前黃頭曰送趙夫人且謂曰此堂乃九天畫堂常人不到吾昔與王為方外之交憐其為俗所迷自投湯火以智自燒以明自賊將沉浮於生死海中求岸不得故命於此一以醒之今日之會誠再難得亦夫人宿命乃得暫游雲山萬重復往勞苦無辭也趙拜而去裴謂敬伯曰評公使車留此一宿得無驚郡將乎宜且就館未赴闕間時訪我可也塵路遐遠萬愁攻人努力自愛敬伯拜謝而去復五日將還潛詣取別其門不復有宅乃荒涼之地煙草極目惆悵而返及京奏事畢將歸私第諸趙競怒曰女子誠陋不足以奉事君子然已辱厚禮亦宜敬之夫上以承先祖下以繼後事豈苟而已哉奈何以妖術致之萬里而娛人之視聽乎朱李尚在其言足徵何諱乎敬伯盡言之且曰當此之時敬伯亦自不測

此蓋裴之道成矣以此相炫也其妻亦記得裴言遂不復責吁神仙之化誠如此乎將功者鬻術所以致惑乎固非常智之所及且夫雀為蛤雉為蜃人為虎腐草為螢蟯蜋為蟬鯤為鵬萬物之變化書傳之記者不可以智達況耳目之外乎

薛肇不知何許人也與進士崔宇於廬山讀書同志四人二人業未成而去崔宇勤苦尋已擢第唯肇獨以脩道爲務不知師匠何人數年之間已得神仙之道廬山下有患風勞者積年醫藥不效尸居候時而已肇過其門憩樹陰下因語及疾者肇欲視之既見曰此甚易耳可以愈也留丹一粒小于粒米謂疾者訢親曰明晨掐半粒水吞之自當有應未愈三日外更服半粒也其家自以久疾求醫所費鉅萬尚未致愈疾者柴立僅存餘喘豈此半粟而能救耶明日試服之疾者已起洎午能飲食策杖而行如此三日充盛康壯又服半粒即神氣邁逸肌膚如玉髭髮青鬒狀可二十歲許人月餘肇復來曰子有骨籙仙吾此藥不唯愈疾兼可得道矣乃授其所脩之要此人遂登五老峰訪洞府而去崔宇既及第尋授東幾尉赴任過三鄉驛忽逢薛肇下馬敘舊見肇顏貌風塵頗有哀嗟之色宇自以擢第拜官揚揚矜負會話久之日已晡矣薛謂崔曰貧居不遠難於相逢過所居宵話可乎崔許之隨薛而行僕乘皆留店中初入一小徑甚荒梗行一二里間田疇花木皆異凡境良久已及高樓大門殿閣森沉若王者所理崔心驚異之薛先入有數十人擁接昇殿然後召崔昇階與坐款話久之謂崔曰子有好官未可此住但一宵話舊可爾促令召樂開筵頃刻即于別殿宴樂更無諸客唯崔薛二人女樂四十餘輩拜坐奏樂選女妓十輩同飲有一箜篌妓最爲姝穎崔與並坐崔見箜篌上有十字云天際識歸舟雲間辨江樹崔默記之席散薛問崔坐中所悅以箜篌者對薛曰他日與君今且未可及明與崔送別遺金三十斤送至官路慘別而去崔至官月餘求婚得柳氏常疑曾識而不記其處暇日命取箜篌理曲崔見十字書在焉問其故云某時患熱疾夢中見使人追云西城大仙陳溪薛君有客五百里内解音聲處女盡追可四十餘人因隨去與薛及客崔少府同飲一夕覺來疾已愈薛君即神仙也崔少府風貌與君無異各話其事大為驚駭方知薛已得道爾

元藏幾

處士元藏幾言自後魏清河孝王之孫也隋煬帝時官任奉信郎大業九年為過海使判官無何風浪壞船黑霧四合同濟者皆不免而藏幾獨為破木所載殆經半月忽達於洲島間洲人問其從來則瞀然具以事告洲人曰此滄洲去中國已數萬里乃出菖蒲花桃花酒飲之而神氣清爽其洲方千里花木常如二月地土宜五穀人多不死出鳳凰孔雀靈牛神馬之屬更產分蒂瓜長二尺其色如椹二顆二蒂有碧棗丹栗皆大如梨其洲人多衣縫掖衣戴還遊冠與之話中國事則歷歷如在目前所居或金闕銀臺玉樓紫閣奏簫韶之樂飲香露之醑洲上有久視之山山下出澄水泉其泉闊一百步亦謂之流渠雖投之金石終不沉沒故洲人以瓦鐵為船舫更有金池方十數里水石泥沙皆如金色其中有四足魚令刑部盧員外尋云金義嶺有池如盆其中有魚皆四足又有金蓮花洲人研之如泥以間彩繪光輝煥爛與真無異但不能拒火而已更有金莖花如蝶每微風至則搖蕩如飛婦人競採之以為首飾且有語曰不戴金莖花不得在仙家更以强木造船其上多飾珠玉以為遊戲强木不沉木也方一尺重八百斤巨石縋之終不沒藏幾淹留既久忽念中國洲人遂製凌風舸以送焉激水如箭不旬即達于東萊問其國乃皇唐也詢其年號即貞元也訪其鄉里榛蕪也追其子孫蹤屬也有隋大業元年至貞元年末已二百年矣有二鳥大類黃鸝每翔翥空中藏幾呼之即至或令啣珠或令受人語乃謂之轉言鳥出滄洲也藏幾工詩好酒混俗無拘檢十數年間遍遊江表人莫之知而趙歸真常與藏幾弟子九華道士葉通微相遇求得其實歸真以藏幾之異備奏上上令謁者齎手詔急徵及至中路忽然亡去謁者惶恐即上疏具言其故上覽疏咨嗟曰朕不如明皇帝以降異人後有人見藏幾泛小舟於海上至今江表道流大傳其事焉

文廣通者長溪縣滕村人也縣屬長州沂州一百里北岸次有滕村廣通居焉本漢辰陵縣武陵記云廣通以宋元嘉二十六年見有野猪食其稼因舉弩射中之流血而走尋血蹤越十餘里入一穴中行三百許步豁然明曉忽見數百家居止莫測其由來視所射猪已歸村人圈中俄有一叟出門云汝非射吾猪者乎文曰猪來犯僕非僕犯猪翁曰牽牛蹊人之田信有罪矣而奪之牛者罪又重矣文因稽首謝過翁云過而知改是無過矣此猪前緣應有其報君無謝焉翁呼文通至廳上見十數書生皆冠章甫之冠服縫掖之衣有博士獨一榻面南談老子又見西齋有十人相對彈一絃琴而五聲自韻有童子酌酒呼令設客文飲半酣四體怡然因爾辭退觀其墟陌人事不異外間覺其情虛獨遠自是勝地徊徘欲住翁乃遣小兒送之令堅關門勿復令外人來也文與小兒行間其始末答曰彼諸賢避夏桀難來此因學道得仙獨榻座談老子者昔河上公也僕漢時山陽王輔嗣至此請問老子滯義僕自　門已來于茲十紀始蒙召進得預門人猶未深受要訣只令守門至洞口分別慇懃自言相見未期文通自所入處見所用弩皆已朽斷初謂少頃已十二年矣文通家已成喪訖聞其歸乃舉村驚疑明日與村人尋其穴口唯見巨石塞之燒鑿不可為攻焉出神仙感遇傳

楊伯醜馮翊武鄉人好讀易隱於華山隋開皇初文帝搜訪逸隱聞其有道徵至京師見公卿不為禮人無貴賤皆汝之人不能測帝賜衣着至朝堂捨之而去常被髮徉狂遊行市里形體垢穢未嘗櫛沐亦開肆賣卜卦無不中有人失馬詣伯醜卜之伯醜方為太子所召在途遇之立為作卦曰可於西市東壁南第三店為我買魚作鱠如其言詣所指店中果有人牽所失馬而至遂擒之何妥嘗與論易聞妥之言笑曰何用鄭玄王弼之言乎於是測理辨答思理玄妙大異先儒之旨論者謂其有玄機因問其所學曰太華之下金天洞中我曾受羲皇所教之易與大道玄同理窮衆妙豈可與世儒常談而測神仙之旨乎數年復歸華山上後世世有人見之

劉法師

唐貞觀中華陰雲臺觀有劉法師者鍊氣絶粒迨二十年每三元設齋則見一人衣縫掖面貌黧瘦來居末坐齋畢而去如此者十餘年而衣服顏色不改法師異而問之對曰余姓張名公弼住蓮花峯東隅法師意此處無人之境請同往公弼怡然許之曰此中甚樂師能便往亦當無悶法師遂隨公弼行三二十里扳蘿攀葛纔有鳥徑其崖谷嶮絶雖猿狖不能過也而公弼履之若夷迤法師從行亦無難遂至一石壁削成高直千餘仞下臨無底之谷一逕闊數寸法師與公弼側足而立公弼乃以指扣石壁中有人問曰為誰對曰某遂劃然開門門中有天地日月公弼將入法師隨公弼亦入其人乃怒謂公弼曰何故引外人來其入因闔門則又成石壁矣公弼曰此非他人乃雲臺劉法師也與余久故故請此來何見拒之深也又開門納公弼及法師公弼曰法師此來甚饑君可豐食遺之其人遂問法師便住否法師請以後期其人遂取一盂水以肘後青囊中刀圭粉和之以飲法師其味甚甘香飲畢而飢渴之想頓除矣公弼曰余昨云山中甚樂君盍為戲令法師觀之其人乃以水噀東谷中俄有蒼龍白象各一對舞舞甚妙威鳳綵鸞各一對歌歌甚清頃之公弼送法師迴師却顧唯見青崖丹壑向之歌舞一無所覩矣及去觀將近公弼乃辭法師至觀處置事畢却尋公弼則步步險阻杳不可階法師痛恨前者不住號天叫地遂成腰疾公弼更不復至矣

馬周者華山素靈宮仙官也唐氏將受命太上敕之下佐於國而沈湎於酒汩沒風塵間二十年棲旅困餒所向拘礙幾為殭仆聞袁天綱自蜀入秦善於相術因詣之以決休咎天綱目之良久曰五神奔散尸居旦夕耳何相之有邪周大驚問以禳制之術天綱曰可自此東直而行當有老叟騎牛者不得迫而與語但隨其行此災可除矣周如言而行未出都門果有老叟騎牛出城黙隨其後繚繞村徑登一大山周隨至山頂叟顧見之下牛坐於樹下與語曰太上命汝輔佐聖孫創業拯世何為昏沈於酒自掇困餓五神已散正氣凋淪旦夕將死而不修省邪周亦懵然未曉叟曰汝本素靈宮仙官今太華仙王使人召汝即引入宮闕經歷宮門數重至大殿之前羽衛森肅若帝王所居趨至簾前有宣言責之者以其受命不恭隨廢所委使還其舊署自責省愆叟與所使數人送於東廡之外別院中室宇宏麗視其門則姓名存焉啓鑰而入鑪火鼎器牀榻茵席宛如近所棲止沈吟思之未能了悟忽有五人服五方之衣長大奇偉立於前曰我皆先生五臟之神也先生酣酒流蕩濁辱於身我等久歸此矣但閉目將復於神室也周瞑目頃之忽覺心智明悟併憶前事二十餘年若旬日之間耳復扃鑰所居出仙王之庭稽首謝過再稟其命來詣長安明日復謁天綱天綱驚曰子何所遇邪已有瘳矣六十日當一日九遷百日位至丞相勉自愛也如是貞觀中敕文武官各貢理國之策周之所貢意出人表是日拜拾遺監察御史東行自此累居大任入相中書令數年一旦羣仙降其室曰佐國功成可以退矣太乙徵命無復留也翌日無疾而終謚曰忠公其所著功業匡贊國政揚歷品秩國史有傳此不備書

郭子儀

郭子儀華州人也初從軍沙塞間因入京催軍食廻至銀州十數里日暮忽風沙陡暗行李不得遂入道傍空屋中籍地將宿既夜忽見左右皆有赤光仰視空中見輧輜車繡屋中有一美女坐牀垂足自天而下俯視子儀拜祝云今七月七日必是織女降臨願賜長壽富貴女笑曰大富貴亦壽考言訖冉冉昇天猶正視子儀良久而隱子儀後立功貴盛威望烜赫大曆初鎮河中疾甚三軍憂懼子儀請御醫及幕賓王延昌孫宿趙惠伯嚴郢等曰吾此疾自知未到衰殞因話所遇之事衆稱賀忻悅其後拜太尉尚書令尚父年九十而薨

唐宰相韓滉廉問浙西頗强悍自負常有不軌之志一旦有商客李順泊船於京口堰下夜深矸斷漂船不知所止及明泊一山下風波稍定上岸尋求微有鳥徑行五六里見一人烏巾岸幘古服與常有異相引登山詣一宮闕臺閣華麗迨非人間入門數重庭除甚廣望殿遥拜有人自簾中出語之曰欲寓金陵韓公一書無訝相勞也則出書一函拜而受之贊者引出門遂至舟所因門贊者曰此為何處也恐韓公詰問又是何人致書荅曰此東海廣桑山也是魯國宣父仲尼得道為真官理於此山韓公即仲由也性彊自恃夫子恐其掇刑網致書以諭之言訖別去李順却還舟中有一使者戒舟中人曰安坐勿驚懼不得顧船外逡巡則違舊所若違此戒必致傾覆舟中人皆如其言不敢顧視舟行如飛頃之復在京口堰下不知所行幾千萬里也既而詣衙投所得之書韓公發函視之古文九字皆科斗之書了不可識詰問其由深以為異拘縶李順以為妖妄欲加嚴刑復博訪能篆籀之人數輩皆不能辨有一客龎眉古服自詣賓位言善識古文韓公見以書示之客捧書於頂再拜賀曰此孔宣父之書乃夏禹科斗文也文曰告韓滉謹臣節勿妄動公異禮加敬客出門不知所止韓慘然默坐良久了然自憶廣桑之事以為非遠辱禮遣謝李順自是恭默謙謹克保終始焉

唐神龍元年房州竹山縣百姓陰隱客家富莊後穿井二年已濬一千餘尺而無水隱客穿鑿之志不輟二年外一月餘工人忽聞地中雞犬鳥雀聲更鑿數尺傍通一石穴工人乃入穴探之初數十步無所見但捫壁傍行俄轉有如日月之光遂下其穴下連一山峯工人乃下山正立而視則別一天地日月世界其山傍向萬仞千岩萬壑莫非靈景石盡碧琉璃色每岩壑中皆有金銀宮闕有大樹身如竹有節葉如芭蕉又有紫花如盤五色蛺蝶翅大如扇翔舞花間五色鳥大如鶴翺翔樹杪每岩中有清泉一眼色如鏡白泉一眼白如乳工人漸下至宮闕所欲入詢問行至闕前見牌上署曰天桂山宮以銀字書之門兩閣內各有一人驚出各長五尺餘童顏如玉衣服輕細如白霧綠煙絳脣皓齒鬚髮如青絲首冠金冠而跣足顧謂工人曰汝胡為至此工人具陳本末言未畢門中有數十人出云怪有昏濁氣令責守門者二人惶懼而言曰有外界工人不意而到詢問途次所以來奏須臾有緋衣一人傳敕曰敕門吏禮而遣之工人拜謝未畢門人曰汝已至此何不求游覽畢而返工人曰向者未敢儻使從容乞乘便言之門人遂通一玉簡入旋而玉簡却出門人執之引工人行至清泉眼令洗浴及澣衣服又至白泉眼令盥漱之味如乳甘美甚連飲數掬如醉而飽遂為門人引下山每至宮闕只得於門外而不許入如是經行半日至山趾有一國城皆是金銀珉玉為宮室城樓以玉字題云梯仙國工人詢於門人曰此國何如門人曰此皆諸仙初得仙者關送此國脩行七十萬日然後得至諸天或玉京蓬萊崑閬姑射然方得仙宮職位主籙主印飛行自在工人曰既是仙國何在吾國之下界門人曰吾此國是下界之上仙國也汝國之上還有仙國如吾國亦曰梯仙國一無所異言畢謂工人曰卿可歸矣遂却上山尋舊路又令飲白泉數掬臨至山頂求穴門人曰汝來此雖頃刻人間已數十年矣却出舊穴應不可矣待吾奏請通天關鑰匙送卿歸工人拜

謝須臾門人擕金印及玉簡又引工人別路而上至一大門勢侔樓閣門有數人俯伏而候門人示金印讀玉簡劃然開門門人引工人上纔入門為風雲擁而去因無所覩唯聞門人云好去為吾致意於赤城貞伯須臾雲開已在房州北三十里孤星山頂洞中出後詢陰隱客家時人云已三四世矣開井之由皆不能知工人自尋其路唯見一巨坑乃崩井之所為也時貞元七年矣工人尋覓家人了不知處自後不樂人間遂不食五穀信足而行數年後有人於劍閣雞冠山側近逢之後莫知所在

譚宜者陵州民叔皮子也開元末年生生而有異墮地能言數歲之中身逾六尺髭髯風骨不與常兒同不飲不食行及奔馬二十餘歲忽失所在遠近異之以為神人也至是父母思念鄉里追立廟以祀之大曆元年丙午忽然還家即霞冠羽衣真仙流也白父母曰兒為仙官不當久在人世雖父母憶念又不宜作此祠廟恐物所憑妄作威福以害於人請為毀之廟基之下昔藏黃金甚多撤廟之後鑿地取金可以分濟貧民散遺鄉里矣言訖騰空而去如其言毀廟掘地皆得金焉所掘之處靈泉湧出澄澈異常積雨不加至旱不減郡邑禱祝必有靈應因名譚子池亦謂之天池進士周郭藩為詩以記其事曰澄水一百步世名譚子池余詰陵陽叟此池當因誰父老謂余說本郡譚叔皮開元末年中生子字阿宜墜地便能語九歲多鬚眉不飲亦不食未嘗言渴饑十五能行走快馬不能追二十八山林一去無還期父母憶念深鄉閭為立祠大曆元年春此兒忽來歸頭冠簪鳳凰身着霓裳衣普遍拯疲俗丁寧告親知余為神仙官下界不可祈恐為妖魅假不如早平夷此有黃金藏鎮在茲廟基發掘散生聚可以救貧羸金出纖靈泉湛若清琉璃泓澄表符瑞水旱無竭時言訖辭沖虛杳靄上玄微凡情留不得攀望眾號悲尋稟神仙誠徹廟斸開窺果獲無窮寶均融沾困危巨源出嶺頂噴湧世間稀異境流千古終年福四維

王可交蘇州崑山人也以耕釣自業居於松江南趙屯村年三十餘莫知有真道常取大魚自喜以槌擊殺煮之擣蒜韮以食常謂樂無以及一旦棹漁舟方擊檝高歌入江行數里間忽見一綵畫花舫漾於中流有道士七人皆少年玉冠霞帔服色各異侍從十餘人總角雲鬟又四人黃衣乘旃一人呼可交以姓名方驚異不覺漁舟已近舫側一道士令總角引可交上舫見七人面前各有青玉盤酒器果子皆瑩徹有光可交莫識又有女妓十餘人悉持樂器可交遠立於筵末遍拜七人共視可交一人曰好骨相合仙生於凡賤眉間已炙破矣一人曰與酒喫侍者瀉酒而樽中酒再三瀉之不出侍者具以告道士曰酒是靈物必得入口當換其骨瀉之不出亦乃命也一人又曰與栗吃俄一人於筵上取二栗付侍者與可交令便吃視之其栗青赤光如棗長二寸許齧之有皮非人間之栗肉脆而甘如飴久之食方盡一人曰王可交已見之矣可令去命一黃衣送上岸於船邊覓所乘漁舟不見黃衣曰不必漁舟但合眼自到於是合眼若風水林木浩浩之聲令開眼已到失黃衣所在但見峯巒重疊松柏參天坐於草中石上及望見有門樓人出入俄頃採樵者并僧十餘人到問可交何人可交具以前事對又問何日離家可交曰今日早離家又問今日是何日對是三月三日樵者與僧驚今日是九月九去三月三日已半年餘可交問地是何所僧曰此是天台山瀑布寺前也又問此去華亭多少地僧曰水陸千餘里可交自訝不已乃為僧邀歸寺設食可交但言飽不喜聞食氣唯飲水耳衆僧審問極異之乃以狀白唐興縣以達台州以聞越州廉使王渢素奉道召之見極以為非常之事神仙變化不可測也可交身長七尺餘儀貌殊異言語清爽渢歎曰此誠真仙人也又以同姓益敬之飾以道服而遣人至蘇州以詰其實具言三月三日可交乘漁舟入江不歸家人尋得漁舫謂墮江死漉之無跡妻子以招魂葬訖王渢具以表聞詔甚稱異後可交却歸鄉里

備話歷歷及與鄉人到江上指所逢花船之處依然可交食栗後已絕穀動靜若有神助不復耕釣乃挈妻子往四明山二十餘年復出明州賣藥使人沽酒得錢但施於人時言藥則壺公所授酒則餘杭阿母相傳藥極去疾酒甚醉人明州里巷皆言王仙人藥酒世間不及道俗多圖其形像有患痁及邪魅者圖於其側即愈後三十餘年郄入四明山不復出今人時有見之者

繪圖歷代神仙譜
卷九
楊通幽

楊通幽本名什伍廣漢什邡人幼遇道士教以檄召之術受三皇天文役命鬼神無不立應驅毒厲翦氛邪禳水旱致風雨是皆能之而木訥踈傲不拘於俗其術數變異遠近稱之玄宗幸蜀自馬嵬之後屬念貴妃往往輟食忘寐近侍之臣密令求訪方士冀少安聖慮或云楊什伍有考召之法徵至行朝上問其事對曰雖天上地下冥寞之中鬼神之內皆可歷而求之上大悅於內置場以行其術是夕奏曰已於九地之下鬼神之中遍加搜訪不知其所上曰妃子當不墜于鬼神之伍矣二日夜又奏曰九天之上星辰日月之間虛空杳冥之際亦遍尋訪而不知其處上悄然不懌曰未歸天復何之矣炷香冝燭彌加懇至三日夜又奏曰於人寰之中山川岳瀆祠廟之內十洲三島江海之間亦遍求訪莫知其所後於東海之上蓬萊之頂南宮西廡有羣仙所居上元女仙太真者卽貴妃也謂什伍曰我太上侍女隸上元宮聖上太陽朱宮真人偶以宿緣世念其願頗重聖上降居於世我謫於人間以為侍衛耳此後一紀自當相見願善保聖體無復意念也乃取開元中所賜金釵鈿合各半玉龜子一寄以為信曰聖上見此自當醒憶矣言訖流涕而別什伍以此物進之上潛然良久乃曰師昇天入地通幽達冥真得道神仙之士也手筆賜名通幽賜物千段金銀各千兩良田五千畝紫霞帔白玉簡特加禮異暇日問其所受之道曰臣師乃西城王君青城真人昔於後城山中教以召命之術曰可以輔贊太平之君然後方得飛昇之道戒以護氣希言目不妄視絕聲利遠囂塵則可以凌三界登太清矣又問昇天入地何門而往何所為礙曰得道之人入火不熱入水不濡躡虛如履實觸實如蹈虛雖所以然者形與道合道無不在毫芒之細萬物之衆道皆居之上善其對居數載乃登後城山葺靜室於其頂時還其家門人言天真累降於靜室一旦與羣真俱去

孫思邈雍州華原人也七歲就學日誦千餘言弱冠善談莊老及百家之說亦好釋典洛州總管獨孤信見而歎曰此聖童也但恨其器大識小難為用也後周宣帝時思邈以王室多故遂隱居太白山隋文帝輔政徵為國子博士稱疾不起常謂所親曰過是五十年當有聖人出吾方助之以濟人及唐太宗即位召詣京師嗟其容色甚少謂曰故之有道者誠可尊重羨門廣成豈虛言哉將授以爵位固辭不受唐顯慶七年高宗召見拜諫議大夫又固辭不受上元元年辭疾請歸特賜良馬及鄱陽公主邑司以居焉當時名士如宋之問孟詵盧照隣等皆執師弟之禮以事焉思邈嘗從幸九成宮照隣病留在其宅時庭前有夭黎樹照隣為之賦其序曰癸酉之歲余卧疾長安光德坊之官舍戶老云是鄱陽公主邑司昔公主未嫁而卒故其邑廢時有處士孫思邈道洽古今學殫數術高談正一則古之蒙莊子深入不二則今之維摩詰至於推步甲乙度量乾坤則洛下閎安期先生之儔也自云開皇辛酉歲生年九十三矣察之鄉里咸云數百歲又共話周齊間事歷歷如目見以此參之不啻百歲人矣然猶視聽不衰神彩甚茂可謂古之聰明博達不死者也時照隣有盛名而染惡疾嗟稟受之不同昧遐夭之殊致因問思邈曰名醫愈疾其道如何對曰吾聞善言天者必質於人善言人者必本於天天有四時五行寒暑迭代其轉運也和而為雨怒而為風凝而為霜雪張而為虹蜺此天地之常數也人有四肢五臟一覺一寐呼吸吐納循而為往來流而為榮衛彰而為氣色發而為音聲此人之常數也陽用其精陰用其形天人之所同也及其失也蒸則生熱否則生寒結而為疣贅陷而為癰疽奔而為喘乏竭而為焦枯診發乎面變動乎形推此以及天地則亦如之故五緯盈縮星辰失度日月錯行彗孛流飛此天地之危疹也寒暑不時此天地之蒸否也石立土踊此天地之疣贅也山崩地陷此天地之癰疽也奔風暴雨此天地之喘乏也雨澤不時川源涸竭

此天地之焦枯也良醫道之以藥石救之以鍼劑聖人和之以道德輔之以政事故體有可愈之疾天地有可消之災又曰膽欲大而心欲小智欲圓而行欲方詩曰如臨深淵如履薄氷謂小心也赳赳武夫公侯干城謂大膽也不為利回不為義疚行之方也見機而作不俟終日智之圓也其文學也顓出如是其道術也不可勝紀焉初魏徵等受詔脩齊梁周隋等五代史恐有遺漏屢訪於思邈口以傳授有如自覩東臺侍郎孫處約嘗將其五子侹儆俊佑佺以謁思邈思邈曰俊當先貴佑當晚達佺最居重位禍在執兵後皆如其言太子詹事盧齊卿自幼時請問人倫之事思邈曰汝後五十年位登方伯吾孫當為屬吏可自保也齊卿後為徐州刺史思邈孫溥果為徐州蕭縣丞邈初謂齊卿言時溥猶未生而預知其事凡諸吏跡多如此焉永淳元年卒遺令薄葬不藏冥器不奠生牢經月餘顏貌不改舉尸就木空衣而已時人異之自注老子莊子撰千金方三十卷福祿論三十卷攝生真籙枕中素書會三教論各一卷開元中復有人見隱於終南山與宣律師相接每來往參請宗旨時大旱西域僧請於昆明池結壇祈雨詔有司備香燈凡七日縮水數尺忽有老人夜詣宣律師求救曰弟子昆明池龍也無雨時久匪由弟子胡僧利弟子腦將為藥欺天子言祈雨命在旦夕乞和尚法力救護宣公辭曰貧道持律而已可求孫先生老人因至思邈謂曰我知昆明龍宮有仙方三十首若能示予予將救汝老人曰此方上帝不許妄傳今急矣固無所悋有頃捧方而至思邈曰爾但還無慮胡僧也自是池水忽漲數日溢岸胡僧羞恚而死又嘗有神仙降謂思邈曰爾所著千金方濟人之功亦已廣矣而以物命為藥害物亦多必為尸解之仙不得白日輕舉矣昔真人桓闓謂陶貞白事亦如之固吾子所知也其後思邈取草木之藥以代虻蟲水蛭之命作千金方翼三十篇每篇有龍宮仙方一首行之於世及玄宗避羯胡之亂西幸蜀既至蜀夢一叟鬚鬢盡白衣黃

襦再拜於前已而奏曰臣孫思邈也廬於峨眉山有年矣今聞鑾駕幸成都臣故候謁玄宗曰我熟識先生名久矣今先生不遠而至亦將有所求乎思邈對曰臣隱居雲泉好餌金藥石聞此地出雄黃願以八十兩為賜脫遂臣請幸降使齎至峨眉山玄宗諾之悸然而寤即詔寺臣陳忠盛挈雄黃八十兩往峨眉宣賜思邈忠盛既奉詔入峨眉至屏風嶺見一叟貌甚俊古衣黃襦立於嶺下謂忠盛曰汝非天子使乎我即孫思邈也忠盛曰上命以雄黃賜先生其叟僂而受既而曰吾蒙天子賜雄黃今有表謝屬山居無翰墨天使命筆札傳寫以進也忠盛即召吏執牘染翰叟指一石曰表本在石上君可錄焉忠盛目其石果有硃字百餘實表本也遂謄寫其字寫畢視其叟與石俱亡見矣於是具以其事聞於玄宗玄宗因問忠盛叟之貌與夢者果同由是益奇之自是或隱或見咸通末山下民家有兒十餘歲不食葷血父母以其好善使於白水僧院為童子曰有游客稱孫處士周游院中訖袖中出湯末以授童子曰為我如茶法煎來處士呷少許以餘湯與之覺湯極美願賜一碗處士曰此湯為汝來耳即以末方寸匕更令煎喫因與同侶話之出門處士已去矣童子亦乘空而飛衆方驚異顧視煎湯銚子已成金矣其後亦時有人見思邈者

司馬承禎字子微博學能文攻篆迴為一體號曰金剪刀嘗隱於天台山玉霄峯自號白雲子有服餌之術則天累徵之不起睿宗雅尚道教屢加尊異承禎方赴召睿宗問陰陽術數之事承禎對曰老子經云損之又損以至於無為且心目所見知每損之尚未能已豈復攻乎異端而增智慮哉睿宗曰理身無為則清高矣理國無為如之何對曰國猶身也老子曰留心於淡合氣於漠順物自然乃無私焉而天下理易曰聖人者與天地合其德是知天不言而信無為而成無為之旨理國之要睿宗深賞異留之欲加寵位固辭無何告歸山乃賜寶琴花帔以遣之公卿多賦詩以送常侍徐彥伯撮其美者三十餘篇為製序名曰白雲記見傳於世時盧藏用早隱終南山後登朝居要官見承禎將還天台藏用指終南謂之曰此中大有佳處何必在天台承禎徐對曰以僕所觀乃仕途之捷徑耳藏用有慙色玄宗有天下深好道術累徵承禎到京留於內殿頗加禮敬問以延年度世之事承禎隱而微言玄宗亦傳而祕之故人莫得知也由是玄宗理國四十餘年雖祿山犯關鑾輿幸蜀及為上皇回又七年方始晏駕誠由天數豈非道力之助延長耶初玄宗登封太嶽回問承禎五嶽何神主之對曰嶽者山之巨能出雲雨潛儲神仙國之望者為之然山林之神也亦有仙官主之于是詔五嶽於山頂列置仙官廟自承禎始也又蜀女真謝自然泛海將詣蓬萊求師船為風飄到一山見道人指言天台山司馬承禎名在丹臺身居赤城此真良師也蓬萊隔弱水三十萬里非舟楫可行非飛仙無以到自然乃回求承禎受度後白日上昇而去承禎居山修行勤苦年一百餘歲童顏輕健若三十餘人有弟子七十餘人一旦告弟子曰吾自居玉霄峯東望蓬萊常有真靈降駕今為東海青童君東華君所召必須去人間俄頃氣絕若蟬蛻然解化矣弟子葬其衣冠爾

羅公遠本鄂州人也刺史春設觀者傾郡有一白衣人長丈餘貌甚異隨羣衆而至門衞者皆怪之俄有小童傍過叱曰汝何故離本處驚怖官司耶不速去其人遂攝衣而走吏乃擒小童至醮所具白於刺史刺史問其姓名云姓羅名公遠自幼好道術適見守江龍上岸看某趣令回刺史不信曰須令我見本形曰請俟後日至期於水濱作一小坑深纔一尺去岸丈餘引水入刺史與郡人並看逡巡有魚白色長五六寸隨流而至騰躍漸大青煙如線起自坎中少頃黑氣滿空咫尺不辨公遠曰可以上津亭矣未至電光注雨如瀉須臾即定見一大白龍於江心頭與雲連食頃方滅時玄宗酷好仙術刺史具表其事以進時玄宗與張果葉法善棊二人見之大笑曰村童事亦何解乃各握棊子十數枚問曰此有何物曰空手及開果無並在公遠處方大駭異令與張葉等齒坐劍南有果初進名為日熟子張與葉以術取每過午必至其日暨夜都不到相顧而語曰莫是羅君否時天寒圍爐公遠笑於火中素樹一筯及此際之遂至葉詰使者云欲到京焰火亘天無路可過適火歇方得度從此衆皆敬伏開元中中秋望夜時玄宗於宮中翫月公遠奏曰陛下莫要至月中看否乃取柱杖向空擲之化為大橋其色如銀請玄宗同登約行數十里精光奪目寒色侵人遂至大城闕公遠曰此月宮也見仙女數百皆素練寬衣舞於廣庭玄宗問曰此何曲也曰霓裳羽衣也玄宗密記其聲調遂回却顧其橋隨步而滅且召伶官依其聲調作霓裳羽衣曲時武惠妃尤信金剛三藏玄宗幸功德院忽苦背痒公遠折竹枝化七寶如意以進玄宗大悅顧謂三藏曰上人能致此乎曰此幻化耳臣為陛下取真物乃袖中出七寶如意以進公遠所進者即時化為竹枝耳及玄宗幸東洛武妃同行在上陽宮麟趾殿方將修殿其庭有大方梁數丈經六七尺時公遠葉尊師金剛三藏皆侍從焉玄宗謂葉尊師曰吾方閑悶可試小法以為樂也師試為朕舉此方木葉受詔作法方木一

公遠曰菩薩力士聖之中者甲兵諸神道之小者皆可功參上界至於太上至真之妙非術士所知適使玉清神女取之則菩薩金剛不見其形取若垣途何礙之有玄宗大悅賞賚無數而葉公三藏然後伏焉時玄宗欲學隱遯之術對曰陛下玉書金格以簡於九清矣真人降化保國安人誠宜習唐虞之無為繼文章之儉約郄寶劍而不御棄名馬而不乘豈可以萬乘之尊四海之貴宗廟之重社稷之大而輕狥小術為戲翫之事乎若盡臣術必懷璽入人家困於魚服矣玄宗怒罵之遂走入殿柱中數玄宗之過玄宗愈怒易柱破之復入玉礎中又易礎破之為數十片悉有公遠之形玄宗謝之乃如故玄宗後又堅學隱形之術強之不已因而教焉然託身隱常有不盡或露裾帶或見影跡玄宗怒斬之其後數歲中使輔仙玉奉使入蜀見公遠於黑水道中披雲霞衲帔策杖行徐仙玉策馬追之常去十餘步竟莫能及仙玉呼曰天師雲水適意豈不念內殿相識耶公遠方佇立顧之仙玉下馬拜謁訖從行數里官道側俯臨長溪旁有巨石相與渡溪遶石而坐謂仙玉曰吾棲息林泉以修真為務自晉咸和年入蜀訪師諸山久晦名跡聞天子好道玄宗乃捨烟霞放曠之樂冒塵世腥羶之路混跡雞鶩之群窺閱蜉蝣之境不以為倦者蓋欲以至道之貴俯教於人主耳聖上延我於別殿遽以靈藥為索我告以人間之腑臟葷血克積三由未虛六氣未潔請俟他日以授之以十年為限不能守此誠約加我以丹頸之戮一何遑遽哉然得道之人與道氣混合豈可以世俗兵及水火害於我哉但念主上列丹華之籍有玉京交契之舊躬欲度之眷眷之情不能已已因袖中出書一緘謂仙玉曰可以此上聞云我姓維名厶遐靜真先生弟子也上必寤焉言罷而去仍以蜀當歸為寄遯失所在仙玉還京師以事及所寄之緘奏焉玄宗覽書惘然不懌仙玉出公遠已至因即引謁玄宗曰先生何改名姓耶對曰陛下嘗去臣頭固改之耳羅字去頭維字也公字去頭厶字

頭揭數尺而一頭不起玄宗曰師之神力何其失耶葉曰三藏使金剛善神衆壓一頭故不舉時玄宗奉道武妃宗釋武妃頗有悅色三藏亦陰心自懽惟公遠低頭微哂玄宗謂三藏曰師神呪有功葉不能及可為朕呪法善入澡瓶乎三藏受詔置瓶使法善數座而坐遂呪法大佛頂真言未終遍葉身欻欻就瓶不三二遍葉舉至瓶嘴遍訖拂然而入瓶玄宗不悅良久謂三藏曰師之功力當得自在既使其入能為出乎三藏曰是僧之本法也即呪之誦佛頂真言數遍葉都不出玄宗曰朕之法師今為三藏所呪而没不得見矣武妃失色三藏大懽玄宗謂公遠曰將若之何得法善旋矣公遠笑曰法善不遠良久高力士奏曰葉尊師入玄宗大驚曰銅瓶在此自何所來引入問之對曰甯王邀臣喫飯面奏的不放臣適甯王家食飭而來不因一呪何以去也玄宗大笑武妃三藏皆賀已而使葉設法籙於是取三藏金襴袈裟摺之以盆覆之葉禹步即齒繞三匝曰太上老君攝去盆下袈裟之縷隨色皆攝各為一聚三藏曰惜哉金襴至毀如此玄宗曰可正乎葉曰可又覆之呪曰太上老君正之啟之袈裟如故葉又取三藏鉢燒之烘赤手捧以合三藏頭失聲而走玄宗大笑公遠曰陛下以為樂乃道之末法也葉師何用逞之玄宗曰師不能為朕作一術以懽朕耶公遠曰請更問三藏法術何如三藏曰貧道請收固袈裟試令羅公取取不得則羅公輸取得則僧輸於是令就道場院為之三藏結壇焚香自於壇上跏趺作法取袈裟貯之銀合又安數重木函皆有封鎖置於壇上玄宗與武妃葉公皆見中有一重菩薩外有一重金甲神人外以一重金剛圍之賢聖比肩環繞甚嚴三藏觀守目不暫捨公遠坐繩床言笑自若玄宗與葉公皆視之數食頃玄宗曰何太遲遲得無勞乎公遠曰臣鬪力安敢自衒其能但在陛下使三藏啟觀耳令開函取袈裟雖封鏁依然中已空矣玄宗大笑公遠奏曰請令人於臣院內敕弟開櫃取來即令中使取之須臾袈裟上玄宗問

也遠字去頭還字也玄宗稽首陳過願捨其尤公遠欣然曰蓋戲之耳夫得神仙之道者刼運之災陽九之數天地淪毀尚不能害況兵刃之屬那能為害也異日玄宗復以長生為請對曰經有之焉我命在我匪由於他當先內求而外得也刳心滅智草衣木食非至尊所能因以三峯歌八首以進焉其大旨乃玄素黃赤之使還嬰泝流之事玄宗行之逾年而神逸氣旺而春秋愈高而精力不憊歲餘公遠去不知所之天寶末玄宗幸蜀又於劍門奉迎鑾輅衛至成都拂衣而去及玄宗自蜀還京方悟蜀當歸之寄矣

僕僕先生不知何許人也自云姓僕名僕莫知其所由來家於光州樂安縣黃土山凡三十餘年精思餌杏丹衣服飲食如常人賣藥爲業開元三年前無棣縣令王滔寓居黃土山下先生過之滔命男弁爲主善待之先生因授以杏丹術時弁舅吳明珪爲光州别駕弁在珪舍頃之先生乘雲而度人吏數萬皆睹之弁乃仰告曰先生教弁丹術未成奈何捨我而去時先生乘雲而度已十五過矣人莫測及弁與言觀者皆愕或以告刺史李休光休光召明珪而詰之曰子之甥乃與妖者友子當執其舅因令弁往召之弁至舍而先生至具以狀白先生曰余道者不欲與官人相遇弁曰彼致禮便當化之如妄動失節當威之使心伏於道不亦可乎先生曰善乃詣休光府休光踞見且詬曰若仙當遂往矣今去而復來妖也先生曰麻姑蔡經王方平孔申二茅之屬問道於余余說之未畢故止非他也休光愈怒叱左右執之龍虎見於側先生乘之而去去地丈餘玄雲四合斯須雷電大至碎庭槐十餘株府舍皆震壞觀者無不奔潰休光懼而走失頭巾直吏收頭巾引妻子跣出府因徙宅焉休光以狀聞玄宗乃詔改樂安縣爲仙居縣就先生所居舍置仙堂觀以黃土村爲仙堂村縣尉嚴正誨護營築焉度王弁爲觀主兼諫議大夫號通真先生弁因餌杏丹却老至大曆十四年凡六十六歲而狀可四十餘筋力稱是其後果州女子謝自然白日上昇當自然學道時神仙頻降有姓崔者亦云名崔有姓杜者亦云名杜其諸姓亦爾則與僕僕先生姓名相類矣無乃神仙降於人間不欲以姓名行於時俗乎後有人於義陽郊行者日暮不達前村忽見道旁草舍因往投宿室中惟一老人問客所以答曰天陰日短至此昏黑欲求一宿老人云宿即不妨但無食耳久之客苦饑甚老人與藥數丸食之便飽既明辭去及其還也忽見老人乘五色雲去地數十丈客便遽禮望之漸遠客至安陸多爲人說之縣官以爲惑衆繫而詰之客云實見神仙然無以自免乃向空祝曰仙

公何事見今受不測之罪言訖有五色雲自北方來老人在雲中坐客方見釋縣官再拜問其姓氏老人曰僕僕野人也有何名姓州司畫圖奏聞勅令於草屋之所立僕僕先生廟今見在

繪圖歷代神仙譜 卷十 藍采和 七

藍采和不知何許人也常衣破藍彩六銙黑木腰帶闊三寸餘一脚着靴一脚跣行夏則衫內加絮冬則臥於雪中氣出如蒸每行歌於城市乞索持大拍板長三尺餘常醉踏歌老少皆隨看之機捷諧謔人問應聲答之笑皆絕倒似狂非狂行則振靴言踏歌踏歌藍采和世界能幾何紅顏一春樹流年一擲梭古人混混去不返今人紛紛來更多朝騎鸞鳳到碧落暮見蒼田生白波長景明暉在空際金銀宮闕高嵯峨歌詞極多率皆仙意人莫之測但以錢與之以長繩穿拖地行或散失亦不回顧或見貧人即與之及與酒家周遊天下人有為兒童時至及班白見之顏狀如故後踏歌於濠梁間酒樓乘醉有雲鶴笙簫聲忽然輕舉於雲中擲下靴衫腰帶拍板冉冉而去

道士王遠知本瑯琊人也父曇選除揚州刺史遠知母駕部郎中丁超女也常夢彩雲靈鳳集其身上因而有娠又聞腹中聲沙門寶誌謂曇選曰生子當為神仙宗伯遠知少聰敏博綜羣書初入茅山師事陶弘景傳其道法及隋煬帝為晉王鎮揚州起玉清玄壇邀遠知主之使王子相柳顧言相次召之遠知遂來謁見斯須而鬢髮變白晉王懼而遣之少選又復其舊唐高祖之龍潛遠知嘗密陳符命武德中秦王世民與幕屬房玄齡微服以謁遠知遠知迎謂曰此中有聖人得非秦王乎太宗因以實告遠知曰方作太平天子願自愛也太宗登極將加重位固請歸山貞觀九年潤州茅山置太平觀并度二七人降璽書慰勉之後謂弟子潘師正曰見仙格以吾小時誤損一童子吻不得白日昇天今見召為少室山伯將行在即翌日沐浴加冠衣焚香而卒年一百二十六歲謚曰昇玄先生云

進士崔偉嘗遊青城山乘驢歇鞍收放無僕使驢走趂不及約行二十餘里至一洞口已昏黑驢復走入崔生畏懼兼困遂寢及曉覺洞中微明遂入去又十里出洞門望見草樹巖壑悉非人間所有金城絳闕被甲者數百見生呵問答曰塵俗賤士願謁仙翁守吏趨報良久召見一人居玉殿披羽衣身可長丈餘鬚髮皓素侍女滿側皆有所執延生上殿與語甚喜留宿酒饌備極珍豐明日謂生曰此非人世乃仙府也驢走蓋遠予之奉邀某惟一女願事君子此亦冥數前定不可免也生拜謝顧左右令將青合來取藥兩丸與生服訖覺腑臟清瑩逡巡摩搔皮若蟬蛻視鏡如嬰孩之貌至夕有霓旌羽蓋仙樂步虛與妻相見真人空際皆以崔郎為戲每朔望仙伯乘鶴上朝藥官云某階品尚以卑末得在天真之列必與崔生別翩翻於雲漢之內歲餘嬉遊佚樂無所比因問曰某血屬要與一訣非有戀著也請畧暫回仙翁曰不得淹留譴罪極大與符一道云恐遭禍患此可隱形然慎不得遊宮禁中臨別更與符一道云甚急即開却令取所乘驢付之到京都試往人家皆不見便入苑囿大內會劔南進太真妃生日錦繡乃竊其尤者以翫上曰晝日賊無計至此乃召羅公遠作法訖持朱書照之寢殿戶外後果得具本末上不信令笞死忽記先翁臨行之符遂發公遠與捉者皆僵仆良久能起即啓玄宗曰此已居上界殺之必不得假使得之臣輩便受禍亦非國家之福玄宗乃釋之覩召與語曰汝莫妄居遂令百人具兵仗同衛士同送且覘其故却至洞口復見金城絳闕仙伯嚴侍衛出門呼曰崔郎不記吾言幾至顛躓崔生拜訖將前送者亦欲隨至仙翁以杖畫成澗深濶各數丈令召崔生妻至擲一領巾過作五色綵橋遣生登隨步即滅既度崔生回首曰即如此可以歸矣須臾雲霧四起咫尺不見唯聞鸞鶴笙歌之聲半日方散遙望惟空山而已不復有物也

許宣平

許宣平新安歙人也唐睿宗景雲中隱於城陽山南塢結菴以居不知其服餌但見不食顏色若四十許人行如奔馬時或負薪以賣檐常掛一花瓢及曲竹杖每醉騰騰柱之以歸獨吟曰負薪朝出賣沽酒日西歸路人莫問歸何處穿入白雲行翠微爾來三十餘年或拯人懸危或救人疾苦城市人多訪之不見但覽庵壁題詩云隱居三十載石室南山巔靜夜玩明月明朝飲碧泉樵人歌壠上谷鳥戲巖前樂矣不知老都忘甲子年好事者多詠其詩有時行長安於驛路洛陽同華間傳舍是處題之天寶中李白自翰林出東遊經傳舍覽詩吟之嗟嘆曰此仙詩也乃詰之於人得宣平之實白於是遊及新安涉溪登山累訪之不得乃題其庵壁曰我吟傳舍詩來訪真人居煙嶺迷高跡雲林隔太虛窺庭但蕭索倚柱空躊躇應化遼天鶴歸當千歲餘是冬野火燎其庵莫知宣平蹤跡百餘年後咸通七年郡人許明奴家有嫗常逐伴入山採樵獨於南山中見一人坐石上方食桃甚大問嫗曰汝許明奴家人也我明奴之祖宣平嫗言常聞已得仙矣曰汝歸為我語明奴言我在此山中與汝一桃食之不可將出山虎狼甚多山神惜此桃嫗乃食桃甚美頃之而盡宣平遣嫗隨樵人歸家言之明奴之族甚異之傳聞於郡人其後嫗却食日漸童顏輕健愈常中和年已後兵荒相繼居人不安明奴徙家避難嫗入山不歸今人採樵或有見其嫗身衣藤葉行疾如飛逐之昇林木而去

劉清真

唐天寶中有劉清真者與其徒二十八於壽州作茶人致一馱為貨至陳留遇賊或有人導之令去魏郡清真等復往又遇一老僧道往五臺清真等畏其勞苦五臺寺尚遠因邀清真等還蘭若宿清真等私議疑老僧是文殊師利菩薩乃隨僧還行數里方至蘭若殿宇嚴淨息懷敬肅僧為說法大啓方便清真等並發心出家隨其住持積二十餘年僧忽謂清真等曰有大魔起汝輩必罹其患宜先為之防不爾則當敗人法事因令清真等長跪僧乃含水遍噴口誦密法清真等悉變成石心甚了悟而不移動須臾之間代州吏卒數十人詣臺有所收捕至清真所居但見荒草及石乃各罷去日晚老僧又來以水噀清真等人成清真等悟其神靈知遇菩薩悉競精進後一月餘僧云今復將魔起必大索汝其如之何吾欲遠送汝汝俱往否清真等受教僧悉令閉目戒云第一無竊視敗若大事但覺至地即當開目若至山中見大樹宜共庇之樹有藥出亦宜哺之遂各與藥一丸云食此便不復饑但當思惟聖道為出世津梁也言訖作禮禮畢閉目冉冉上昇身在虛空可半日許足遂至地開目見大山林或遇樵者問其地號乃廬山也行十餘里見大藤樹周迴可五六圍翠陰蔽日清真等喜云大師所言奇樹必是此也各薙草而坐數日後樹出白菌鮮麗光澤恒飄飄而衆動相謂曰此即大師所云靈藥採共分食之中有一人紿而先食盡徒侶莫不愠怒詬責云違我大師之教然業已如是不能毆擊久之忽失所在仰視在樹杪安坐清真等復云君以吞藥故能昇高其人竟不下經七日通身生綠毛忽有鶴翱翔其上因謂十九人云我誠負汝然今已得道將捨汝謁帝於此天之上宜各自勉以成至真耳清真等邀其下樹執別仙者不顧遂乘雲上昇久久方滅清真等失藥因各散還人間中山張倫親聞清真等說云然耳

張殖彭州導江人也遇道士姜玄辨以六丁驅役之術授之大歷中西川節度使崔寧嘗有密切之事差人走馬入奏發已三日忽於案上文籍之中見所奏表淨本猶在其函中所封乃表草耳計人馬之力不可復追憂惶不已莫知其計知殖術召而語之殖曰此易耳不足憂也乃炷香一爐以所寫淨表置香烟上忽然飛去食頃得所封表草墜於殖前及使回問之並不覺進表之時封題印署如故崔公深異之禮敬殊常問其所受道之由云某師姜玄辨至德中於九龍觀捨力焚香數歲因拾得殘缺經四五紙是太上役使六丁法呪術備足乃選深山幽谷無人跡處依法作壇持呪晝夜精勤本經云一十四日玄辨為九日而應忽有黑風暴雨驚駭於人視之雨下而壇場一濕又有雷電霹靂亦不為驚懼良久見奇形異狀鬼神繞之亦不為畏須臾有鐵甲兵士數千金甲兵士數千噉噪而下亦不驚怖久之神兵行列如有所候即有天女著繡履繡衣大冠佩劍立問玄辨曰既有呼召有何所求玄辨以術數為請六丁兵仗一時隱去自此每日有一丁侍之凡所徵求無不立應以術授殖謂曰術之與道相須而行道非術無以自致術非道無以延長若得術而不得道亦如欲適萬里而足不行也術者雖萬端隱見未除死籙固當棲心妙域注念丹華立功以助其外鍊魄以存其內內外齊一然後可適道可以長存也峩眉山中神仙萬餘人自皇人統領置宮府分曹屬以度於人吾與汝觀道之纖芥未造其玄微龍蛇之交與汝入洞府朝真師庶可以講長生之旨也師玄辨隱去二十餘歲此年龍蛇之交當隨師登峩眉入洞天不久往矣是年大曆十二年丁巳殖與玄辨隱去不復見

蘭陵蕭靜之舉進士不第性頗好道委書策絕粒鍊氣結廬漳水之上十餘年而顏貌枯悴齒髮凋落一旦引鏡而怒因遷居鄴下逐市人求什一之利數年而資用豐足乃置地葺居掘得一物類人手肥而且潤其色微紅歎曰豈非太歲之神將為祟耶即烹而食之美既食盡逾月而齒髮再生力壯貌少而莫知其由也偶遊鄴都值一道士顧靜之駭而言曰子神氣若是必嘗餌仙藥也求胗其脉焉乃曰子所食者肉芝也生於地類人手肥潤而紅得食者壽同龜鶴矣然當深隱山林更期至道不可自混於臭濁之間靜之如其言捨家雲水竟不知所之

採藥民

唐高宗顯慶中有蜀郡青城民不得姓名嘗採藥於青城山下遇一大薯藥劚之深數丈其根漸大如甕此人劚之不已漸深五六丈而地陷不止至十丈餘此人墮中無由而出仰視穴口大如星焉分必死矣忽旁見一穴既入稍大漸漸匍匐可數十步前視如有明狀尋之而行一里餘此穴漸高繞穴行可一里許乃出一洞口洞上有水濶數十步岸上見有數十人家村落桑柘花物草木如二三月中有人男女衣服不似今人耕夫釣童往往相遇一人驚問得來之由遂告所以乃將小舫子渡之民告之曰不食已經三日矣遂食以胡麻飯柏子湯諸葅止可數日此民覺身漸輕問其主人此是何所兼求還蜀之路其人相與笑曰汝世人不知此仙境汝得至此當是合有仙分可且留此吾當引汝謁玉皇又其中相呼云明日上巳也可往朝謁遂將此人往其民或乘雲氣或駕龍鶴此人亦在雲中徒步須臾至一城皆金玉為飾其中宮闕皆是金寶諸人皆以次入謁獨留此人於宮門外門側有一大牛赤色形狀甚異閉目吐涎沫主人令此民禮拜其牛求乞仙道如牛吐寶物即便吞之此民如言拜乞少頃此牛吐一赤珠大踰徑寸民方欲捧接忽有一赤衣童子拾之而去民再求得青珠又為青衣童子所取又有黃者白者皆有童子奪之民遂急以手捧牛口須臾得黑珠遽自吞之黑衣童子至無所見而空去主人遂引謁玉皇玉皇居殿如王者之像侍者七人冠劒列左右玉女數百侍衛殿庭奇異花果馨香非世所有玉皇遂問民具以實對而民貪顧左右玉女玉皇曰汝既悅此侍衛之美乎民俯伏請罪玉皇曰汝但勤心妙道自有此等但汝修行未到須有功用不可輕致敕左右以玉盤盛仙果示民曰恣汝以手拱之所得之數也其果紺赤絕大如拳狀若世之林檎而芳香無比自手拱之所得之數即侍女之數也自度盡拱可得十餘遂以手捧之唯得三枚而已玉皇曰此汝分也初至未有位次且令前主人領往彼處敕令三女充侍別給一屋居之

令諸道侶導以脩行此人遂却至前處諸道流傳授真經服藥用氣洗滌塵念而三侍女亦授以道術後數朝謁每見玉皇必勉其至意其地草木如三月中無榮落寒暑之變度如人間可一歲餘民自謂仙道已成忽中夜而歎左右問曰吾今雖得道本偶來此耳來時妻產一女纔經數日家貧不知復如何思往一省之玉女曰君離世已久妻子等已當亡豈可復尋蓋為塵念未祛至此誤想民曰今可一歲矣妻亦當無恙要明其事耳玉女遂以告諸隣諸隣共嗟嘆之復白玉皇玉皇命遣歸諸仙等于水上作歌樂飲饌以送之其三玉女又與之別各遺以黃金一鋌曰恐至人世歸求無得以此為費耳中女曰君至彼倘無所見思歸吾有藥在金鋌中取而吞之可以歸矣小女謂曰恐君為塵念侵不復有藥金中有藥恐有固耳吾知君家已無處尋唯舍東一擣練石尚在吾已將藥置石下如金中無但取此可耳言訖見一羣鴻鵠天際飛過衆謂民曰汝見此否但從之而去衆捧民舉之民亦騰身而上便至鵠羣鵠亦不相驚擾與飛空回顧猶見岸上人揮手相送可百來人乃至一城中人物甚衆問其地乃臨海縣也去蜀已甚遠矣遂鬻其金為資糧經歲乃至蜀時開元末年問其家無人知者有一人年九十餘云吾祖父往年採藥不知所之至今已九十年矣乃民之孫也相持而泣云姑叔父皆已亡矣時所生女適人身死其孫已年五十餘矣相尋故居皆為瓦礫荒榛唯故礎尚在民乃毀金求藥將吞之忽失藥所在遂舉石得一玉合有金丹在焉卽吞之而心中明了却記去路此民雖仙洞得道而本庸人都不能詳問其事時羅天師在蜀見民說其去處乃云是第五洞寶仙九室之天玉皇卽天皇也大牛乃駮龍也所吐珠赤者吞之壽與天地齊青者五萬歲黃者三萬歲白者一萬歲黑者五千歲此民吞黑者雖不能學道但於人世上亦得五千歲耳玉皇前立七人北斗七星也民得藥服却入山不知所之蓋去歸洞天矣

葉法善字道元本出南陽葉邑今居處州松陽縣四代修道皆以陰功密行及劾召之術救物濟人母劉因晝寐夢流星入口吞之乃孕十五月而生年七歲溺於江中三年不還父母問其故曰青童引我飲以雲漿故少留耳亦言青童引朝太上太上頷而留之弱冠身長九尺額有二午性淳和潔白不茹葷辛常獨處幽室或遊林澤或訪雲泉自仙府歸還已有役使之術矣遂入居卯酉山其門近山巨石當路每環迴為徑以避之師投符起石須臾飛去路乃平坦衆共驚異常遊括蒼白馬山石室內遇三神人皆錦衣寶冠謂師曰我奉太上命以密旨告子子本太極紫微左仙卿以校錄不勤謫於人世速宜立功濟人佐國功滿當復舊任以正一三五之法令授於子又勤行助化宜勉之焉言訖而去自是誅蕩精恠掃馘凶祆所在經行以救人為志叔祖靖能頗有神術高宗時入直翰林為國子祭酒武后監國南遷而終初高宗徵師至京拜上卿不就請度為道士出入禁內及欲告成中岳扈從者多疾凡噀呪病皆愈二京受道籙者文武中外男女弟子千餘人所得金帛並修宮觀䘏孤貧無愛惜久之辭歸松陽經過之地救人無數蜀川張尉之妻死而再生復為夫婦師識之曰尸媚之疾也不速除之張死矣師投符而化為黑氣焉相國姚崇已終之女鍾念彌深投符起之錢塘江常有巨蜃時為人害淪溺舟檝行旅苦之投符江中使神人斬之除害殄凶玄功遐被各具本傳於四海六合名山洞天咸所周歷師年十五中毒殆死見青童曰天台茅君飛印相救於是獲蘇又師青城山趙元陽受遁甲與嵩陽韋善俊傳八史東入蒙山神人授書詣嵩山神仙授劍常行涉大水忽沉波中謂已溺死七日復出衣履不濡云暫與河伯遊蓬萊則天徵至神都請於諸名岳投奠龍璧中宗復位武三思尚秉國權師以頻察祆祥保護中宗相王及玄宗為三思所忌竄於南海廣州人庶夙仰其名北向候之師乘白鹿自海上而至止於龍興新觀遠近禮敬捨於豐多盡修

觀字焉歲餘入洪州西山養神修道景龍四年辛亥三月九日括蒼三神人又降傳太上之命汝當輔我睿宗及開元聖帝未可隱跡山巖以曠委任言訖而去時二帝未立而廟號年號皆以先知其年八月果有詔徵入京迨後平韋后立相王睿宗元宗承祚繼統師於上京佐佑聖主凡吉凶動靜必預奏聞會吐蕃遣使進寶函對曰請陛下自開無令他人知機密朝廷默然唯法善曰此是凶函請陛下勿開宜令蕃使自開元宗從之及令蕃使自開函中弩發中蕃使死果如法善言俄授銀青光祿大夫鴻臚卿越國公景龍觀主祖重精於術數明於考召有功於江湖間謚有善先生自有傳父慧明贈歙州刺史師請以松陽宅為觀賜號淳和御製碑書額以榮鄉里明年正月二十七日忽有雲鶴數百行列北來翔集故山徘徊三日瑞雲五色覆其所居是歲庚申六月三日甲申告化於上都景龍觀弟子既齊物尹愔覩真仙下降之事秘而不言二十一日詔賜金紫光祿大夫越州都督春秋百有七歲所居院異香芬郁仙樂繽紛有青煙直上燭天竟日方滅師請歸葬故鄉刺度其姪潤州司馬仲容為道士與中使監護葬於松陽詔衢婺括三州助葬供終所須發引日教官縞衣祖送於國門之外開元初正月望夜元宗移仗於上陽宮以觀燈尚方匠毛順心結構綵樓三十餘間金翠珠玉間厠其內樓高百五十尺微風所觸鏘然成韻以燈為龍鳳螭豹騰躑之狀似非人力元宗見大悅促召師觀于樓下人莫知之師曰燈綵之盛固無比矣然西涼府今夕之燈亦亞於此元宗曰師頃嘗遊乎曰適自彼來便蒙急召元宗異其言曰今欲一往得乎曰此易耳於是令元宗閉目約曰必不得妄視若誤有所視必有非常驚駭如其言閉目距躍已在霄漢俄而足已及地曰可以觀矣既覩影燈連亘數十里車馬駢闐士女紛委元宗稱其盛者久之乃請回復閉目騰空而上頃之已在樓下而歌舞之曲未終元宗於涼州以鏤鐵如意質酒翌日命中使託以他事使於涼

州因求如意以還驗之非謬又嘗因八月望夜師與元宗遊月宮聆月中天樂問其曲名曰紫雲曲元宗素曉音律默記其聲歸傳其音名之曰霓裳羽衣自月宮還過潞州城上俯視城郭悄然而月光如晝師因請元宗以玉笛奏曲時玉笛在寢殿中師命人取頃之而至奏曲既投金錢於城中而還旬日潞州奏八月望夜有天樂臨城兼獲金錢以進元宗累與近臣試師道術不可殫盡而所驗顯然皆非幻妄故特加禮敬其餘追岳神致風雨烹龍肉祛妖偽靈效之事具在本傳此不備錄又燕國公張說嘗詣觀謁師命酒說曰既無他客師曰此有麴處士者久隱山林性謹而訥頗耽於酒鍾石可也說請召之斯須而至其形不及三尺而腰帶數圍使坐於下拜揖之禮頗亦魯朴酒至杯盂皆盡而神色不動燕公將去師忽奮劒叱麴生曰曾無高談廣論唯沉湎於酒亦何用哉因斬之乃巨榼而已嘗謂門人曰百六十年後當有術過我者來居卯酉山矣初師居四明之下在天台之東數年忽於五月一日有老叟詣門號泣求救門人謂其有疾也師引而問之曰某東海龍也天帝所敕主八海之寶一千年一更其任無過者超證仙品某已九百七十年矣微績垂成有婆羅門逞其幻法住於海峯晝夜禁呪積三十年矣其法將成海水如雲卷在天半五月五日海將竭矣統天鎮海之寶上帝制靈之物必為幻僧所取五日午時乞賜丹符垂救至期師敕丹符飛往救之海水復舊其僧愧恨赴海而死明日龍輦寶貨珍奇以來報師拒曰林野之中棲神之所不以珠璣寶貨為用一無所受因謂龍曰此厓石之上去水且遠但致一清泉即為惠也是夕聞風雨之聲及明繞山麓四面成一道石渠泉水流注經冬不竭至今謂之天師渠又一說云顯慶中法善奉命修黃籙齋于天台山道由廣陵明晨將齊瓜州是日江干渡人艤舟而候時方春暮浦溆晴暖忽有黃白二叟相謂曰乘間可以圍碁為適乎即嚮空召冥兒俄有丱童擘波而出衣無沾濕一叟曰挈碁局與

席偕來須臾丱童如命設席沙上對坐約曰賭勝者食明日北來道士因大笑而下子良久白衣叟曰卿北矣幸無以美味見侵也矚望逡巡徐步凌波遠遠而没舟人知其將害法善也惶惑不寧及旦則有内官馳馬前至督備舟檝舟人則以昨日之所見具列焉内官驚駭不悦法善尋續而來内官復以舟人之辭以啓法善法善微哂曰有是乎幸無掛意時法善符術神驗賢愚共知然内官洎舟人從行之輩憂軫靡遑法善知之而促解纜發岸咫尺而暴風狂浪天日昏晦舟中之人相顧失色法善徐謂侍者曰取我黑符投之鷁首既投而波流靜謐有頃既濟法善顧舟人曰爾可廣召宗侶泝流十里之間或蘆洲茭渚有巨鱗在焉爾可取之當大獲其資矣舟人承教不數里果有白魚長百尺許周三十餘圍殭暴沙上就而視腦有穴嵌然流膏舟人因臠割載歸左近村閭食魚累月

唐若山魯郡人也唐先天中歷官尚書郎連典劇郡開元中出為潤州頗有惠政遠近稱之若山嘗好長生之道弟若水為衡岳道士得胎元谷神之要嘗徵入內殿尋懇求歸山詔許之若山素好方術所至之處必會鑪鼎之客雖用術無取者皆禮而接之家財迨盡俸祿所入未嘗有餘金石所費不知紀極晚歲尤篤志焉潤之府庫官錢亦以市藥賓佐骨月每加切諫若山俱不聽納一日有老叟形容羸瘠狀貌枯槁詣欵謁自言有長生之道見者皆笑其衰邁若山見之盡禮加敬留止月餘所論皆非丹石之要若山搏採方訣訶誦圖記無不研究問叟所長皆蔑如也復好肥鮮美酒珍饌品膳雖瘦削老叟而所食敵三四人若山敬奉承事曾無倦色一夕從容謂若山曰君家百口所給常若不足貴為方伯力尚多闕一旦居閒何以為贍況帑藏錢帛頗有侵用誠為君憂之若山驚曰某理此且久將有交代亦常為憂而計無所出若緣此受譴固所甘心但慮一家有凍餒之苦耳叟曰無多慮也促命酒連舉數盃若山飲酒素少是日亦挹三四爵殊不覺醉心甚異之是夜月甚明朗徐步庭下良久謂若山曰可命一僕運鐺釜鐵器輩數事於藥室閒使僕布席壘鑪曰鼎鐺之屬為二聚熾炭加之烘然如窑不可向視叟於腰間解小瓠出二丹丸各投其一闔扉而出謂若山曰子有道骨法當度世加以篤尚正直性無忿恚仙家尤重此行吾太上真人也遊觀人間以度有心之士憫子勤志故來相度耳吾所化黃白之物一以留遺子孫旁濟貧乏一以支納帑藏無貽後憂便可命棹遊江為去世之計翌日相待於中流也言訖失其所在若山凌晨開閱所化之物爛然照屋復扃閉之即與賓客三五人整棹浮江將遊金山寺既及中流江霧晦暝咫尺不辨若山獨見老叟棹漁舟直抵舫側揖若山入漁舟中超然而去久之風波稍定昏霧開霽已失若山矣郡中几案間得若山訣別之書指揮家事又得遺表因以奏聞其大旨以世祿暫榮浮生難保惟登真脫屣可

以後天為期昔范丞相泛舟五湖是知其主不堪同樂也張留侯去師四皓是畏其主不可久存也二子之去與臣不同臣運屬休明累叨榮爵早悟昇沉之理深知止足之規棲心玄關偶得丹訣黃金可作信淮王之昔言白日可延察真經之妙用既得之矣餘復何求是用揮手紅塵騰神碧海扶桑在望蓬島非遙遐常瞻闕不勝犬馬戀主之至唐玄宗省表異之遽命優恤其家促召唐若水與內臣齎詔于江表海濱尋訪杳無音塵矣其後二十年有若山舊吏自浙西奉使淮南於魚市中見若山鬻魚於肆混同常人睨其吏而延之入陋巷中縈迴數百步乃及華第止吏與食哀其久貧命市鐵二十挺明日復與相遇已化金矣盡以遺之吏姓劉今劉子孫世居金陵亦有修道者又相國李紳字公垂常習業於華山山齋糧盡徒步出谷求糧于遠方迨暮方還忽暴雨至避於巨巖之下雨之所沾若浼焉既及巖下見一道士艤舟於石上一村童擁檝而立與之揖道士笑曰公垂在此耶言語若深交而素未相識因問紳曰頗知唐若山乎對曰常覽國史見若山得道之事每景仰焉道士曰余即若山也將遊蓬萊偶值江霧維舟於此與公垂曩昔之分得暫相遇詎忘之耶乃携紳登舟江霧已霽山峰如畫月光皎然其舟凌空泛泛而行俄頃已達蓬島金樓玉堂森列天表神仙數人皆舊友也將留連之中有一人曰公垂方欲佐國理務數畢乃還耳紳亦務經濟之志未欲棲止眾仙復命若山送歸華山後果入相連秉旌鉞去世之後亦將復登仙品矣

司命君者常生於民間幼小之時與唐元瓌同學元瓌云君家世奉道晨夕香燭持高上消災經老君枕中經累有祥異奇香瑞雲生於庭宇毋因夢天人滿空皆長丈餘麾旆旌蓋蔭其居宅有黃光照其身若金色因孕之而生生即張目開口若笑之容幼而穎悟誦習詩書元瓌所不及十五六歲忽不知所之蓋遊天下尋師訪道矣不知師何人得神仙之訣寶應二年元瓌為御史充河南道採訪使至鄭州郊外忽與君相見君衣服藍縷容貌憔悴元瓌深憫之與語敘舊問其所學曰相別之後但修真而已邀元瓌過其家留騎從於旅次相候君與元瓌同住引入市側坊巷低小從者一兩人纔入外門便閉從者不得入第二門稍寬廣又入一門屋宇甚大揖元瓌於門下先入為席良久出迎元瓌見其容狀偉爍可年二十許雲冠霞衣左右玉童侍女三五十輩皆非世所有元瓌莫之測相引升堂所設饌食珍美器皿瑰異雖王者宴賜亦所不及徹饌命酒君與妻同坐乃曰不可令侍御獨坐即召一人坐於元瓌之側元瓌視之乃其妻也奏樂酣飲既醉各散終不及相問言情遲明告別君贈元瓌金尺玉鞭出門行數里因使人訪其處無復蹤跡矣及還京問其妻曾有異事乎具言某日昏然思睡有累衣人來稱司命君召某便隨去既至司命宮中見與君同飲所見歷然皆同不謬後十年元瓌奉使江嶺又於江西泊舟見君在岸上邀入一草堂又到仙境留連飲饌但音樂侍衛稍多於前皆非舊人矣及散贈元瓌一飲器如玉非玉不言其名自此敘別不復再見亦不知司命所主何事所修何道品位仙秩定何高卑復何姓字耳一日有胡商詣東都所居謂元瓌曰宅中有奇寶之氣願得一見元瓌以家物示之皆非也乃出司命所贈飲器與商起撤而後跪接之捧而頓首曰此天帝流華寶爵耳致於日中則白氣連天承以玉盤則紅光照室即與元瓌就日試之之白氣如雲鬱勃徑上與天相連日夜更試之此不謬矣此寶大上西北庫中鎮中華二十四寶

也頃年已旋降今此第二十二寶亦不久留於人間即當飛去得此寶者受福七世敬之哉元瓌以
玉盤承之夜視紅光滿室

玄真子姓張名志和會稽山陰人也博學能文擢進士第善書飲酒三年不醉守真養氣臥雪不寒入水不濡天下山水皆所遊覽魯國公顏真卿與之友善真卿為湖州刺史與門客會飲乃唱和為漁父詞其首唱即志和之詞曰西塞山邊白鳥飛桃花流水鱖魚肥青箬笠綠簑衣斜風細雨不須歸真卿與陸鴻漸徐士衡李成矩共和二十五首遞相誇賞而志和命丹青剪素寫景天詞須臾五本花木禽魚山水景像奇絕蹤跡今古無倫而真卿與諸客傳翫歎服不已其後真卿東遊平望驛志和酒酣為水戲鋪席於水上獨坐飲酌笑詠其席來去遲速如刺舟聲復有雲鶴隨覆其上真卿親賓參佐觀者莫不驚異尋於水上揮手以謝真卿上昇而去今猶有寶傳其畫在人間

劉白雲者揚州江都人也家富好義有財帛多以濟人亦不知有陰功修行之事忽在江都遇一道士自稱為樂子長家寓海陵曰子有仙籙天骨而流浪塵土中何也因出袖中兩卷書與之白雲捧書開視篇目方欲致謝子長嘆曰子先得變化而後得道此前定也乃指摘次第教之良久失子長所在依而行之能役致風雨變化萬物乃於襄州隔江一小山上化兵士數千人于其中結紫雲帳幄天人侍衛連月不散節度使于頔疑其妖幻使兵馬使李西華引兵攻之帳幄侍衛漸高弓矢不能及判官竇處約曰此幻術也穢之即散乃取尸穢焚於其下果然兵衛散去白雲乘馬與從者四十餘人走於漢水之上蹙波起塵如履平地追之不得謂追者曰我劉白雲也後於江西湖南人多見之彌更年少潔白時湖南刺史王遜好道白雲時來郡中忽一日別去謂遜曰將往洪州即於鍾陵相見一揖而行初不曉其旨長發靈川午時已在湘潭人多識者驗其所行頃刻七百里矣旬日王遜果除洪州到任後白雲亦來相訪復於江都值樂真人曰爾周遊人間固有年矣金液九丹之經太上所敕令授於爾可選名岳福地鍊而服之千日之外可以登雲天矣乾符中猶在長安市賣藥人有識之者但不可親炙無由師匠耳

滎陽鄭曙著作郎鄭虔之弟也博學多能好奇任俠嘗因會客言及人間奇事曙曰諸公頗讀晉書乎見大尉刜鑿事跡否晉書雖言其人死今則存坐客驚曰願聞其説曙曰某所善武威段敭為定襄令敭有子曰碧少好清虛慕道不食酒肉年十六請於父曰願尋名山訪異人求道敭許之賜錢十萬從其志段子天寶五載行過魏郡舍於逆旅逆旅有客焉自駕一驢市藥數十斤皆養生辟穀之物也而其藥有難求未備者日日於市邸謁胡商覓之碧視此客七十餘矣雪眉霜鬢而貌如桃花亦不食穀碧知是道者大喜伺其休暇市珍果美膳藥食醇醪薦之客甚驚謂碧曰吾山叟市藥來此不願世人知子何得覺吾而致此耶碧曰某雖幼齡性好虛靜見翁所為必是道者故願歡會客悅為歡至夕因同宿數日事畢將去謂碧曰吾姓孟名期思居在恒山於行唐縣西北九十里子欲知吾名氏如此碧又為祖錢叩頭誠祈願至山中諮受道叟曰若然者觀子志堅可與居矣然山中居甚苦須忍饑寒故學道之人多生退志又山中有耆宿當須啟白子熟計之碧又固請叟知其有志乃謂之曰前至八月二十日當赴行唐可於西北行三十里有一孤姥莊莊內孤姥甚是奇人汝當謁之因言行意坐以須我碧再拜受約至期而往果得此孤莊老姥出問之碧具以告姥姥撫背言曰小子年幼若此而能好道美哉因納其囊裝於櫃中坐碧於堂前閣內姥家甚富給碧所須甚厚居二十日而孟先生至顧碧言曰本謂率語耳寧期果來然吾有事到恒州汝且居此數日當返如言却到又謂碧曰吾更啟白耆宿當與君俱往數日復來令姥盡收掌碧資裝而使碧持隨身衣衾任碧於是從先生入初行三十里大艱險猶能踐履又三十里即手捫藤葛足履嵌巖魂趺汗出而僅能至其所居也則東向南向盡崇山巨石林木森翠北面差平即諸陵嶺四面懸下層谿千仞而有良田山人頗種植其中有瓦屋六間前後數架在其北諸先生居之東廂有廚竈飛泉簷

間落地以代汲井其北戸内西二間為一室閉其門東西間為二室有先生六人居之其室前廡下有數架書三二千卷穀於石藥物至多醇酒常有數石碧既謁諸先生先生告曰夫居山異於人間亦大辛苦須忍饑餧食藥餌能甘此乃可居子能之乎碧曰能於是留止凡五日孟先生曰今日盍謁老先生於是啟西室室中有石堂堂北開直下臨眺川谷而老先生據繩床北面而齋心焉碧敬謁拜老先生先生良久開目謂孟叟曰是爾所言者耶此兒佳矣便與汝充弟子於是辭出又開戸其庭前臨西澗有松樹十株皆長數仞其下磐石可坐百人則於石中鐫局諸先生休暇常對棊而飲酒焉碧為特者覩先生棊皆不工也因教其形勢諸先生曰汝亦曉棊可坐因與諸叟對叟皆不敵於是老先生命開戸出植杖臨崖而立西望移時因顧謂叟可對棊孟期思曰諸人皆不敵此小子老先生笑因坐召碧與爾對之既而先生棊少劣與碧又微笑謂碧曰欲習何藝乎碧幼年不識求方術而但言願且受周易老先生詔孟叟受之老先生又歸室閉其門碧習易踰年而日曉占侯布卦言事若神碧在山四年前後見老先生出戸不過五六度但於室内端坐繩床正心禪観動則三百二百日不出老先生常不多開目貌有童顏體至肥充都不復食每出禪時或飲少藥汁亦不識其藥名後老先生忽云吾與南岳諸葛仙家為期今到矣須去碧在山久忽思家因請還家省親即郗還孟先生怒曰歸即歸矣何郗還之有因白老先生先生讓孟叟曰知此人不終何與來也於是使歸歸後一歲又郗尋諸先生至則室屋如故門戸封閉遂無一人下山問孤莊老姥姥曰諸先生不來尚一年矣碧因悔恨殆死碧在山間常問孟叟老先生何姓名叟取晉書郗鑒傳令讀之謂曰欲識老先生即郗太尉也

有僧契虛者本姑臧李氏子其父為御史於元宗時契虛自孩提好浮圖氏法年二十髡髮衣褐居長安佛寺中及祿山破潼關元宗西幸蜀門契虛遁入太白山採栢葉而食之自是絕粒當一日有道士喬君貌清瘦鬚髮盡白來詣契虛謂契虛曰師神骨甚孤秀後當遨遊仙都中矣契虛曰吾塵俗之人安能詣仙都乎喬君曰仙都甚近師可力去也契虛因請喬君導其徑喬君曰師可備食於商山逆旅中遇捧子即犒於商山而餽焉或有問師所詣者但言願遊稚川當有捧子導師而去矣契虛聞其言喜且甚及祿山敗上自蜀門還長安天下無事契虛即往商山舍逆旅中備甘潔以伺捧子而餽焉僅數月遇捧子百餘俱食畢而去契虛意稍怠且謂喬君見欺將歸長安既治裝是夕一捧子年甚少謂契虛曰吾師安所詣乎契虛曰吾遊願稚川有年矣捧子驚曰稚川仙府也吾師安得而至乎契虛對曰吾始自孩提好神仙常遇至人勸我遊稚川路幾何耳捧子曰稚川甚近師真能偕我而去乎契虛曰誠能遊稚川死不悔乎是捧子與契虛俱至藍田上治具其夕即登玉山涉危險逾巖巘且八十里至一洞水出洞中捧子與契虛共挈石填洞口以壅其流三日洞水方絕二人俱入洞中昏晦不可辨見一門在數十里外遂望門而去既出洞外風日恬煦山水清麗真神仙都也又行百餘里登一高山其山攢峰迴拔石徑危峻契虛眩惑不敢登捧子曰仙都且近何為彷徨耶即挈手而去既至山頂其上坦平下視川原邈然不可見矣又行百餘里入一洞中及出見積水無窮水中有石徑橫尺餘縱且百里餘捧子引契虛躡石逕而去至山下前有巨木煙影繁茂高數千尋捧子登木長嘯久之忽有秋風起於林杪俄見巨繩系一行橐自山頂而縋捧子命契虛瞑目坐橐中僅半日捧子曰師可寤而視矣契虛既望已在山頂見有城邑宮闕璣玉交映在雲物之外捧子指語此稚川也於是相與詣其所見仙童百輩羅列前後有一仙人謂捧子曰此僧何為

者豈非閒人人乎揨子曰此僧常願遊稚川故挈而至此已而至一殿上有具簪冕者貌甚偉憑玉几而坐侍衛環列呵禁極嚴揨子命契虛謁拜且曰此稚川真君也契虛拜真君召契虛上訊曰爾絕三彭之仇乎不能對真君曰真不可留於此因命揨子登翠霞亭其亭亘空居檻雲矗見一人袒而瞬目髮長數十尺凝膩黳黑洞瑩心目揨子謂契虛曰爾可謁而拜契虛既拜且問此人謂誰何瞬目乎揨子曰此人楊外郎也外郎隋氏宗室為外郎於南宮屬隋末天下分磔兵甲大擾因避地居山今已得道此非瞬目乃徹視也夫徹視者寓目於人世耳契虛曰請寤其目可乎揨子即面請外郎忽寤而四視其光益著若日月之照契虛悸然背汗毛髮盡勁又見一人臥石壁之下揨子曰此人姓乙支潤其名亦人間之人得道而至此已而揨子引契虛歸其道途皆前時之涉歷契虛因問揨子曰吾向者謁見真君真君問我三彭之仇我不能對曰彭者三尸之姓常居人中伺察其罪每至庚申日籍於上帝故學仙者當先絕其三尸如是則神仙可得不然雖苦心其無補也契虛悟其事自是而歸因廬於太白山絕粒吸氣未嘗以稚川之事語於人貞元中徙居華山下有滎陽鄭紳與吳興沈韋俱自長安東出關行至華山下會天暮大雨二人遂止契虛以絕粒故不致庖爨鄭君異其不食而骨狀豐秀因徵其實契虛乃以稚川之事告於鄭鄭好奇者既聞其事且歎且驚及自關東回重至契虛舍其契虛已遁去竟不知所在鄭君常傳其事謂之稚川記

唐開元中玄宗夢神仙羽衛千乘萬騎集於空中有一人朱衣金冠乘車而下謁帝曰我九天採訪巡糾人間欲於廬山西北置一下宮自有木石基址但須工力而已帝即遣中使詣山西北果有基跡宛然信宿有巨木數千段自然而至非人所運堂殿廊宇隨類致木皆得足用或云此木昔九江王所採擬作宮殿沉在江州湓浦至是神人運來以供所用廟西長廊柱礎架虛在巨澗之上其下汨流奔響泓窅不測久歷年歲曾無危墊初作廟時材木并至一夕巨萬皆有水痕門殿廊宇之基自然化出非人版築常有五色神光照燭廟所常如晝日揮斤運工略無餘暇人力忘倦旬日告成畢工之際中使夢神人曰赭堊丹綠廟北地中尋之自得勿須遠求於是訪之採以充用略無所闕既而建昌渡有靈官五百餘人若衣道士服者皆言詣使者廟今圖像存焉初玄宗夢神人日因召天台道士司馬承禎以訪其事承禎奏曰今名山岳瀆血食之神以主祭祠太上慮其妄作威福以害蒸黎分命上真監涖川岳有五岳真君焉又青城丈人為五岳之長潛山九天司命主九天生籍廬山九天使者執三天之符彈劾萬神皆為五嶽上司盍各置廟以齋食為饗玄宗從之是歲五岳三山各置廟焉

繪圖歷代神仙譜 卷十二 姚泓 二

唐太宗年有禪師行道精高居於南岳忽一日見一物人行而來直至僧前綠毛覆體禪師懼謂為梟之屬也細視面目即如人也僧乃問曰檀越為山神耶野獸耶復乃何事而特至此貧道禪居此地不擾生靈神有知無相惱也良久其物合掌而言曰今是何代僧曰大唐也又曰和尚知晉宋乎自爾至是復幾載僧曰從晉及今向百四年矣其物乃曰和尚博古知今寧不知有姚泓乎僧曰知之物曰我即泓也僧曰吾覽晉史言姚泓為劉裕所執遷姚宗于江南而斬泓於建康市據其所記泓則死矣何至今日子復稱為姚泓耶泓曰當爾之時我國實為裕所滅送我於建康市以狥天下奈何未及肆刑我乃脫身逃匿裕既求我不得遂假一人貌類我者斬之以立威聲示其後耳我則實泓之本身也僧因留坐語之曰史之說豈虛言哉泓笑曰和尚豈不聞漢有淮南王劉安乎其實昇仙而遷固狀以叛逆伏誅漢史之妄豈復適於後史耶斯則史氏妄言之證也我自逃竄山野肆意遊行福地靜廬無不探討既絕火食遠陟此峯樂道逍遙唯餐松柏之葉年深代久遍身生此綠毛已得長生不死之道矣僧又曰食松柏之葉何至生毛若是乎泓曰昔秦宮人遭亂避世入太華之峯餌其松柏歲祀寖久體生碧毛尺餘或逢世人人自驚異至今謂之毛女峯且上人頗信古豈不詳信之乎僧因問請須所食泓言吾不食世間之味久矣唯飲茶一甌仍為僧陳晉宋歷代之事如指諸掌更有史氏闕而不書者泓悉備言之既而辭僧告去竟不復見耳

張果者隱於恒州條山常往來汾晉間時人傳有長年祕術耆老云為兒童時見之自言數百歲矣唐太宗高宗累徵之不起則天召之出山佯死於妒女廟前時方盛熱須臾臭爛生蟲聞於則天信其死矣後有人於恒州山中復見之果常乘一白驢日行數萬里休則重疊之其厚如紙置於巾箱中乘則以水噀之還成驢矣開元二十三年玄宗遣通事舍人裴晤馳驛於恒州迎之果對晤氣絕而死晤乃焚香啟請宣天子求道之意俄頃漸蘇晤不敢逼馳還奏之乃命中書舍人徐嶠齎璽書迎之果隨嶠到東都於集賢院安置肩輿入宮備加禮敬玄宗因從容謂曰先生得道者也何齒髮之衰耶果曰衰朽之歲無道術可憑故使之然良足恥也今若盡除不猶愈乎因於御前拔去鬢髮擊落牙齒流血溢口玄宗甚驚謂曰先生休舍少選晤語俄頃召之青鬢皓齒愈於壯年一日祕書監王迥質太常少卿蕭華嘗同造焉時玄宗欲令尚主果未之知也忽笑謂二人曰娶婦得公主甚可畏也迥質與華相顧未諭其言俄頃有中使至謂果曰上以玉真公主早歲好道欲降於先生果大笑竟不承詔二人方悟向來之言是時公卿多往候謁或問以方外之事皆詭對之每云余是堯時丙子年人時莫能測也又云堯時為侍中善於胎息累日不食食時但進美酒及三黃丸玄宗留之內殿賜之酒辭以山臣飲不過二升有一弟子飲可一斗玄宗聞之喜令召之俄一小道士自殿簷飛下年可十六七美姿容旨趣雅淡謁見上言詞清爽禮貌臻備玄宗命坐果曰弟子常侍立於側未宜賜坐玄宗目之愈喜遂賜之酒飲及一斗不辭果辭曰不可更賜過度必有所失致龍顏一笑耳玄宗又逼賜之酒忽從頂湧出冠子落地化為一榼玄宗及嬪御皆驚笑視之已失道士矣但見一金榼在地覆之榼盛一斗驗之乃集賢院中榼也累試仙術不可窮紀有歸夜光者善視鬼玄宗常召果坐於前而敕夜光視之夜光至御前奏曰不知張果安在乎願視察也而果在御前久矣

夜光卒不能見又有邢和璞者有算術每視人則布籌于前未幾已能詳其名氏窮達善惡夭壽前後所算計千數未常不析其詣細玄宗奇之久矣及命算果則運籌移時意竭神沮終不能定其甲子玄宗謂中貴人高力士曰我聞神仙之人寒燠不能瘵其體外物不能浼其中今張果善算者莫得究其年視鬼者莫得見其狀神仙倏忽豈非真者耶然常聞堇斟飲之者死若非仙人必敗其質可試以飲也會天大雪寒甚玄宗命進堇斟賜果果遂舉飲盡三巵醺然有醉色顧謂左右曰此酒非佳味也即偃而寢食頃方寤忽覽鏡視其齒皆斑然焦黑遽命侍童取鐵如意擊其齒盡隨收于衣帶中徐解衣出藥一貼色微紅光瑩果以傅諸齒穴中已而又寢久之忽寤再引鏡自視其齒已生矣其堅然光白愈于前也玄宗方信其靈異謂力士曰得非真仙乎遂下詔曰恒州張果先生遊方之外者也跡先高尚心入窅冥久混光塵應名赴闕莫知甲子之數且謂羲皇上人問以道樞盡會宗極今則將行朝禮爰申寵命可授銀青光祿大夫仍賜號通玄先生未幾玄宗狩於咸陽獲一大鹿稍異常者庖人方饌果見之曰此仙鹿也已滿千歲昔漢武元狩五年臣曾侍從畋於上林時生獲此鹿既而放之玄宗曰鹿多矣時遷代變豈不為獵者所獲乎果曰武帝捨鹿之時以銅牌誌于左角下遂命驗之果獲銅牌二寸許但文字凋暗耳玄宗又謂果曰元狩是何甲子至此凡幾年矣果曰是歲癸亥武帝始開混明池今甲戌歲八百五十二年矣玄宗命太史氏挍其長歷略無差焉玄宗愈奇之時又有道士葉法善亦多術玄宗問曰果何人耶答曰臣知之然臣言訖即死故不敢言若陛下免冠跣足救臣即得活玄宗許之法善曰此混沌初分白蝙蝠精言訖七竅流血僵仆于地玄宗遽詣果所免冠跣足自稱其罪果徐曰此兒多口過不謫之恐敗天地間事耳玄宗復哀請久之果以水噀其面法善即時復生其後果陳老病乞歸恒州詔給驛送到恒州天寶初玄宗又

遣徵召果聞之忽卒弟子葬之後發棺空棺而已

瞿乾祐雲安人也龎眉廣顙巨目方頤身長六尺手大尺餘每揖人手過胸前常於黃鶴山師事來天師盡得其道能行氣丹篆陸制虎豹水伏蛟龍臥常虛枕往往言將來之事言無不驗因入夔州市謂人曰今夜有八人過此宜善待之是夕火燒百餘家曉之者云八人乃火字也每入山羣虎隨之曾於江上與十許人翫月或問曰月中竟何所有乾祐笑曰可隨我手看之乃見月規半天瓊樓金闕滿焉良久乃隱雲安井自大江泝別派凡三十里近井十五里澄清如鏡舟檝無虞近江十五里皆灘石險惡難於沿泝乾祐念商旅之勞於漢城山上結壇考召追命群龍凡一十四處皆化為老人應召而至乾祐諭以灘波之險害物勞人使皆平之一夕之間風雷震擊一十四里盡為平潭矣唯一灘仍舊龍亦不至乾祐復嚴敕神吏追之又三日有一女子至焉因責其不伏應召之意女子曰某所以不來者欲助天師廣濟物之功耳且富商大賈力皆有餘而傭力負運者力皆不足雲安之貧民自江口負財貨至近井潭以給衣食者衆矣今若輕舟利涉平江無虞即邑之貧民無傭負之所絕衣食之路所困者多矣余寧險灘波以贍傭負不可利舟楫以安富商無不至者理在此也乾祐善其言因使諸龍各復其故風雷頃刻而長灘如舊唐天寶中詔赴上京恩遇隆厚歲餘還故山尋得道而去先是蜀有道士佯狂俗號為灰袋即乾祐晚年弟子也乾祐每戒其徒曰勿欺此人吾所不及常大雪中衣布裙入青城山暮投蘭若求僧寄宿僧曰貧僧一衲而時天寒此恐不能相活道者但云容一床足矣至夜半雪深風起僧慮道者已死就視之去床數尺氣蒸如爐流汗袒寢僧始知其異人未明不辭而去多住村落每住人愈信之曾病口瘡不食數月狀若將死村人素神之因為設道齋齋散忽起就枕謂衆人曰試窺吾口中有何物也乃張口如箕五臟悉露同類驚異作禮問之唯曰此足惡此足惡後不知所終

凡八兄者不知仙籍之中何品位也隋太子勇之孫名德祖仕唐為尚輦奉御性頗好道以金丹延生為務鑪鼎所費家無餘財官散俸薄往往闕於饘粥稍有百金即輸於炭藥之直矣凡八兄忽詣其家談玄虛論方術以為金丹之制不足為勞黃白變化咳唾可致德祖愈加尊敬而凡之剛躁諠雜嗜酒貪饕殊不可耐晝出夜還不畏街禁肥鮮醇酎非時即須德祖了諳其性委曲預備必副所求由是淹留數月一日令德祖取鼎釜鎗鐵輩陳於藥房中凡自擊碎之罌鐵加炭烈火以煅焉投散藥寸匕于其上反扃其室背燈壁隅乃與德祖庭中步月中夜謂德祖曰我太極仙人也以子棲心至道抗節不回故來相教耳明月良夜能遠遊乎德祖諾遂相與出門及反顧扃鑰如舊徐行若三二十里路頗平懇一山頂德祖覺倦八兄曰此去長安千里矣當甚勞乎德祖驚其且遠亦以行倦為對八兄長笑一聲逡巡有白獸至焉命德祖乘之其行迅疾漸覺彌遠因問長安里數八兄曰此八萬里矣德祖悄然忽念未別家小白獸屹然不行八兄笑曰果有塵俗之念去世未得如術遽命白獸送德祖詣雲宮謁解空法師俄頃已至法師延坐使青童以金丹飼之德祖捧接但見毒螫之物不可取食又以玉液飲之復聞其臭亦不可飲法師令白獸送德祖還其家凡八兄不復見矣至其家燈燭宛然夜未央矣明晨視其所化黃白燦然雖資貨有餘而八兄仙儀杳不可覩一日忽見凡八兄之僕攜筐筥而過其門問凡君所止在仙府矣使我暫至人寰若見奉御亦令同來可也

自是德祖隨凡君仙僕而去不復還矣

卷十三　王賈

婺州叅軍王賈本太原人移家覃懷而先人之壟在於臨汝賈少而聰頴未嘗有過沉靜少言年十四忽謂諸兄曰不出三日家中當恐且有大喪居二日宅中火延燒堂室祖母年老震驚自投于牀而卒兄以賈言聞諸父諸父訊賈賈曰卜筮而知後又白諸父曰太行南沁河灣澳內有兩龍居之欲識真龍請同觀之諸父怒曰小子好詭言駭物當笞之賈跪曰實有故請觀之諸父怒曰小子好詭與同行賈請具雨衣於是至沁河浦深處賈入水以鞭晝之水為之分下有大石二龍盤繞之一白一黑各長數丈見人沖天諸父大驚良久瞻視賈曰既見矣將復還因以鞭揮之水合如舊則雲霧晝昏雷電且至賈曰諸父馳去因馳未里餘飛雨大注方知非常人也賈年十七詣京舉孝廉既擢第乃娶清河崔氏後選授婺州叅軍還過東都賈母之表妹死已經年常於靈帳發言處置家事兒女僮妾不敢為非每索飲食衣服有不應求即加笞罵親戚咸怪之賈曰此必妖異因造姨宅唁姨諸子先是姨謂諸子曰明日王家外甥來必莫令進此小子大罪過人賈既至門不得進賈令召老蒼頭謂曰宅內言者非汝主母乃妖魅耳汝但私語汝主令引我入當為除去之家人素病之乃潛言於諸郎諸郎亦悟邀賈入賈拜弔已因向靈言曰聞姨亡來大有神言語如舊今故謁姨何不與賈言也不應賈又邀之曰今故來謁姨若不言終不去矣當止於此魅知不免乃帳中言曰甥比佳乎何期別後生死遂隔汝不忘吾猶能相訪愧不可言因涕泣言語皆姨平生聲也諸子聞之號泣姨令具饌坐賈於前命酒相對慇懃不已醉後賈因請曰姨既神異何不令賈見形姨曰幽明道殊何要相見賈曰姨不能全出請露半面不然呈一手一足令賈見之如不相示亦終不去魅既被邀苦至因見左手於手指宛然又姨之手也諸子又號泣賈因前執其手姨驚呼諸子曰外甥無禮何不舉手諸子未進賈遂引其手撲之於地尚猶哀叫撲之數四即死乃老狐也形既見體裸無毛

命火焚之靈語遂絕賈至婺州以事到東陽令有女病魅數年醫不能愈令邀賈到宅置茗饌而不敢有言賈知之謂令曰聞君有女病魅當為去之因為桃符令置所臥床前女見符泣而罵須臾眠熟有大貍腰斬死於床下疾乃止時杜暹為婺州參軍與賈同列相得甚歡與暹同部領使於洛陽過錢塘江登羅刹山觀浙江潮謂暹曰大禹真聖者當理水時所有金櫃玉符以鎮川瀆若此杭州城不鎮壓尋當陷矣暹曰何以知之賈曰此石下是相與觀焉因令暹閉目執其手令暹跳下暹忽閉目已至水底其空處如堂有大石櫃高丈餘鏁之賈手開其鏁去其蓋引暹手登之因同入櫃中又有金櫃可高三尺金鏁鎖之賈曰玉符在中然世人不合見暹觀之既已又接其手令騰出暹距躍則至岸矣既與暹交熟乃告暹曰君有宰相祿當自保愛因示其拜官歷任及於年壽周細語之暹後遷拜一如其說既而至吳郡停船而女子夭死生五年矣母撫之哀慟而賈不哭暹重賈各見妻子如一家於是對其妻謂暹曰吾第三天人也有罪謫為世人二十五年今已滿矣後日當行此女亦非吾子也所以早夭妻崔氏亦非吾妻即吉州別駕李乙妻也緣歲時未到乙未合娶以世人亦合有室故司命權以妻吾吾今期盡妻即當過李氏李氏三品祿數任生五子世人不知何為妄哭妻久知其夫靈異因輟哭請曰吾方年盛君何忍見舍且暑月在途零丁如此請送至洛得遂棲息行路之人猶合矜愍況室家之好而忽遺棄耶賈笑而不答因令造棺器納亡女其中寘之船下又囑暹以身後事曰吾卒後為素棺漆其縫將至先塋與女子皆祔於墓殯後即發使至宋州崔氏伯任宋州別駕當留其姪聽之至冬初李乙必克計入京與崔氏伯相見即伯之故人因求婚崔別駕以姪妻之事已定矣暹然之其妻日夜涕泣請其少留終不答至日沐浴衣新衣暮時召暹相對言談頃而臥遂卒暹哭之慟為製朋友之服如其言殯之行及宋州崔別駕果留其姪暹至臨汝乃

厚葬賈及其女其父李乙至宋州求婿其妻崔別駕以妻之還後作相歷中外皆如其語

申元之不知何許人也遊歷名山博採方術有修真度世之志開元中徵至止開元觀恩渥愈厚時又有邢和璞羅公遠葉法善吳筠尹愔何思達史崇尹崇秘希言佐佑玄風翼戴聖主清淨無為之教昭灼萬寓雖漢武元魏之崇道未足比方也帝遊温泉幸東洛元之常扈從焉時善譚玄虛之旨或留連論道動移晷刻惟貴妃與趙雲容宮嬪三五人同侍宸御得聆其事命趙雲容侍茶藥元之愍其恭恪乘間乞藥少希延生元之曰我無所惜但爾不久處世耳懇拜乞之不已曰朝聞道夕死可矣况侍奉大仙不得度世如素手出于寶寵也惟天師哀之元之念其志切與絳雪丹一粒曰汝服此丹死必不壞可大其棺廣其穴含以真玉疏而有風魂不蕩散魄不潰壞百年後還得復生此太陰鍊形之道即為地仙復百年遷居洞天矣雲容從幸東都病於蘭昌宮貴妃憐之因以此事曰於貴妃及卒後宦者徐玄造如其所請而瘞之元和末百年矣容果再生元之尚來往人間自號田先生識者云元之魏時人已數百歲矣

馬湘字自然杭州鹽官人也世為縣小吏而湘獨好經史攻文學治道術遍遊天下後歸江南而嘗醉於湖州墜霅溪經日方出衣不沾濕坐於水上而言曰適為項羽相招飲酒欲大醉方返溪濱觀者如堵酒氣猶衝人狀若風狂路人多隨看之又時復以拳入鼻及出拳鼻如故又指溪水令逆流食頃指柳樹令隨溪水來去指橋令斷復續後遊常州會唐宰相馬植謫官量移常州刺史素聞湘邀名乃相見延禮甚異之植問曰幸與道兄同姓欲為兄弟冀師道術可乎湘曰相公何望植曰扶風湘曰相公扶風馬湘則風馬牛但且相知無徵同姓亦言與植風馬牛不相及也植之留郡齋益敬之或飲食次植請見小術乃於席上以甕器盛土種瓜須臾引蔓生花結實取食衆賓皆稱香美異於常瓜又於遍身及襪上摸錢所出錢少多不知擲之皆青銅錢撒投井中呼之一一飛出人有收取頃之復失又植言此城中鼠極多湘書一符令人貼於南壁下以筯擊盤長嘯鼠成羣而來走就符下俯伏湘乃呼鼠有一大者近階前湘曰汝毛蟲微物天與粒食何得穿墻穴屋晝夜擾於相公且以慈憫為心未能盡殺汝宜便相率離此大鼠乃廻羣鼠皆前若叩搕謝罪遂作隊莫知其數出城門去自後城内更絶鼠後南遊越州經洞巖禪院僧三百方齋而湘與婺州永康縣牧馬巖道士王知微及弟子王延叟同行僧見湘單僑箕居而食畧無揖者但資以飯湘不食促知微延叟急食而去僧齋未畢乃出門又促速行到諸暨縣南店中約去禪院七十餘里深夜聞尋道士聲主人遽應此有三人外面極喜請於主人願見道士及入乃二僧但禮拜哀鳴云禪僧不識道者昨失迎奉致貽譴責三百僧到今下床不得某二僧主事不坐所以得來固乞舍之湘唯睡而不對知微延叟但笑之僧愈哀乞湘乃曰此後無以輕慢為意廻去入門坐僧當能下床僧廻果如其言湘翌日又南行時方春見一家好菘菜求之不能得仍聞惡言命延叟取紙筆知微遂言求菜見阻誠無訟

理況在道門詎宜施之湘笑曰我非訟者也作小戲耳於是延叟授紙筆湘畫一白鷺以水噀之飛入菜畦中啄菜其主趕起又飛下再三湘又畫一猧子走趕捉白鷺共踐其菜一時碎盡止其主見道士嗜笑曾求菜至此處復為他術遂來哀乞湘曰非求菜也故相戲耳於是呼鷺及犬皆飛走投入湘懷中視菜如故悉無所損又南遊霍桐山入長溪縣界夜投旅舍宿舍小而行旅已多主人戲言無宿處道士能壁上睡即相容已逼日暮知微延叟切於止宿湘曰爾但於俗旅中睡而湘躍身梁上以一脚掛梁倒睡適主人夜起燭火照見大驚異湘曰梁上猶能壁上何難俄而入壁久之不出主人拜謝移知微延叟入家內淨處安宿及旦主人留連忽失所在知微延叟前行數里尋求已在路傍自霍桐廻永康縣東天寶觀駐泊觀有大枯松湘指之曰此松已三千餘年即化為石自後松果化為石忽大風雷震石倒山側作數截曾陽發自廣州節度責授婺州發性尚奇異乃徙兩截就郡齋兩截致之龍興寺九松院各高六七尺徑三尺餘其石松皮鱗皴今猶存焉或人有疾告者湘無藥但以竹拄杖打痛處腹內及身上百病以竹杖指之口吹杖頭如雷鳴便愈有患腰脚馳曲拄杖而來者亦以竹拄杖打之令放拄杖應手便伸展時有以財帛與湘者推讓不受固與之復散與貧人所遊行處或宮觀巖洞多題詩句所登杭州秦望山詩曰太乙初分何處尋空留歷數變人心九天日月移朝暮萬里山川換古今風動水光吞遠嶠雨添嵐氣沒高林秦皇謾作驅山計滄海忙忙轉更深復歸故鄉省兄適兄出嫂姪喜叔歸湘告曰我與兄共此宅歸來要明此地我唯愛東園耳嫂異之曰小叔久離家歸來兄猶未相面何言分地骨月之情必不忍如此駐留三日嫂姪訝不食但飲酒而已待兄不歸及夜遽卒明日兄歸問其故妻子皆以實對兄感慟乃曰弟學道多年非歸要分宅是歸託化於我以絕思望耳乃棺斂其夕棺鞫然有聲一家驚異乃窆穸於園中時大

中十年也明年東川秦劒州梓桐縣道士馬自然白日上昇湘於東川謂人曰我鹽官人也勑浙西道杭州覆視之發塚視棺乃一竹枝而已

唐開元中長安裴氏子於延平門外莊居兄弟三人未仕以孝義聞雖貧好施惠常有一老父過之求漿衣服顏色稍異裴子待之甚謹問其所事云以賣藥為業問其族曰不必言也因是往來憩宿於裴舍積數年而無倦色一日謂裴曰觀君兄弟至窶而常能恭己不倦於客君實長者積德如是必有大福吾亦厚君之惠今為君致少財物以備數年之儲裴敬謝之老父遂命求炭數斤坎地為鑪熾火少頃命取小磚瓦如手指大者數枚燒之少頃皆赤懷中取少藥投之乃生紫烟食頃變為金矣約重百兩以授裴子謂裴曰此價陪於常者度君家事三年之蓄矣吾自此去候君家罄盡當復來耳裴氏兄弟益敬老父拜之因問其居曰後當相示焉訣別而去裴氏乃貨其金而積糧明年遇水旱獨免其災後三年老父復至又燒金以遺之裴氏兄弟一人願從學老父遂將西去數里至太白山西巖下一大盤石左有石壁老父以杖叩之須臾開乃一洞天有黃冠及小童迎接老父引裴生入洞初覺暗黑漸即明朗乃見城郭人物內有宮闕堂殿如世之寺觀焉道士玉童仙女無數相迎入盛歌樂諸道士或琴棊諷誦言論老父引裴氏禮謁謂諸人曰此城中主人也遂留一宿食以胡麻飯麟脯仙酒裴告歸相與訣別老父復送出洞遺以金寶遣之謂裴曰君今未合久住且歸後二十年天下當亂此是太白左掩洞君至此時可還來此吾當迎接裴子拜別比至安史亂裴氏全家而去隱於洞中數年居處仙境咸受道術亂定復出兄弟數人皆至大官一家良賤亦蒙壽考焉

貞元中有崔煒者故監察向之子也向有詩名於人間終于南海從事煒居南海意豁然也不事家產多尚豪俠不數年財業殫盡多棲止佛舍時中元日番禺人多陳設珍異於佛廟集百戲於開元寺煒因窺之見乞食老嫗因蹶而覆人之酒甕當壚者毆之計其直僅一緡耳煒憐之脫衣為償其所直嫗不謝而去異日又來告煒曰謝子為脫吾難吾善灸贅疣今有越井岡艾少許奉子每遇疣贅只一炷耳不獨愈苦兼獲美艷煒笑而受之嫗倏亦不見後數日因遊海光寺遇老僧贅于耳煒因出艾試灸之而如其說僧感之甚謂煒曰貧道無以奉酬但轉經以資郎君之福祐耳此山下有一任翁者藏鏹巨萬亦有斯疾君子能療之當有厚報請為書導之煒曰然任翁一聞喜躍禮請甚謹煒因出艾一爇而愈任翁告煒曰謝君子痊我所苦無以厚酬有錢十萬奉子幸從容無草草而去煒因留彼煒善絲竹之妙聞主人堂上彈琴聲詰家童對曰主人之愛女也因請其琴而彈之女潛聽而有意焉時任翁家事鬼曰獨脚神每三歲必殺一人饗之時已逼矣求人不獲任翁俄負心召其子計之曰門下客既不來無血屬可以為饗吾聞大恩尚不報況愈小疾耳遂令具神饌夜將半擬殺煒已潛扃煒所處之室而煒莫覺女密知之潛持刃於窗隙間告煒曰吾家事鬼今夜當殺汝而祭之汝可持如此破窗遁去不然者少頃死矣此刃亦望持去無相累也煒恐悸汗流揮刃攜斷窗櫺躍出拔鍵而走任翁俄覺率家僮十餘輩持刃秉炬追之六七里幾及之煒因迷道失足墜于大枯井中追之失蹤而返煒雖墜井為槁葉所籍而無傷及曉視之乃一巨穴深百餘丈無計可出四旁嵌空宛轉可容千人中有一白蛇盤屈可長數丈前有石臼巖上有物滴下如飴蜜注臼中蛇就飲之煒察蛇有異乃叩首祝之曰龍王某幸不墜于此願王憫之幸不相害因飲其餘亦不饑渴細視蛇之唇吻亦有疣焉煒感蛇之見憫欲為灸之奈無從得火既久有遙火飄入于穴煒乃燃

艾啓虵而灸之是贅應手墜地虵之飲食久妨礙及去頗以為便遂吐徑寸珠酬煒煒不受而啓虵曰龍王能施雲雨陰陽莫測神變由心行藏在已必能有道拯援沉淪倘賜挈維得還人世則死生感激銘在肌膚但得一歸不願懷寶虵遂咽珠蜿蜒將有所適煒遂再拜跨虵而去不由穴口只於洞中行可數十里其中暗幽若漆但虵之光燭兩壁時見繪畫古丈夫咸有冠帶最後觸一石門門有金獸齧環洞然明朗虵低首不進而卸下煒煒將謂已達人世矣入戶但見一室空闊可百餘步穴之四壁皆鐫為房室當中有錦繡幃帳數間垂金泥紙更飾以珠翠炫晃如明星之連綴帳前有金爐爐上有蛟龍鸞鳳龜虵鸞雀皆張口噴出香烟芳芬蓊欝傍有小池砌以金壁貯以水銀鳧鷖之類皆琢以瓊瑶而泛之四壁有府咸飾以犀象上有琴瑟笙篁鞀鼓柷敔不可勝記煒細視手澤尚新煒乃恍然莫測是何洞府也良久取琴試彈之四壁戶牖咸啓有小青衣出而笑曰玉京子已送崔家郎君至矣遂却走入須臾有四女皆古環髻曳霓裳之衣謂煒曰何崔子擅入皇帝玄宮耶煒乃舍琴再拜女亦酬拜煒曰既是皇帝玄宮皇帝何在曰暫赴祝融宴爾遂命煒就榻鼓琴煒乃彈胡笳女曰何曲也曰胡笳也曰何為胡笳吾不曉也煒曰漢蔡文姬即蔡中郎邕之女也没于胡及歸感胡中故事因撫琴而成斯弄像胡中吹笳哀咽之韻女皆怡然曰大是新曲遂命酌醴傳觴煒乃叩首求歸之意頗切女曰崔子既來皆是宿分何必匆遽幸且淹駐羊城使者少頃當來可以隨往謂崔子曰皇帝已許田夫人奉箕箒便可相見崔子莫測端倪不敢應答遂命侍女召田夫人夫人不敢至曰未奉皇帝詔不敢見崔家郎也再命不至謂煒曰田夫人叔德美麗世無儔匹願君子善奉之亦宿業耳夫人即齊王女也崔子曰齊王何人也女曰王諱横昔漢初亡齊而居海島者逡巡有日影入照坐中煒因舉首上見一穴隱隱然覩人間天漢耳四女曰羊城使者至矣遂有一

白羊自空冉冉而下須臾至座背有一丈夫衣冠儼然執大筆兼封一青竹簡上有篆字進於香几上四女命侍女讀之曰廣州刺史徐紳死安南都護趙昌充替女酌禮飲使者曰崔子欲歸番禺願為挈往使者唱喏廻謂煒曰他日須與使者易服緝宇以相酬勞煒但唯唯四女曰皇帝有勅令與郎君國寶陽燧珠將往至彼當有胡人具十萬緡而易之遂命侍女開玉函取珠授煒煒再拜捧受謂四女曰煒不曾朝謁皇帝又非親族何遽貺遺如是女曰郎君先人有詩于越臺感悟徐紳遂見修緝皇帝媿之亦有詩繼和賚珠之意已露詩中不假僕說郎君豈不曉耶煒曰不識皇帝何詩女命侍女書題于羊城使者筆管上云千載荒臺隳路隅一煩太守重椒塗感君拂拭意何極報爾美婦與明珠煒曰皇帝原何姓字女曰已後當自知耳女謂煒曰中元日須具美酒豐饌于廣州蒲澗寺靜室吾輩當送田夫人往遂煒再拜告去欲躡使者之羊背女曰知有鮑姑艾可留少許煒但留艾即不知鮑姑是何人也遂留之瞬息而出穴履於平地遂失使者與羊所在望星漢時已五更矣俄聞蒲澗寺鐘聲遂抵寺僧人以早糜見餉遂歸廣州崔子先有舍稅居至日往舍詢之曰已三年矣主人謂崔煒曰子何所適而三秋不返煒不實告開其戶塵榻儼然頗懷悽愴問刺史則徐紳果死而趙昌替矣乃抵波斯邸潛鬻是珠有老胡人一見遂匍匐禮手曰郎君的入南越王趙佗墓中來不然者不合得斯寶蓋趙佗以珠為殉也故崔子乃具實告方知皇帝是趙佗佗亦曾稱南越武帝故耳遂具十萬緡易之崔子詰胡人曰何以辨之曰我大食國寶陽燧珠也昔漢初趙佗使異人梯山航海盜歸番禺今僅千載我國矣有能玄象者言來歲國寶當歸故我王召我具大舶重資抵番禺而搜索今日果有所獲矣遂出玉液而洗之光鑒一室故人遽泛舶歸大食去煒得金遂具家産然訪羊城使者竟無影響後有事于城隍廟忽見神像有類使者又覩神筆上有細字乃侍女所

題也方具酒脯而奠之兼重粉繢及廣其宇是知羊城即廣州城廟有五羊馬又徵任翁之室則村去云南越尉任嚚之墓耳又登越王殿臺覩先人詩云越井岡頭松栢老越王臺上生秋草古墓多年無子孫野人踏踐成官道兼越王繼和詩蹤跡頗異乃詢主者主者曰徐大夫紳因登此臺感崔侍御詩故重粉飾臺殿所以煥爀耳後將及中元日遂豐潔香饌甘醴留蒲澗寺僧室夜將半果四女伴田夫人至容儀艷逸言旨雅淡四女與崔生進觴諧謔將曉告去崔子遂再拜訖致書達於越王卑辭厚禮敬荷而已遂與夫人歸室煒詰夫人曰既是齊王女何以配南越人夫人曰某國破家亡遭越王所虜為嬪御王崩因以為殉乃不知今是幾時也看烹酈生如昨日耳每憶故事輒一潸然煒問曰四女何人曰其二甌越王搖所獻其二閩越王無諸所進俱為殉者又問曰昔四女云鮑姑何人也曰鮑靚女葛洪妻也多行炙於南海煒方歎駭昔日之嫗耳又曰呼虵為玉京子何也曰昔安期生長跨斯龍而朝玉京故號之玉京子煒因在穴飲龍餘沫肌膚少嫩筋力輕健後居海南十餘載遂散金破產棲心道門乃挈室往羅浮訪鮑姑後竟不知所適

韋丹

韋丹大夫及第後歷任西臺御史每常好道未曾有遇京國有道者與丹交遊歲久忽一日謂丹曰子好道心堅大牴骨格不成某不能盡知其事可自往徐州問黑老耳丹乃求假出往徐州經數日問之皆云無黑老召一衙吏問之曰此州城有黑老家在何處其吏曰此城郭內並無去此五里瓜園中有一人姓陳黑瘦貧寒為人傭作賃半間茅屋而住此州人見其黑瘦衆皆呼為黑老韋公曰可為某邀取來吏人至瓜園中喚之黑老終不肯來乃驅迫之至驛韋公已具公服在門首祇候韋公一見便再拜黑老曰某傭作求食不知有何罪今被捉來願得生迴又復怖畏驚恐欲走出門為吏人等遮攔不放自辰及酉韋公禮貌益恭黑老驚惶轉甚畧請上廳終不能得至二更來方上堦不肯正坐韋公再拜諮請叩問不已至三更黑老忽然倒臥於床上鼻息如雷韋公兢兢床前而立久因困極不覺著公服亦倒臥在床前地上睡至五更黑老起來以手撫韋公背云汝起汝起汝似好道吾亦愛之大牴骨格不成就且須向人間富貴待合得時吾當來迎汝不然恐汝失路耳初秋日可再來此當為汝盡話言訖倏已不見韋公却歸至立秋前一日晚至徐州黑老已辰時死矣韋公惆悵埋之而去自後寂絕二十年不知信息韋公官江西觀察使到郡二年忽一日有一叟謂閽人曰爾報公可道黑老來也公聞之倒屣相迎公明日無疾忽然卒皆言黑老迎韋公上仙矣

馮大亮者導江人也家貧好道亦無所修習每道士方術之人過其門必留連延接唯一牛拽步磨以自給一旦牛死其妻對泣歎曰衣食所給在此牛爾牛既死矣何以資口食乎慈母山道士每過其家即憩歇累日是時道士復來夫婦以此語之道士曰皮角在乎曰在即取皮攣綴如牛形斫木為脚以繩繫其口驅之遂起肥健如常曰此牛不復飲食但晝夜使之可也慎勿解其口爾以此牛拽磨力倍於常道士亦不復來數年盛暑牛喘甚急牧童憐之因解其口遽成皮骨而已然其家已漸富改置酒肆常以奉道祈感遇仙人仍力行救物好賓客有棋叟三五人詣其家飲酒常不言錢禮而接之雖數益敬忽一人曰我輩八人明日具來共謀一醉無以人多為訝至時棋叟八人偕至容於袖中出柟木一枝纔五六寸栽於庭中便飲酒盡歡而去曰勞置美酒無以為報此樹徑尺則家財百萬此時可貢助天子垂名國史十年後會於岷嶺巨人宮當授以飛仙之道言訖而去旬日而樹已凌空高十餘丈大已徑尺其家金玉自至寶貨自積殷富彌甚雖王孫麋竺之家不能及也五年玄宗幸蜀大亮貢錢三十萬貫以資國用

唐玄宗天寶十三載重陽日獵於沙苑時雲間有孤鶴徊翔玄宗親御弧矢中之其鶴即帶箭徐墜將及地丈許歘然矯翼西南而逝萬衆極目良久乃滅益州城四十五里有道觀焉依山臨水松桂深寂道流非修習精慤者莫得而居之觀之東廊第一院尤為幽寂有自稱青城山道士徐佐卿者精粹高古一歲率三四至焉觀之耆舊因虛其院之正堂以俟其來而佐卿至則棲焉或三五日或旬朔言歸青城甚為道流所傾仰一日忽自外至神彩不怡謂院中人曰吾行山中偶為飛矢所加尋已無恙矣然此箭非人間所有吾留之於壁後年箭主到此即宜付之慎無墜失仍援毫記壁云留箭之時則十三載九月九日也及玄宗避亂幸蜀暇日命駕行遊偶至斯觀樂其嘉境因遍幸道室既入此堂忽睹其箭命侍臣取而翫之蓋御箭也深異之因詢觀之道士具以實對即視佐卿所題乃前歲沙苑從田之箭也佐卿蓋中箭孤鶴耳究其題乃沙苑翾飛當日而集於斯歟玄宗大奇之因收其箭而寶焉自後蜀人亦無復有遇佐卿者

李清北海人也代傳染業清少學道多延齊魯之術士道流必誠敬接奉之終無所遇而勤求之意彌切家富於財素為州里之豪旺子孫及內外姻族近百數家皆能遊手射利於益都每清生日則爭先餽遺凡積百餘萬清性仁儉來則不拒納亦不散如此相因填累藏舍年六十九生日前一旬忽召姻族大陳酒食已而謂曰吾賴爾輩勤力無過各能生活以是吾獲優贍然吾布衣蔬食逾三十年矣寧復有意於華侈哉爾輩以吾老長行每餽吾生日衣裝玩具侈亦至矣然吾自以久所得緘之一室曾未閱視徒損爾之給用資吾之糞土竟何為哉幸天未錄吾魂氣行將又及吾之生辰吾固知爾輩又營續壽之禮吾所以先期而會蓋止爾之常態耳子孫皆曰續壽自遠有之非此將何以展卑下孝敬之心願無止絕俾姻故之不安也清曰苟爾輩志不可奪則從吾所欲而致之可乎皆曰願聞尊旨清曰各能遺我洪纖麻縻百尺總而計之是吾獲數千百丈矣以此為紹續吾壽豈不延長哉皆曰謹奉教然尊旨必有所以卑小敢問清笑謂曰終亦須令爾輩知之吾下界俗人忘意求道精神心力夙夜勤勞于今六十載矣而曾無影響吾年已耄朽蠹殆盡自期筋骸不過三二年耳欲乘視聽步履之尚能將行早志爾輩幸無吾阻先是青州南十里有高山俯壓郡城峰頂中裂豁為嶠崖州人家家坐對嵐岫歸雲過鳥歷歷盡見按圖經云雲門山俗亦謂之劈山而清蓄意多時及是謂姻族曰雲門山神仙之窟宅也吾將往焉吾生日坐大竹簣以轆轤自縋而下以纖縻為媒焉脫不可前吾當急引其媒爾則出吾於媒未設有所遇而能肆吾志亦當復來歸子孫姻族泣諫曰冥冥深遠不測紀極況山精木魅虵虺怪物何類不儲忍以千金之身自投於斯豈久視永年之階乎清曰吾志也汝輩必阻則吾私行矣是不獲行簣洪縻之安也衆知不可迴則共治其事及期而姻族鄉里凡千百人競齋酒饌遲明大會於山椒清乃揮手辭謝而入焉良久及地其

中極暗仰視天纔如手掌捫四壁止容兩席許東南有穴可俯僂而入乃棄篔遊焉初甚狹細前往則可伸腰如此約行三十里晃朗微明俄及洞口山川景象雲烟草樹宛非人世曠望久之惟東南十數里隱映若有居人焉因徐步詣之至則陡絕一臺基級極峻而南向可以登陟遂虔誠而上頗懷恐懼及至闕其堂宇甚嚴中有道士四五人清於是扣門俄有青童應門問焉答曰青州染工李清青童如詞以報清聞中堂曰李清伊來也乃令前清惶怖趨拜當軒一人遥語曰未宜來何即遽至因令遍拜諸賢其時日已午忽有白髮翁自門而入禮謁畢曰蓬萊霞明觀丁尊師新到衆聖令邀諸真登上清赴會于是列真偕行謂清曰汝且居此臨出顧曰愼無開北扉清巡視院宇兼啟東西門情意飄飄然自謂永棲真境因至堂北見北戶斜掩偶出顧望下爲青州宛然在目離思歸心良久方已悔恨思返諸真則已還矣其中相謂曰令其勿犯北門竟爾自惑信知仙界不可妄至也因與瓶中酒一甌其色濃白既而謂曰汝可且歸清則叩頭求哀又云無路却返衆謂清曰會當至此但時限未耳汝無苦無途但閉目足至地則到鄉也清不得已流涕辭行或相謂曰既遣其歸須令有以爲生清心恃豪富訝此語爲不知己一人顧清曰汝於堂內閣上取一軸書去清既得謂清曰脫歸無倚可以此書自給清遂閉目覺身如飛鳥但聞風水之聲相激須臾履地開目即青州之南門其時纔申未城隍阡陌髣髴如舊至於屋室樹木人民服用已盡變改獨行盡日更無一人相識者即詣故居朝來之大宅宏門改張新舊曾無倣像左側有業染者因投詣與之語其人稱姓李自云我本北海富家因指前後閭閈此皆我祖先之故業曾聞先祖於隋開皇四年生日自縋南山不知所終因是家道淪破清悒怏久之乃換姓氏寓遊城邑因取所得書閱之則療小兒諸疾方也其年青州小兒癘疫清之所醫無不立愈不旬月財産復振時高宗永徽元年天下富庶而北海往

往有知清者因是齊魯人從而學道術者凡百千輩至五年乃謝門徒云吾往泰山觀封禪自此莫知所往

韋仙翁

唐代宗皇帝大歷中因晝寢常夢一人謂曰西嶽太華山中有皇帝壇何不遣人求訪封而拜之當獲大福即日詔遣監察御史韋君馳驛詣山尋訪至山下州縣陳設一店具飯店中所有行客悉令移之有一老翁謂店主曰韋侍御一食即過吾老病不能遠去但於房中坐得否店主從之少頃韋君到店良久忽聞房中嗽聲韋問有何人在此遣人視之乃曰有一老父韋君訪老父何姓答曰姓韋韋君曰相與宗盟合有繼敘邀與同席老父因訪韋公祖父官諱又訪高祖為誰韋君曰曾祖諱某任某官高祖奉道不仕隋朝入此山中不知所在老父喟然歎曰吾即爾之高祖也吾名集有二子爾即吾之小子曾孫也豈知於此與爾相遇韋君涕泣再拜老父止之謂曰爾祖母見在爾有二祖姑亦在此山中今過寒食故入郭與渠輩求少脂粉耳有一布襆襆內有茯苓粉庀欲貨此市買問韋君爾今何之韋君曰奉勑於此山中求真壇州縣及山中人莫有知者不審翁能知處否老父曰蓮花中峯西南上有一古壇髣髴餘址此當是也但不定耳遂與韋君同宿老父絕粮不食但飲少酒及人參茯苓湯明日韋君將入山老父曰吾與爾同去韋君乃以乘馬讓之老父曰爾自騎吾當杖策先去韋君乘馬奔馳竟不能及常在馬前三十步至山足道路險阻馬不能進韋君隨下隨老父入谷行不里許到窟見三嫗老父曰此乃爾之祖母及爾之二祖姑也韋君悲涕再拜祖母年可七八十姑各四十餘俱垂髮皆以木葉為衣相見甚喜謂曰年代遷變一朝遂見玄孫欣慰久之遂與老父上山訪壇登攀嶮峻韋君殆不可堪老父行步若飛迴顧韋君而笑直至中峯西南隅果有一壇韋君灑掃拜謁立標記而廻却到老父石室辭出谷韋君曰到京奏報畢當請假却來請覲老父曰努力好事君主韋君遂下山返到闕庭具以事奏代宗歎異乃遣韋君齎手詔入山令刺史以禮邀致韋君到山中求覓遂失舊路數日尋訪不獲訪山下故老皆云自少年以來三二年則見

此老父一到城郭顏狀只如舊不知其所居韋君望山慟哭而返代宗悵恨具以事跡宣付史館

唐文宗末建州刺史嚴士則本穆宗朝為尚衣奉御頗好真道因午日於終南山採藥迷路徘徊巖嶂之間數日所齎糧糗既四望無居人計其道路去京不啻五六百里然而林岫深僻風景明麗忽有茅屋數間出於松竹之下烟蘿四合纔通小徑士則連扣其門良久竟無出者因窺籬隙內見有一人於石榻偃臥看書士則推戶直造其前方乃攝衣而起士則拜罷自陳行止因遣坐於盤石之上亦問京華近事復問天子嗣位幾年云自安史犯闕居此迄至今日士則具陳奔馳陟歷資糧已絕迫於枵腹請以飲饌救之隱者曰自居山谷且無烟爨有一物可以療饑念君遠來相遇自起於棟梁間脫紙囊開啟其中有百餘顆如褊豆之形俾於藥室取鐺拾薪汲水以一粒煮之良久微有香氣視之已如掌大曰可以食矣渴即取鐺中餘水飲之士則方啗其半自覺豐飽復曰汝得至此當由宿分自玆三十年間不復饑渴俗慮塵情將澹泊也他時位至方伯當與羅浮相近倘能脫去塵華兼獲長生之道辭家日久可以還矣士則將欲告歸且恐迷失道路曰勿憂去此三二里與採薪者相值可隨之而去此至國門不遠既出果有人採薪路側因問隱者姓名竟返山無所對纔經信宿已及樊川村野既還輦轂不喜更嘗滋味日覺氣壯神清有驂鸞馭鶴之意衣褐杖藜多依巖岫居守盧僕射耽味玄默思覩異人有道流具述其由遂致之門下及聞方伯之說因以處士奏官自梓州別駕作牧建溪時年已九十到郡纔周歲即解印歸羅浮及韋宙相公出鎮江南使人訪之猶在山谷大中十四年之任建安路由江表時蕭相公觀風浙右於桂樓開宴召之唯飲酒數盃他無所食矣

崔希真

大歷初鍾陵客崔希真家于郡西善鼓琴工繪事好修養之術二年十月初朔夜大雪希真晨出門見一老人衣蓑戴笠避雪門下崔異之請入既去蓑笠見神色毛骨非常人也益敬之問曰家有大麥麪聊以充飯叟能是乎老父曰大麥受四時氣穀之善者也能沃以豉汁則彌佳崔因命家人具之間又獻松花酒老父曰花澁無味某野人也能令其醇美乃於懷中取一丸藥色黃而堅老人以石碎之置於酒中則頓甘美矣復以數丸遺希真希真請問老父笑而不荅崔入宅於窻窺之見老父於幃幄前所掛素上如有所塗瞬息而罷崔少頃具饌獻叟而不辭崔後入內出已去矣遂踐雪尋跡數里至江入蘆洲中見一大船船中數人狀貌皆奇而樵客在側其人顧笑曰葛三乃見逼於伊人迴謂崔曰尊道嚴師之禮不必然也崔拜而謝之歸視幄中得圖焉有三人二樹一白鹿一藥笈其二人蓋方外之狀手執玄芝採藥者一仙樹似栢皆斷岌為風雨所敗枯槁之狀根相連屬皆非常意所及後將圖并丸藥詣茅山問李涵光天師天師曰此真人葛洪第三子所畫也李君又曰寫神人形狀於朽木之下意若得道者壽過松柏也其藥乃千歲松膠也

巴邛人

有巴邛人不知姓家有橘園因霜後諸橘盡收餘有二大橘如三四斗盎巴人異之即令攀摘輕重亦如常橘剖開每橘有二老叟鬚眉皤然肌體紅潤皆相對象戲身僅尺餘談笑自若剖開後亦不驚怖但與決賭賭訖叟曰君輸我海龍神第七女髮十兩智瓊額黃十二枚紫絹披一副絳臺山霞實散二庾瀛洲玉塵九斛阿母療髓凝酒四鍾阿母女態盈娘子躋虛龍縞襪八緉後日於王先生青城草堂還我耳又有一叟曰王先生許來竟待不得橘中之樂不減商山但不得深根固蒂為摘下耳又一叟曰僕饑矣須龍根脯食之即於袖中抽出一草根方圓徑寸形狀宛轉如龍毫釐罔不周悉因削食之隨削隨滿食訖以水噀之化為一龍四叟共乘之足下泄泄雲起須臾風雨晦冥不知所在巴人相傳云百五十年已來如此似在隋唐之間但不知指的年號耳

章仇兼瓊

章仇兼瓊尚書鎮西川常令左右搜訪道術士行一黨酒者酒勝其黨又不急於利賖貸甚衆每有紗帽藜杖四人來飲酒皆至數斗積債十餘石即併還之談諧笑謔歡暢而去其話言愛說孫思邈又云此小兒有何所會或報章仇公乃遣親吏候其半醉前拜言曰尚書令傳語某苦心修學知仙官在此欲候起居不知俯賜許否四人不顧酣樂如舊逡巡問酒家曰適飲酒幾斗曰一石皆拍掌笑太多言訖不離席上已不見矣使者具報章仇公公遂專令探伺自後月餘不至一日又來章仇公遂潛駕往詣從者三四人公服至前躍出載拜公自稱姓名相顧徐起唯柴爐四枚在於坐前不復見矣時玄宗好道章仇公遂奏其事詔見孫公問之公曰此太白酒星耳仙格絕高每遊人間飲酒處處皆至尤樂蜀中自後更令尋訪絕無踪跡

石巨者胡人也居幽州性好服食大歷中遇疾百餘日形體羸瘦而神氣不衰忽謂其子曰河橋有小人可整屈致問之子還云初無小人但一老姥爾巨云正此可召子延之至舍巨臥堂前紙槅中姥徑造巨所言甚細密三子在外聽之不聞良久姥去後數日且有白鶴從空中下穿巨紙槅入巨所和鳴食頃俄升空中化一白鶴飛去巨子往視之不復見巨子便隨鶴而去至城東大墩上見大白鶴數十相隨上天冉冉而滅長史李懷仙召其子問其事具答云然懷仙不信謂其子曰此是妖訛事必汝父得仙吾境內苦旱當為致雨不雨殺汝子歸焚香上陳懷仙使金參軍齋酒脯至巨宅致祭其日大雨遠近皆足懷仙以所求靈驗乃於巨宅立廟歲時享祀焉

陶尹二君

唐大中初有陶太白尹子虛二老人相契為友多遊嵩華二峰採松脂茯苓為業二人因攜醞醁陟芙蓉峰尋異境憩于大松林下因傾壺飲聞松梢有二人撫掌笑聲二公起而問曰莫非神仙乎豈不能下降而飲斯一爵笑者曰吾二人非山精木魅僕是秦之役夫彼即秦宮女子聞君酒馨頗思一醉但形體改易毛髮怪異恐子悸慄未能便降子但安心徐待吾當返穴易衣而至幸無遽捨我去二公曰敬聞命矣遂　伺之忽松下見一丈夫古服儼雅一女子鬟髻綵衣俱至二公拜謁忻然還坐頃之陶君啓神仙何代人何以至此既獲拜侍願怯未悟古丈夫曰余秦之役夫也家本秦人及稍成童值始皇帝好神仙術求不死藥因為徐福所惑搜童男童女千人將之海島余為童子乃在其選但見鯨濤蹙雪蜃閣排空石橋之柱欹危蓬岫之烟杳渺恐葬魚腹猶貪雀生於難厄之中遂出奇計因脫斯禍歸而易姓業儒不數年中又遭始皇煨燼典墳坑殺儒士搢紳泣血簪紱悲號余當此時復是其數時於危懼之中又出奇計乃脫斯苦又改姓氏為板築夫又遭秦皇欻信妖妄遂築長城西起臨洮東之海曲隴鴈悲書寒雲咽空鄉關之思魂飄砂磧之勞力竭墮趾傷骨陷雪觸水余為役夫復在其數遂於辛勤之中又出奇計得脫斯難又改姓氏而業工乃屬秦皇帝崩穿鑿驪山大修塋域玉墀金砌珠樹瓊枝綺殿錦宮雲樓霞閣工人匠石盡閉幽隧念為工匠復在數中又出奇謀得脫斯苦凡四設權奇之計俱脫大禍知不遇世遂逃此山食松脂木實乃得延齡耳此毛女者乃秦之宮人同為殉者余乃同與脫驪山之禍共匿於此不知於今經幾甲子耶二子曰秦於今世繼正統者九代千餘年興亡之事不可歷數二公遂俱稽顙曰余三小子幸遇大仙多劫因依使令諧遇金丹大藥可得聞乎朽骨腐肌實翼麻蔭古丈夫曰余本凡人但能絕其世慮因食木實乃得凌虛歲久日深毛髮紺綠不覺生之與死俗之與仙鳥獸為鄰猱狖同樂飛騰自在雲氣

相隨亡形得形無性無情不知金丹大藥為何物也二公曰太仙食木實之法可得聞乎曰余初餌柏子後食松脂遍體瘡瘍腸中痛楚不及旬朔肌膚瑩滑毛髮澤潤未經數年凌虛若有梯步險如履地飄飄然順風而翔皓皓然隨雲而昇漸混合虛無潛孚造化彼之與我視無二物凝神而神爽養氣而氣清保守胎根含藏命帶天地尚能覆載雲氣尚能欝蒸日月尚能晦明川岳尚能融結即余之體莫能敗壞矣二公拜曰敬聞命矣飲將盡古丈夫折松枝叩玉壺而吟曰餌柏身輕疊嶂間是非無意到塵寰冠裳暫備論浮世一餉雲遊碧落間毛女繼和曰誰知古是與今非閒躡青霞遠翠微簫管秦樓應寂寂綵雲空惹薜蘿衣古丈夫曰吾與子邂逅相遇那無戀戀耶吾有萬歲松脂千秋柏子少許汝可各分餌之亦應出世二公捧授拜荷以酒吞之二仙曰吾當去矣善自道養無令漏泄伐性使神氣暴露于窟舍耳二公拜別但覺超然莫知其蹤去矣旋見所衣之衣因風化為花片蝶翅而揚空中陶尹二公今巢居蓮花峰上顏臉微紅毛髮盡綠言語而芳馨滿口履步而塵埃去身雲臺觀道士往往遇之亦時細話得道之來由爾

繪圖歷代神仙譜 卷十二 許碏 三

許碏自稱高陽人也少為進士累舉不第晚學道於王屋山周遊五岳名山洞府後從峨眉山經兩京復自襄汴來抵江淮茅山天台四明仙都委羽武夷霍桐羅浮無不遍歷到處皆于石厓峭壁人不及處題云許碏自峨眉山尋偃月子到此睹筆蹤者莫不歎其神異竟莫詳偃月子也後多遊盧江間常醉吟曰閬苑花前是醉鄉踏飜王母九霞觴群仙拍手嫌輕薄謫向人間作酒狂好事者或詰之曰我天仙也方在崑崙就宴失儀見謫人皆笑之以為風狂後當春景插花滿頭把花作舞上酒家樓醉歌昇雲飛去

薛尊師

薛尊師者家世榮顯則天末兄弟數人皆至二千石身為陽翟令而數年間兄弟淪喪都盡遂精心歸道棄官入山妻兒悉棄召同志者唯有邑小胥唐臣願從之杖策負囊往嵩山口忽遇一人自山而出自云求道之人姓陳云知近有仙境薛遂求問其路陳曰吾有小事詣都約三日而廻廻當奉導君且於此相待薛與唐子止於路口陳至期而至陳曰但止於此吾當入山求之知所詣卽來相報期以五日既而過期十日不至薛曰陳生豈相紿乎吾當自往遂緣磴入谷三四十里忽於路側見一死人虎食其半乃陳山人也唐子謂尊師曰本入山為求長生今反為虎狼之餐陳山人尚如此我獨何人不如歸入世以終天年耳尊師曰吾聞嵩岳本靈仙之地豈為此害蓋陳山人所以激吾志也汝歸吾當終至必也不幸而死終無恨焉言訖直往唐亦決意從之夜卽宿於石巖之下晝則緣磴而行數日忽見一巖下長松數百株中有道士六人如脩藥之狀薛遂頂禮求諸道士曰吾雖至此自服藥耳亦無術可以授君俄覩一禪室中有一老僧又禮拜求問僧亦無言忽於僧床下見藤蔓緣壁出户僧指蔓視薛遂尋蔓出户其蔓傍巖壁不絕經兩日猶未盡忽至流泉石室中有道士數人圍棋飲酒其陳山人亦在笑謂薛曰何忽而至子之志可教也遂指授道要亦見俗人於此伐薪採藥不絕問其所云終南山紫閣峰下去長安城七十里尊師道成後入京居於昊天觀玄風益振時唐玄宗皇帝奉道數召入內禮謁開元末時已百餘歲忽告門人曰天帝召我為八威觀主無病而坐亡顏色不變遂於本院中造塔不塞塔户每至夜輒召弟子唐君告以脩行之術後以俗人禮謁煩雜遂勅塞其塔户唐君後亦為國師焉

有王老者常於西京賣藥累世見之李司倉者家在勝業里知是術士心恒敬異待之有加故王老往來依止李氏且十餘載李後求隨入山王亦相招遂僕御數人騎馬俱去可行百餘里峯巒高峭攀藤緣樹直上數里非人跡所至王云與子偕行猶恐不達神仙之境非僕御所至悉宜遣之李如其言與王至峯頂田疇平坦藥畦石泉佳景差次須臾又至林口道士數人來問王老知邀嘉賓故復相候李隨至其居茅屋竹亭瀟灑可望中有學生數十人見李各來問其親戚或不言或惆悵者云先生不在今宜少留具廚飯蔬素不異人間也為李設食經數日有五色雲霞覆地有三白鶴隨雲而下於是書生各出如迎候狀有頃云先生至見一老人鬚髮鶴素從雲際來王老攜李迎拜道左先生問王老何以將他人來此諸生拜謁訖各就房李亦入一室時頗炎熱李出尋泉將欲洗浴行百餘步至一石泉見白鶴數十從岩嶺下來至石上羅列成行俄而奏樂音響清亮非人間所有李早伏聽其妙音樂畢飛去李還說其事先生問得無犯仙官否答云不敢先生謂李公曰君有官祿未合住此待仕宦畢方可來耳因命王老送李出曰山中要牛兩頭君可送至藤下李買牛送訖遂無復見路耳

唐寶應中越州觀察使皇甫政妻陸氏有姿容而無子息州有寺名寶林中有魔母神堂越中士女求男女者必報驗焉政暇日率妻孥入寺至魔母堂捻香祝曰祈一男請以俸錢百萬貫締構堂宇陸氏又曰儻遂所願亦以脂粉錢百萬別繪神仙既而寺中遊薄暮方還兩月餘妻孕果生男政大喜構堂三間窮極華麗陸氏於寺門外築錢百萬募畫工自汴滑徐泗揚潤潭洪及天下畫者日有至焉但以其價過多皆不敢措手忽一人不說姓名稱劒南來且言善畫泊寺中月餘一日視其堂壁數點頭主事僧曰何不速成其事耶其人笑曰請備燈油將夜緝其事僧從其言至平明燦爛光明儼然一壁畫人已不見矣政大設齋富商來集政又擇日率軍吏州民大陳伎樂至午時有一人形容醜黑身長八尺荷笠莎衣荷鋤而至閽者拒之政令召入直上魔母堂舉手鋤以劚其面壁乃頹百萬之衆鼎沸驚鬧左右武士欲擒殺之叟無怖色政問之曰爾顛癇耶叟曰無爾善畫耶叟曰無曰緣何事而劚此也叟曰恨畫工之罔上也夫人與上官捨二百萬圖寫神仙今此生人尚不逮矣政怒而叱之叟撫掌笑曰如其不信田舍老妻足為驗耳政問曰爾妻何在叟曰住處過湖南三二里政令十人隨叟召之叟自葦菴間引一女子年十五六薄傅粉黛服不甚奢艷態媚人光華動衆頃刻之間到寶林寺百萬之衆引頸駭觀皆言所畫神母果不及耳引至堦前陸氏為之失色政曰爾一賤夫乃蓄此婦當進於天子叟曰侍歸與田舍親訣別也政遣卒五十侍女十人同詣其家至江欲渡叟獨在小遊艇中衛卒侍女叟妻同一大船將過江不覺叟妻於急流之處忽然飛入遊艇中人皆惶怖疾棹趁之夫妻已出攜手而行又追之二人俱化為白鶴冲天而去

劉無名

劉無名成都人也本蜀先主之後居於蜀焉生而聰悟八九歲道士過其家見而歎曰此兒若學道當長生神仙矣自是好道探玄不樂名利弱冠閱道經學咽氣朝拜存真內修之術常以庚申日守三尸存神默呪服黃精白朮志希延生或見古方言草木之藥但愈疾微効見火輒為灰燼自不能固豈有延年之力哉乃涉歷山川訪師求道數年入霧中山嘗遇人教其服餌雄黃三十餘年一日有二人赤巾朱服徑詣其室劉問其何人也何以及此對曰我泰山直符追攝子耳不知子以何術頂有黃光至三日矣冥期廹促而無計近子將恐陰符譴責以稽延獲罪故見形相問耳劉曰余無他術但冥心至道不視聲利靜處幽山志希度世而已二使曰子之黃光照焰於頂迢高數丈得非雄黃之功然吾聞一陰一陽之謂道一金一石之謂丹子但服其石未餌其金但得其陽未知其陰將何以超生死之難期昇騰之道乎其次廣施陰功救人濟物柔和雅靜無欲無為至孝至忠內修密行功滿三千然後黑籍落名青華定籙制御神鬼驅駕雲龍而上補仙官永除地簡九祖超錬七玄生天如此則不為冥官所追捕耳今子雖三尸已去而積功未著大限既盡將及死期豈可茍免也劉聞其語心魂喪越憂廹震懼不知所為二使徐謂之曰岷峨青城神仙之府可以求詣真師訪尋道要我聞鉛汞朱髓可致冲天此非高真上仙莫得修煉之旨我為子求姓名同年壽盡者以代於子子勉而勤修無至中怠也劉致謝二使二使乃隱劉知其言入峨眉岷山登陟峭險探求洞穴歷年不遇復入青城山北崖之下得一洞行數里忽覺平博殆非人世遇神仙居其間云青城真人劉祈叩不已具述所值鬼使追攝之由願示道要以拯拔沉淪賜度生死之若真人指一巖室使棲止其中復令齋心七日乃示其陽鑪陰鼎柔金錬化水玉之方伏汞錬鉛朱髓之訣謂之曰胡剛子陰長生皆得此道亦名金液九丹之經丹分三品以鉛為君以汞為臣八石為使黃芽為苗君臣相

得運火功全七日為輕汞二七日變紫鋒三七日五彩具內赤外黃狀如窓塵復運火二年日周六百再經四時重履長至初則十月離其胞胎已成初品卽能乾汞成銀丸而服之可以去疾三年之外服者延年益筭髮白反黑三年之後服之刀圭遊散名山周遊四海初品地仙服之半劑變化萬端坐在立亡駕馭飛龍白日昇天大都此藥經十六節已為中品便能使人長生藥成之日五金入石黃芽諸物與君臣二藥不相雜亂矣千日功畢名上品還丹謹而藏之勿示非人世有其人視彼形氣功行合道依法傳之劉授丹訣還於霧中山築室修鍊三年乃成開成二年猶駐於蜀自述無名傳以示後人入青城去不知所終

繪圖歷代神仙普　卷十五　裴老　九

唐大歷中有王員外好道術雖居朝列布衣山客日與周旋一旦道侶數人在廳事王君方甚談諧拊掌會除溷裴老攜鍬具至王君給使因聞諸客言竊笑之王君僕使皆怪少頃裴老受傭事畢王君將登溷遇於戶內整衣似有所白因問何事漸前曰員外大好道王驚曰某實留心於此曰知員外酷好然無所遇適廳中兩客大是凡流但誑員外希酒食耳王君竦異良久其妻呼罵曰身為朝官乃與此鍬漢結交遣人逐之王君曰天道真流不擇所處裴老請去王君懇邀從容久方許諾曰明日來得否曰不得外後日來至期王君潔淨別室以候妻呼曰安有與除廁人親押如此王君曰尚懼不肯顧我少頃至布袍曳杖頗有隱逸之風王君坐語茶酒更進裴老清言間發殊無荷鍬之姿狀曰員外非真好道乃是愛藥耳亦有少分某既來莫要爐火之驗否王君叩頭曰小生酷嗜不敢便有祈請裴指鐵盒可二斤餘曰員外剩取火至以盒分兩片置於其中復以火覆之須臾色赤裴老於布袍角解一小囊取藥兩丸如麻粟除少炭撚散盒上却堆火燒之食頃裴老曰成矣令王君僕使之壯者以火筯持出擲於地逡巡乃上上金盒矣色如雞冠王君降堦再拜搕頭陳謝裴老曰此金一兩敵常者三兩然員外不用留轉將布施也別去曰從此亦無復來矣王君拜乞曰末學俗士願瀝丹懇須至仙伯山居中具起居禮裴老曰何用此乃約更三日於蘭陵坊西大菜園後相覔王君亦復及期往至則果見小門扣之黃頭奴出問曰莫是王員外否遂將一胡床來令於中門外坐少頃引入有小堂甚清淨裴老道服降階侍女童十人皆有姿色延上勞問風儀質狀並與前時不同若四十餘人矣茶酒果實甚珍異屋室嚴潔服用精華至晚王君去裴老送出門旬日復來其宅已為他人所賃裴老不知所去也

李虞

信州李員外虞嘗與秀才楊稜遊華山窮捜巖谷時李公未仕及楊君俱有棲遁之志每遇幽賞即吟詠移時俄至一小洞巉高數尺不三四步甚高路極平易二人欲窮其跡約行四五里擬回又不可且相勉而進更二三里稍明少頃至洞口時巳申酉之際用巖草樹不似人間亦有耕者耕者覩二人頗有驚異曰郎君何得到此乃具言之更二里餘有佛堂數人方飲茶次李公等因往求宿內一人曰須報洞主逡巡見有紫衣乘小馬從者四五呵路而至拜起甚雅曰得到此何也一人備述曰此處偏陋請至某居處遂同步而往到一府署多竹堂屋坐甚潔人吏數十因自言曰某姓杜名子華逢亂避世遇仙侶居此巳數百年矣因止宿飲饌皆甚精豐內有騐芋其狀如牛晝夜論語因問朝廷之事留連累日各遺銀器數事遣使者導之而返曰此可隱逸頗能住否二子色難子華笑執手而別且請無漏於人後楊君復往尋其洞穴不可見矣楊君改名儉官至御史謫番禺而卒李公終亦流蕩真仙靈境非所實好不可依名而往之也後君子誡之哉

薛玄真者唐給事中伯高之高祖也少好道不嗜名宦遨遊雲泉得長生之道常於五嶺間棲憇每遇人曰九疑五嶺神仙之墟山水幽奇煙霞勝異如陽朔之峯巒挺拔博羅之洞府清虛不可忘也所以祝融棲神於衡阜虞舜登仙於蒼梧赫胥耀跡於潛峯黃帝飛輪於鼎湖其餘高真列仙人臣輔相騰翥道遙者無山無之其故何哉山幽而靈水深而清松竹交映雲蘿杳冥固非凡骨塵心之所愛也況邃洞之中別開天地瓊膏滴乳靈草秀芝豈塵目能窺凡屣可履也得延年之道而優游其地信為樂哉真元末鄭餘慶郴州長史門吏有自遠省餘慶者未至郴十餘里店中駐歇與玄真相遇狀貌如二十三四神彩俊邁詞多稽古時語及開元麟德間事有如目覩又言明年二月餘慶當復歸朝餘言皆神異問其姓氏再三不答懇詰之云某有志林泉久棄鄉國不欲骨肉知此行止姓薛名玄真門吏話於餘慶令人訪尋無復踪跡明年二月餘慶徵還及到長安語及異事給事中薛伯高流涕對曰某高祖自左常侍棄官入道隱終南不知所終是矣

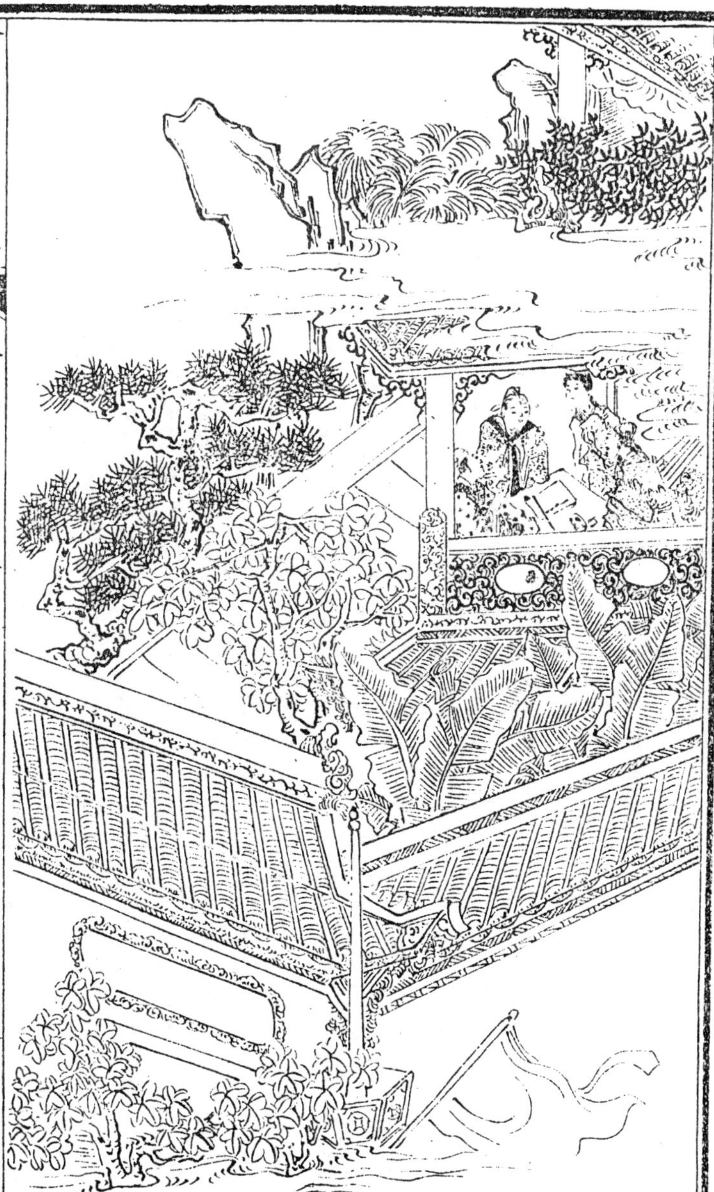

于濤者唐宰相琮之姪也琮南遷途經平望驛維舟方食有一叟自門而進直抵廳側小閤子以詣濤焉叟之來也驛吏疑從相國而行不之問相國疑是驛中人又不之詰既及濤所懟濤問叟何人也對曰曹老兒問其所來對曰郎君極有好官職此行不用憂濤方將遠陟深抱憂慮聞其言欣然迎待揖之即席濤與表弟前秘書省薛校書俱與之語問其所能云老叟無能但見郎君此後官職高顯不可一一叙之請濡毫執筆隨語記錄之也如是濤隨叟所授數章詞多隱密迨若謠讖亦叙相國牽復之事因問薛校書如何叟曰千里之外遇西則止其有官職雖非真刺史亦作假郡守濤又問某京中宅內事可以知否叟俛首良久曰京宅甚安今日堂前有某夫人某尼賓客名字一一審識某廊下有小童某牽一銅龜子馳戲濤亦審其諦實皆書於編上荏苒所載已是數幅相顧笑語即將昏瞑濤因指薛芸香姬者謂叟曰此人如何對曰極好三千里外亦得好官濤初隨語書事心志銳信及聞此姬亦有好官訝其疎誕意亦中怠矣時濤表弟杜孺休給事刺湖州寄箬下酒一壺可五斗因問叟頗好酒否叟忻然為請即以銀盂授之令自酌飲頃之酒盡已昏晦矣遂以銀盂枕首而睡時蚊蚋盛無有近叟者及旦失叟唯銀盂在焉方驚問訪求莫知所止人或云此即曹休博士也曹休魏之宗室仕晉為史官齊梁間或處朝列得神仙之道多遊江湖間往來賈販常拯救人以陰功及物人多有見之覺其遺者濤自後使授泗州防禦史歙州刺史佐淮南吳王楊公行密為副使相國尋亦北歸薛校書佐江西賓幕知袁州軍務值用軍之際挈家之閩至一小邑姬者俄以疾終山中無求闕器之所托一村翁輟其壽棺而瘞斯棺裝漆金彩頗甚珍華既瘞之後方驗得好棺之言及京宅是日賓客小童牽銅龜遊戲之事無不驗者

穆將符

二

穆將符者唐給事中仁裕之姪也幼而好學不慕聲利不窺世祿而深入玄關縱逸自放不知師匠何人已得吐納內修之道好飲酒高閑傲睨人莫能測之長安東市酒肆姚生與其友善時往來其家則飲酒話道彌日累夕姚忽暴卒舉家惶駭使人奔訪將符際夜方至姚已奄然無復喘息將符方醉其家人哀號告之笑曰可救也無遽憂怖遂解衣與姚同衾而臥戒其家令作人參湯稀粥以候之勿得悲泣驚呼待喚即應滅燭而寢悄然中夜方命燭視之姚已起坐矣少以人參湯注之良久乃以粥助之乃能言曰適為黃衣使者三四人以馬載去西行甚速邐迤蒙昧如微月之中遨巡有赤色光如日出之狀照其行路黃衣者促轡尤急即聞傳呼云太乙有敕使天兵遣回乃顧見騎乘旌旗森然成列所乘馬及黃衣者奔迸不知所之別有朱衣一人引而歸之自是姚生平復如初將符適去不知所適羅浮軒轅先生有道之士也大中年徵入闕至京即使人訪之將符以遁去先生曰穆處士隱仙者也名位列於九清之上矣勿以其嗜酒昏醉為短真和光混俗爾淮浙間頗顯其異跡接於聞見若左元放葛孝先之流也

唐相國賈躭滑州節度使常令造鹿皮衣一副既成遣一趫捷官健操書緘付之曰汝往某山中但荊棘深處即行見張尊師送此書任汝遠近使者受命挈糧而去甚惶惑入山約行百餘里荊棘深險無不備歷至一峰半腰中石壁聳拔見二道流基次使者遂拜道流曰賈相公使來開書大笑遂作報書一日傳語相公早歸何故如此貪着富貴使者齎書而返賈公極喜厚賞之亦不知其故也又嘗令一健卒入枯井中取文書果得數軸皆道書也遂遣十餘人齎纜舉有道士突入呼賈公姓名叫罵曰爭敢偷書賈公遜謝道士曰復將去鄭州僕射陂東有一浮圖乃遣使齎牒牒州於此浮圖內取一白鴉遂令掩之果得以籠送亦不知何故賈公論仙事甚衆此三篇尤明顯者也

衡山隱者不知姓名數因賣藥往來岳寺寄宿或時四五日無所食僧徒怪之復賣藥至僧所寺衆見不食知是異人敬接甚厚會樂人將女詣寺其女有色衆欲取之父母求五百千莫不引退隱者聞女嫁邀僧往看喜欲取之仍將黃金兩挺正二百兩謂女父曰此金置七百貫今亦不論付金畢將去樂師時充官便倉卒使別隱者示其所居云去此四十餘里但至山當知也女父母事畢憶女乃往訪之正見朱門崇麗扣門隱者與女俱出迎接初至一食便不復饑留連五六日亦不思食父母將還隱者以五色箱盛黃金五挺贈送謂父母曰此間深邃不復人居此後無煩更求也其後父母重往但見山草無復人居方知神仙之窟出廣異記

唐真元十一年秀才白幽求頻年下第其年失志後乃從新羅王子過海於大謝公島夜遭風與徒侶數十人為風所飄南馳兩日兩夜不知幾千萬里風稍定徐行見有山林乃整棹望之及前到山高萬仞南面半腹有城壁臺閣門宇甚壯麗維舟而昇至城一二里皆龍虎列坐於道兩邊見幽求乃眈眈而視幽求幽求進路甚恐懼欲求從者失聲彷徨次於大樹枝為風相磨如人言誦詩聲幽求諦聽之乃曰玉幢亘碧虛此乃真人居徘徊仍未進邪省猶難除幽求猶疑未敢前俄有朱衣人自城門而出傳勑曰西嶽真君來遊諸龍虎皆俯伏曰未到幽求因趨走而見朱衣人不顧而入幽求進退不得左右諸龍虎時時目幽求盤旋次門中數十人出龍虎奔走人皆乘之下山幽求亦隨之至維舟處諸騎龍虎人皆履海面而行須臾沒於遠碧中幽求未知所適舟中具饌次忽見從西旗節隊伍僅千人鸞鶴青鳥飛引於路騎龍控虎乘龜乘魚有乘朱鬣馬人衣紫雲日月衣上張翠蓋如風而至幽求但俯伏而已乃入城門幽求又隨覘之諸龍虎等依前列位與樹木花藥鳥雀等皆應節盤迴如舞幽求身亦不覺足之蹈之食頃朱衣人持一牒出謂龍虎曰使水府真君龍虎未前朱衣人乃顧幽求授牒幽求未知所適朱衣曰使水府以手指之幽求隨指而身如乘風下山入海底雖入水面不知為水朦朧如日中行亦有樹木花卉觸之珊珊然有聲須臾至一城宮室甚偉門人驚顧俯伏於路俄而有數十人皆龍頭鱗身執旗仗引幽求入水府真君於殿下北面授符牒拜起乃出門已有龍虎騎從儼然遂行瞬息到舊所幽求至門又不敢入雖未食亦不覺餧少頃有覓水府使者幽求應唯而入殿前拜引於西廊下振諸使下坐飯食非人間之味徐問諸使中此何處也對曰諸真君遊春臺也主人是東嶽真君春夏秋冬各有位各在諸方主人亦各隨地分也其殿東廊下列玉女數百人奏樂白鶴孔雀皆舉翅動足更應玄歌日晚乃出殿於山東西為迎月殿

又有一宮觀望日至申時明月出矣諸真君各為迎月詩其一真君詩曰日落烟水黯驪珠色並皆寒光射萬里霜縞遍千門又一真君詩曰玉魄東方開嫦娥逐影來洗心兼滌目光影遊春臺又一真君詩曰清波滔碧烏天藏黯黯連二儀不辨處忽吐清光開又一真君詩曰烏沉海西岸蟾吐天東頭忘下句其餘詩並忘之矣賦詩罷一真君乃命夜戲須臾童兒玉女三十餘人或坐空虛或行海面笙簫衆樂更唱迭和有唱步虛歌者數十百輩幽求記其一焉詞曰鳳凰主十六碧天高太清元君夫人躡雲語冷風颯颯吹鵝笙至四更有緋衣人走入鞠躬屈膝白天欲曙唯而趨出諸君命駕各辭次日昨朱衣人屈膝言曰白幽求已充水府使有勞績諸真君議曰便與遊春臺灑掃幽求悽惶拜乞却歸故鄉一真君曰卿在何處對曰在秦中又曰汝歸鄉何戀戀也幽求未答又曰使隨吾來朱衣人指隨西嶽真君諸真君亦各下山並自有龍虎鸞鳳朱鬣馬龜魚旛節羽旄等每真君有千餘人履海面而行幽求亦操舟隨西嶽真君後自有便風迅速如電平明至一島見真君上飛而去幽求舟為所限乃離舟上島目送真君猶見旗節隱隱而漸沒幽求方悔恨慟哭而返遍上島行乃望有人烟漸前就問云是明州又却喜歸舊國幽求自是休糧常服茯苓好遊山水多在五嶽永絕宦情矣

主太虛

東極真人王太虛隱居王屋山中咸通壬辰歲王屋令王琮夙志崇道常念黃庭經每欲自為註解而未了深玄之理但日誦五六千遍聞王屋小有洞天神仙之府求為王屋令欲結廬於其中冀時得遊禮耳罷官乃絕粒咽氣數月稍覺神旺身輕入洞屋誓不復返初行三二十里或寬廣明朗或幽暗泥黑捫壁俯行經三五日忽坦然平濶峭崖倚空直拔萬仞下有嵌室可坐數百人石牀案几儼若有人居之案上古經一軸未敢遂取稽首載拜言曰下界賤臣形濁氣穢輒慕長生之道幸入洞天仰窺靈府是萬劫良會今覩上天遺跡玉案玄經不敢輒取願真仙鑒祐許塵目一披篇卷則受罔極之恩良久叩頭乞報應之兆忽有一人坐於案側曰子其志乎緱氏仙裔聿能好道可以名列青簡矣吾東極真人子之同姓也此黃庭寶經吾之所註使授於子復贈以桃得數斗曰此食之者白日飛行此核磨而服之不唯愈疾亦可延算子雖有志未可居此二十年期於茲山矣勉而勤之得道也言訖不復見琮亦不敢久住攜桃核與經而歸磨服桃核身康無疾顏狀益少人間因有傳寫東極真人所註黃庭經本矣

王子芝字仙苗自云河南緱氏人常遊京洛間耆老云五十年來見之狀貌恒如四十許人莫知其甲子也如養氣而嗜酒故蒲師琅琊公重盈作鎮之初年仙苗居於紫極宮王令待之甚厚又聞其嗜酒日以三榼餉之間日仙苗出遇一樵者荷擔於宮門貌非常意甚異焉因市其薪厚償厥值樵者得金亦不讓而去子芝潛令人躡其後以伺之樵者徑趨酒肆盡飲以歸他日復來子芝謂曰知子好酒吾有中令所餉醽醁償子薪價可乎曰可廼飲之數盃因謂子芝是酒佳矣然殊不及解縣石氏之醞也余適自彼來恨向者無侶不果盡於斯酌子芝因降階執手與之擁鑪祈於樵者曰石氏芳醪可致否樵者頷之因命丹筆書一符置於火上煙未絕有一小豎立于前樵者勑之爾領尊師之僕挈此二榼但往石家取酒吾待與尊師一醉時既昏夜門已扃禁小豎謂芝僕曰可閉其目因搭其頭人與酒壺偕出自門隙已及解縣攜酒而還因與子芝共傾焉其甘醹郁烈非世所儔中宵樵者謂子芝曰已醉矣余召一客伴子飲可乎子芝曰諾復書一朱符置火上瞬息間異香滿室有一人來堂堂美鬚眉拖紫秉簡揖樵者而坐引滿兩巡二壺且竭樵者撓一鐵筋以投紫衣者云可去時東方明矣遂各執別樵者因謂子芝曰識向來人否少頃可造河瀆廟視之子芝送樵者訖因過廟所覩夜來共飲者廼神耳鐵筋之驗宛然趙君郎中時在幕府目驗此事弘文館校書郎蘇悅亦寓於中條甚熟蹤跡其後子芝再遇樵仙別傳修鍊之訣且為地仙矣

劉商

劉商彭城人也家於長安少好學强記精思攻文有胡笳十八拍盛行於世兒童婦女咸悉誦之進士擢第歷臺省為郎性躭道術遇道士即師資之鍊丹服氣靡不勤切每歎光陰甚促筋骸漸衰朝馳暮止但自勞苦浮榮世官何益於己古賢皆隱官以求道多得度世幸畢婚嫁不為俗累豈劣於許遠遊哉由是以病免官道服東遊入廣陵於城街逢一道士方賣藥聚衆極多所賣藥人言頗有靈效衆中間商目之相異乃罷藥攜手登樓以酒為勸道士所談自秦漢歷代事皆如目覩商驚異師敬之復言神仙道術不可得也及暮商歸僑止道士下樓閃然不見商益訝之商翌日又於城街訪之道士仍賣藥見商愈喜復挈上酒樓劇談勸醉出一小藥囊贈商并戲吟曰無事到揚州相攜上酒樓藥囊為贈別千載更何求商記其吟暮乃別去後商累尋之不復見也乃開囊視重紙裹一葫蘆子得九粒藥如麻粟依道士口訣吞之頓覺神爽不饑身輕醒然過江遊茅山久之復往宜興張公洞當遊之時愛罨畫溪之景遂於胡父渚葺居隱於山中近樵者猶見之我劉郎中也而莫知所止已為地仙矣

蓬球

貝邱西有玉女山傳云晉太始中北海蓬球字伯堅入山伐木忽覺異香遂遡風尋至北山廓然宮殿盤欝樓臺博敞球入門窺之見五株玉樹復稍前有四婦人端妙絕世共彈棊於堂上見球俱驚起謂球曰蓬君何故得來球曰尋香而至遂復還戲一小者便上樓彈琴留戲者呼之曰元暉何為獨昇樓球樹下立覺少饑乃以舌舐葉上垂露俄然有一女乘鶴而至迎恚曰玉華汝等何故有此俗人王母即令王方平行諸仙室球懼而出門回顧忽然不見至家乃是建平中其舊居閭舍皆為墟矣

李求

李球者燕人也寶歷二年與其友劉生遊五臺山山有風穴遊人稍或諠呼及投物擊觸即大風震發揭屋拔木必為物害故登山之時互相戒勑不敢觸球至穴口戲投巨石於穴中良久石聲方絕果有奔風迅發有一木如柱隨風飛出球性軒悍無所顧忌遂力扳其木却墜入穴中球為木所載亦不得出良久至地見一人形如獅子而人語引球入洞中齋內見二道士奕碁道士見球喜問球所修之道球素不知通修行之事默然無以為對二仙責引者曰吾至道之要當擇有骨相之士習道之人汝何妄引凡庸入吾仙府耶速引去之因以一杯水遺令飲謂之曰汝雖凡流得覩吾洞府踐吾真境將亦有少道分矣所恨素不習道不可語汝修行之要耳但去苟有希生之心出世之志他日可復來也飲此神漿亦延年壽矣球飲水拜謝訖引者將球至向來洞側示以別路曰此山道家紫府洞也五峰之上皆籍四海奇寶以鎮峰頂亦如茅山洞鎮以安息金墉城之寶春山雜玉環水香瓊以固上真之宅此山東峰有離岳火球西峰有麗農瑤室南峰有洞光珠樹北峰有玉澗瓊芝中峰有自明之金環光之壁每積陰將散久暑將雨即衆寶交光照灼巖嶺春曉秋旦則九色之氣屬天光輝爍乎雲表太帝命韓司少卿東方君與紫府先生統六年仙寮神王力士以鎮於此故謂神仙之府也洞有三門一徑西通崑崙一徑出此巖之下一向來風穴是洞之端門也皆有龍蛇守之先生有勑曰有巨石投於洞門中吾柱者是世間將有得道之人受事於此即使我引進我亦久遠學道當證仙品而積功之外口業不除以宿功所蔭得守此洞穴之口後三百年亦當超昇矣以口業之故假此形耳我守先生之命適門投石中柱依教引子誠不知子戲投石耳然數百年來投石者少亦未嘗中柱神仙之宮不易一至子亦將有所得於玄妙之津矣此有北巖之徑可使子得速還人間因衣帶解藥三丸貫一橋枝之末謂球曰路側如見異物以藥指之不為害此藥食之

可以無病球持此藥行於洞中黑處藥有光如火數有巨蛇張口向球以藥指之伏不敢動因出洞門門外古樹半朽洞欲堙塞球推壤土朽樹久方得出已在寺門之外矣先是劉生既失球子方執誣劉生疑害其父欲訟於官寺有大齋未得便去既見球還衆皆忻喜具話所見之異因以三丸藥與劉及子各餌一丸乾符中進士司徒鐵與球相別三十餘年別時球年六十鬢已垂白於河東見球年九十餘容狀如三十許人話所遇之事云服藥至今老而復壯性不食其子亦如三十歲許銳志修道與其子入王屋山去

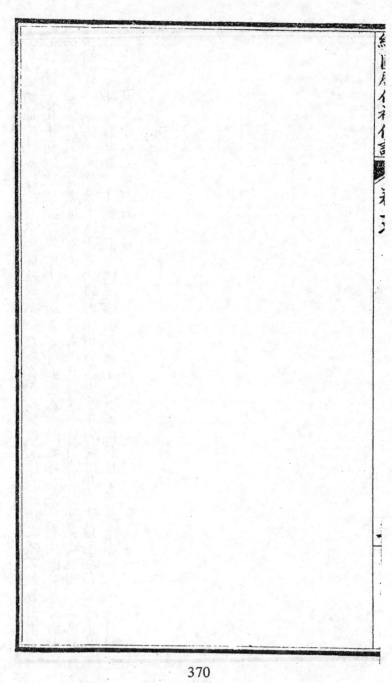

嵩山道士韋老師者性沉默少語不知以何術得仙常養一犬多毛黃色每以自隨或獨坐山林或宿雨雪中或三日五日至岳寺求齋餘而食人不能知也唐開元末歲牽犬至岳寺求食僧徒爭競怒問何故復來老師云求食以與犬耳僧發怒慢罵令奴盛殘食與乞食老道士食老師悉以與犬僧之壯勇者又慢罵欲毆之犬視僧色怒老師撫其首久之衆僧稍引去老師乃出於殿前池上洗犬俄有五色雲遍滿溪谷僧駭視之雲悉飛集池上頃刻之間其犬長數丈成一大龍老師亦自洗濯服綃衣騎龍坐定五色雲捧足冉冉昇天而去僧寺作禮懺悔已無及矣

許棲巖

許棲巖岐陽人也舉進士習業於昊天觀每晨夕必瞻仰真像朝祝靈仙以希長生之福時南康韋皋太尉鎮蜀延接賓客遠近慕義遊蜀者甚多巖將為入蜀之計欲市一馬而力不甚豐自入西市訪之有蕃人牽一馬瘦削而價不高因市之而歸以其將遠涉道途日加芻秣而肌膚益削疑其不達前所試詣卜肆筮之得乾卦九五道流曰此龍馬也宜善寶之洎登蜀道危棧棲巖與馬俱墜岸下積葉承之幸無所損仰不見頂四面路絕計無所出乃解鞍去銜任馬所往於槁葉中得栗如拳棲巖食之亦不饑矣尋其崖下見一洞穴行而乘之或下或高約十餘里忽爾及平川花木秀異池沼澄澈有一道士臥於石上二女侍之巖進而求見問二玉女云是太乙真君巖即以行止告玉女玉女憫之白於真君曰爾於人世亦好道乎曰讀莊老黃庭而已曰三景之中得何句也答曰老子云其精甚真莊子云息之以踵黃庭云但思以卻壽無窮笑曰去道近矣可教也命坐酌小盃以飲之曰此石髓也嵇康不能得近爾得之矣乃邀入別室有道士云是潁陽尊師為真君布算言今夕當東遊十萬里巖熟視之乃卜馬道士也是夕巖與潁陽從太乙君登東海西龍山石橋之上以赴羣真之會座內仙容有東黃君見棲巖喜曰許長史孫也有仙相矣及明復從太乙君歸太白洞中居半月思家求還太乙曰汝飲石髓已壽千歲無輸泄無荒淫復此來再相見也以所乘馬送之將行謂曰此馬吾洞中龍也以作怒傷稼謫其負荷子有仙骨故得值之不然此太白洞天瑤華上宮何由而至也到人間放之渭曲任其所適勿復留之既別逡巡已達虢縣則無復故居矣問鄉人年代已六十年出洞時二玉女託買虢縣田婆針乃市之杖繫馬鞍上解鞍放之化龍而去棲巖幼在鄉里已見田婆至此惟田婆容狀如舊蓋亦仙人也棲巖大中末年復入太白山去

李紳

故淮海節度使李紳少時與二友同止華陰西山舍一夕村叟有賽神者來邀適有頭痓之疾不往二友赴焉夜分雷雨甚紳入止深室忽聞堂前有人祈懇之聲徐起窺簾乃見一老叟眉鬢皓然坐東床上青童一人執香爐拱立於後紳訝之心知其異人也具衫履出拜之父曰年小識我乎曰小子未嘗拜覩老父曰我是唐若山也亦聞吾名乎曰嘗於仙籍見之老父曰吾處北海久矣今夕南海羣仙會羅浮山將往焉及此遇華山龍鬭撒雨滿空吾服藥者不欲令霑服故憩此耳子非李紳乎對曰某姓李不名紳子合名紳字公垂在籍矣能隨我一遊羅浮乎紳曰平生之願也老父喜有頃風雨霽青童告可行叟乃袖出一簡若笏形縱拽之長丈餘橫拽之闊數尺緣卷底坳宛若舟形父登居其前令紳居其中青童居其後叟戒紳曰速閉目慎勿偷視紳則閉目但覺風濤洶湧似泛江海逡巡舟止又曰開視可也已在一山前樓殿參差藹若天外簫管之聲寥亮雲中端雅士十餘人喜迎叟指紳曰何人也叟曰李紳耳羣士曰異哉公垂果能來人世凡濁苦海非淺自非名繫仙錄何路得來叟令紳遍拜之羣士曰子能我從乎紳曰紳未立家不獲辭恐若黃初平貽憂於兄弟未言間羣士已知子念歸不當入此居也子雖仙錄有名而俗塵尚重此生猶沉幻界耳美名崇官外皆得之守正脩靜來生既冠遂居此矣勉之勉之紳復遍拜叟歸辭訖遂合目有一物若驢狀近身乘之又覺走於風濤之上頃之悶甚思見其蹤開目以墮地而失所乘者仰視星漢近五更矣似在華山北除行數里逢旅舍乃羅浮店也去所止二十餘里緩步而歸明日二友與僕夫方奔訪覔之相逢大喜詢所往詐云夜獨居偶為妖狐所惑隨造其居將曙悟而歸耳自是改名紳字公垂果登甲科翰苑歷任郡守兼將相之重

唐會昌元年李師稷中丞為浙東觀察使有商客遭風飄蕩不知所止月餘至一大山瑞雲奇花白鶴異樹盡非人間所睹山側有人迎問曰安得至此具言之令維舟上岸云須謁天師遂引至一處若大寺觀道一道入道士鬚眉悉白侍衛數十坐大殿上與語曰汝中國人茲地有緣方得一到此蓬萊山也既至莫要看否遣左右引於宮內遊觀玉臺翠樹光彩奪目院宇數十皆有名號至一院扃鑰甚嚴因窺之衆花滿庭堂有裀褥焚香階下客問之答曰此是白樂天院樂天在中國未來耳乃潛記之遂別之歸旬日至越具白廉使李公盡錄以報白公先是白公平生唯修上坐業及覽李公所報乃自為詩二首以記其事及答李浙東云近有人從海上回海山深處見樓臺中有仙龕開一室皆言此待樂天來又曰吾學空門不學仙恐君此語是虛傳海山不是吾歸處歸即應歸兜率天然白公脫屣煙埃投棄軒冕與夫昧昧者固不同也安知非謫仙哉

軒轅先生

羅浮先生軒轅集年過數百顏色不衰立於床前則髮垂至地坐於闇室則目光可長數尺每採藥於深巖峻谷則有毒龍猛虎護衛或民家具齋飯邀之雖一日百處無不分體而至若與人飲即袖出一壺纔容三二升縱賓客滿座而傾之彌日不竭或人命飲則百斗不醉夜則垂髮於盆中其酒漉漉而出麴蘗之香輒無減耗與獵人同羣有非朋遊者俄而見十數儀貌無所間別或飛朱篆於空中則可届千里病者以布巾拭之無不應手而愈唐宣宗召入内廷遇之甚厚因問曰長生之道可致乎集曰輟聲色去滋味哀樂如一德施無偏自然與天地合德日月齊明致堯舜禹湯之道而長生久視之術何足難哉又問先生道孰愈於張果曰臣不知其他但少於果耳及退上遣嬪御取金盆覆白鵲以當之而集方休於所舍忽謂其中貴人曰皇帝安能更令老夫射覆乎中貴皆不諭其言于時宣宗召令速至而纔及玉堦謂曰盆下白鵲宜早放之宣宗笑曰先生早已知矣座於御榻前宣宗命宮中人傳湯茶有笑集貌古布素者而縝髮朱唇年始二八須臾變成老嫗雞皮鮐背髮鬢如絲於宣宗前涕泗交下宣宗知宮人之過遂令謝先生而貌復故宣宗因話京師無荳蔻荔枝花俄傾二花皆連葉各近百數鮮明芳潔如纔折下更嘗賜柑子曰臣山下者有味逾於此宣宗曰朕無得矣集遂取御前碧玉甌以寶盤覆之俄而徹盤即柑子至矣芬馥滿殿其狀甚大宣宗食之歎其甘美無疋更問曰朕得幾年作天子即把筆書曰四十年但十字趾脚宣宗笑曰朕安敢望四十年乎及晏駕乃四十年也初辭歸山自長安至江陵於布囊中探金錢以施貧者約數十萬中使從之莫知其故忽然亡其所在使臣惶恐不自安後數日南海奏先生歸羅浮山矣

盧元公奉道暇日與賓客話言必及神仙之事云某有表弟韋卿材大和中選授江淮縣宰赴任出京日親朋相送離灞滻時已曛暮矣行一二十里外覺道路漸異非常日經過之處既望其中有燈燭熒煌之狀林木蔥蒨似非人間頃之有謁於馬前者如州縣候吏問韋曰自何至此此非人世俄頃復有一人至謂前謁者曰既至矣則須速報上公韋問曰上公何品秩也吏亦不對却走而去逡巡遞聲連呼曰上公屈韋下馬趨走入門則峻宇雕牆重廊複閣侍衛嚴肅擬於王侯見一人年可四十歲平上幘衣素服遙謂韋曰上階韋拜而上命坐慰勞久之亦無肴酒湯果之設徐謂韋曰某因世亂百家相糾竄避於此衆推為長強謂之上公爾來數百年亦無號令約束但任之自然而已公得至此塵俗之幸也不可久留當宜速去命取絹十疋贈之韋出門上馬却尋舊路迴望亦無所見矣半夜朧月信足而行至明則已在官路逆旅暫歇詢之於人且無能知者取絹視之光白可鑑韋遂褁却入京詣親友具述其事因以絹分遺親愛韋云約其處乃在驪山藍田之間蓋地仙也

潘尊師

乙

嵩山道士潘尊師名法正蓋高道者也唐開元中謂弟子司馬鍊師曰陶弘景為嵩山伯於今百年矣頃自上帝求替帝令舉所知以代弘景舉余文籍已定吾行不得久住人間矣不數日乃屍解而去其後登封縣嵩陽觀西有龍湫居人張迪者以陰器於湫上洗濯俄為人所攝行可數里至一甲第門前悉是羣龍入門十餘步有大廳事見法正當廳而坐手持朱筆理書問迪曰汝是觀側人亦識我否曰識是潘尊師法正問迪何以污羣龍室迪載拜謝罪又問汝識司馬道士否迪曰識之法正云今放汝還遂持几上白羽扇謂迪曰為我寄司馬道士何不來而戀世間樂耶使人送迪出水上迪見其屍臥在岸上心惡之奄然如夢遂活司馬道士見羽扇悲涕曰此吾師平素所執亡時以置棺中今君持來明吾師見在不虛也乃入深山數年而卒

陳惠虛

陳惠虛者江東人也爲僧居天台國清寺曾與同侶遊山戲過石橋水峻苔滑懸流萬仞下不見底衆皆股慄不行惠虛獨超然而過徑上石壁至夕不廻羣侶皆舍去惠虛至石壁外微有小徑稍稍平闊遂及宮闕花卉萬叢不可目識臺閣連雲十里許見其門題額曰會真府左門額曰金庭宮右額曰桐柏三門相向鼎峙皆有金樓玉窗高百丈入其右內之西又一高樓黄門題曰右弼宮周顧數千間屈曲相通瑤階玉陛流渠激水處處華麗殆欲忘歸而了無人跡又入一院見青童五六人相顧笑語而去再三問之應曰汝問張老須臾廻顧見一叟挾杖持花而來訝曰汝凡俗人何忽至此惠虛曰常聞過石橋卽有羅漢寺人世時聞鐘聲故來尋訪千僧幸會得至此境不知羅漢何在張老曰此真仙之福庭天帝之下府號曰金庭不死之鄉養真之靈境週廻百六十里神仙右弼桐柏上真王君主之列仙三千人仙王力士天童玉女各萬人爲小都會之所太上一年三降此宮校定天下學道之人功行品第神仙所都非羅漢之所也王君者周靈王之子瑤丘先生之弟子位爲上真矣惠虛曰神仙可學之否張老曰積功累德肉身昇天在於立志堅久耳汝得見此福庭亦甚有可學之望也又問曰學仙以何門而入張老曰內以保神鍊氣外以服餌丹華變化爲仙神丹之力也汝不可久住上真適遊東海騎衛若還恐有咨責因引之使出門行十餘步已在國清矣惠虛自此慕道好丹石雖衣敝履穿不以爲陋聞有鑪火方術之士不遠而詣之丹石所費固亦多矣晚居終南山捧日寺年漸衰老其心愈切寢疾月餘羸憊且甚一日暴雨後有老叟負藥囊入寺大呼曰賣大還丹繞廊數廻衆僧皆笑之乃指病僧惠虛之門謂老叟曰此叟頗好還丹售之可也老叟欣然詣之惠虛曰還丹知是靈藥一劑幾錢叟曰隨力可致耳惠虛曰老病沉困床枕月餘昨僧次到自行不得託鄰僧代齋得嚫錢少許可致藥否叟取其錢而留藥數丸教其所服之法惠虛便吞

之老叟乃去衆僧相率來問言已賣得還丹吞服之矣頃間久疾都愈遙止衆僧曰勿前覺有臭吾疾愈矣但要新衣一兩事耳跳身起牀勢若飛躍衆驚歎之有新衣與之者取而着焉忽飛殿上從容久之揮手相別冉冉昇天而去時太中十二年戊寅歲是年歸桐柏觀與道流話得道之由云今在桐栢宮中賣藥老叟將是張老耳言訖隱去

繪圖歷代神仙譜　卷二十八　嵩岳嫁女

三禮田璆者甚有文通熟羣書與其友鄧韶博學相類皆以人昧不能彰其明家於洛陽元和癸巳歲中秋望夕携觴晚出建春門期望月於韶別墅行二三里遇韶亦携觴自東來駐馬道周未決所適有二書生乘驄復出建春門揖璆韶曰二君子挈榼得非求今夕望月地乎某敝莊水竹臺榭名聞洛下東南去此二三里儻能迂轡冀展傾蓋之分耳璆韶甚愜所望乃從而往問其姓氏多他語對行數里桂輪已昇至一車門始入甚荒凉又行數百步有異香迎前而來則豁然真境矣泉瀑交流松桂夾道奇花異草照燭如畫好鳥騰煮和月闘璆韶請疾馬飛觴書生曰足下榼中厥味何如璆韶曰乾和五酘雖上清醍醐計不加此味也書生曰某有瑞雲之酒釀於百花之中不知與足下五酘孰愈耳謂小童曰折燭夜一花傾與二君嘗其花四出而深紅圓而小瓶徑三寸餘綠葉形類盃觸之有餘韻小童折花至於竹葉中凡飛數巡其味甘香不可比狀飲訖又東南行數里至一門書生揖二客下馬觴以燭夜花中之餘賚諸從者飲一盃皆大醉各止於戶外乃引客入則有鸞鶴數十騰舞來迎步而前花轉繁酒味尤美其百花皆芳香壓枝於路傍凡歷池館堂榭率皆陳設盤筵若有所待但不留璆韶坐璆韶飲多行又甚倦請暫憩盤筵書生曰坐以何難但不利於君耳璆韶詰其由曰今夕中天群仙會於茲岳籍君神魄不離腥羶請以知禮導昇降此皆請仙位坐不宜饜觸耳言訖見直北花燭亘天簫韶沸空駐雲毋雙車於金堤之上設水晶方盤於瑶幄之內群仙方奏霓裳羽衣曲書生前進命璆韶拜夫人夫人褰帷笑曰下域之人而能知禮然服食之氣猶然射人不可近他貴壻可各賜薰髓酒一盃璆韶飲訖覺肌膚温潤稍異常人呼吸皆異香氣夫人問左右誰人召來曰衛符卿李八百夫人曰便令此二童接待於是二童引璆韶於神仙之後縱自璆問曰相者誰曰劉綱侍者誰曰茅盈東鄰女彈箏擊筑者誰曰麻姑謝自然幄中座者誰曰西王母

俄有一人駕鶴而來王母曰久望有玉女問曰禮生來未於是引璆韶進立於碧玉堂下左劉君笑曰適緣蓮花峯士奏章事須决遣尚多未來客何言久望乎王母曰奏章事者有何所爲曰浮梁縣令求延年矣以其人因賄賂履官以苛虐爲政生情於案牘忠恕之道蔑聞唯錐於貨財巧爲之計更作自貽覆餗以促餘齡但以蓮花峯叟狥從於人奏章甚懇特紓死限量延五年璆問劉君誰曰漢朝天子續有一人駕黃龍戴黃祈道以笙歌從以嬪嬙及瑤幄而下王母復問曰李君來何遲曰爲刺龍神設水旱之計作彌淮蔡以殲妖逆漢王曰李百姓何曰上帝亦有此問予一表斷其惑矣曰可得聞乎曰不能悉記略舉大綱耳其表云某縣某克構丕華德洽北庶臨履深薄匪敢怠荒不勞師車平中夏巴蜀之孽不費天府掃東吳上黨之妖九有已見其廓清一方尚屯其氛祲伏以虺蜴肆毒痛於淮蔡豺狼尚猜其口喙螻蟻猶固其封疆若遺時豐人安是稔羣醜但使年饑厲作必搖人心如此倒戈而攻可以席捲禍三州之逆黨所損至微安六合之疾吡其利則厚伏請神龍施水厲鬼行災由此天誅以資戰力漢王曰表至嘉弟既允許可矣前賀誅鋤矣書生謂璆韶此開元天寶太平之主也未頃聞簫韶自空而來執絳節者前唱言穆天子來奏樂羣仙皆起王母避位拜迎二主降階入幄環坐而飲王母曰何不拉取老軒轅來曰他今夕主張月宮之醼非不勤請耳王母又曰瑤池一別後陵谷幾遷移向來觀洛陽東城已坵墟矣定鼎門西路忽焉復新市朝云名利如舊可以悲歎耳穆王把酒請王母歌以珊瑚鉤擊盤而歌曰勸君酒爲君悲且吟曰自從頻見市朝改無復瑤池晏樂心王母持盃穆天子歌曰奉君酒休歎市朝非早知無復瑤池興悔駕驊騮草草歸歌竟與王母話瑤池舊事乃重歌一章云八馬廻乘汗漫風猶思往事憇昭宮晏移南圃情方洽樂奏鈞天曲未終斜漢露凝殘月冷流霞盃泛曙光紅崑崙回首不知處疑是酒酣魂夢中王母

酬穆天子歌曰一曲笙歌瑶水濱會留逸足駐征輪人間甲子迴千歲靈境盃觴初一巡玉兎銀河終不夜奇花好樹鎮長春悄知碧海饒詞句歌向俗流疑悞人酒至漢武帝王母又歌曰珠露金風下界秋漢家陵樹冷脩脩當時不得仙桃力尋作浮塵飄隴頭漢主上王母酒曰五十年四海清自親丹竈得長生若言盡是仙桃力看取神仙簿上名帝把酒曰吾聞丁令威能歌命左右召來令威至帝又遣子晉吹笙以和歌曰月照驪山露泣花似悲仙帝早昇遐至今猶有長生鹿時遶温泉望翠華帝持盃久之王母曰應須召葉靜能來唱一曲當時事靜能續至跪獻帝酒復歌曰幽薊烟塵別九重貴妃湯殿罷歌鐘中宵扈從無全仗大駕蒼黃發六龍粧匣尚留金翡翠暖池猶侵玉芙蓉荊榛一閉朝元路唯有悲風吹晚松歌竟帝悽慘良久諸仙亦慘然於是黃龍持盃亦於車前再拜祝曰上清神女玉京仙郎樂此今夕和鳴鳳凰鳳凰和鳴將翔將翺與天齊休慶流無央仙郎即以鮫綃五千疋海人文錦三千端琉璃琥珀器一百床明月驪珠各十斛贈奏樂仙女乃有四鶴立於車前載仙郎並相者侍者兼有寶化臺俄進法膳凡數十味亦霑及璆韶璆韶飲有仙女捧玉箱托紅牋筆硯而至請催粧詩於是劉綱詩曰玉為質兮花為顏蟬為鬟兮雲為鬢何勞傅粉兮施渥丹早出嫂婷兮縹緲間於是茅盈詩云水晶帳開銀明風搖珠珮連雲清休勻紅粉飾花態早駕雙鸞朝玉京巢父詩曰三星在天銀河迴人間曙色東方來玉苗瓊蘂亦宜夜莫使一花衝曉開詩既入內有環佩聲即有玉女數十引仙郎入帳召璆韶行禮畢二書生復引璆韶辭夫人夫人曰非無至寶可以相贈但爾力不任挈耳各賜延壽酒一盃曰可贈人間半甲子復命衛符卿等引還人間無使歸途寂寞於是二童引璆韶而去折花傾酒步步惜別衛君謂璆韶曰夫人白日上昇驂鸞駕鶴在積習而已未有積德累仁抱才蘊學卒不享爵祿者吾未之信儻吾子塵牢可踰俗桎可脫自今

十五年後侍子於三十六峯頗珍重自愛復出來時車門握手告别别訖行四五步杳失所在唯有嵩山嵯峨倚天得樵徑而歸及還家已歲餘室人招魂葬於北邙之原墳草宿矣於是璆韶捐棄家室同入少室山今不知所在

唐長慶中有裴航秀才因下第遊于鄂渚謁故舊友人崔相國值相國贈錢二十萬遠挈歸于京因傭巨舟載于湘漢同載有樊夫人乃國色也言詞問接帷帳昵洽航雖親切無計道達而會面焉因賂侍妾裊烟而求達詩一章曰同為胡越猶懷想況遇天仙隔錦屏儻若玉京朝會去願隨鸞鶴入青雲詩往久而無答航數詰裊烟烟曰娘子見時若不聞如何航無計因在道求名醞珍果而獻之夫人乃使裊烟召航相識及褰帷而玉瑩光寒花明麗景雲低鬟鬢月淡脩眉舉止烟霞外人肯與塵俗為偶航再拜揖愕胎良久之夫人曰妾有夫在漢南將欲棄官而幽棲巖谷召某一訣耳深哀草擾慮不及期豈更有情留盼他人的不然耶但喜與郎君同舟共濟無以諧謔為意耳航曰不敢飲訖而歸操比冰霜不可干冒夫人後使裊烟持詩一章曰一飲瓊漿百感生玄霜擣盡見雲英藍橋便是神仙窟何必崎嶇上玉清航覽之空愧佩而已然亦不能洞達詩之旨趣後更不復見但使裊烟達寒暄而已遂抵襄漢與使婢挈粧奩不告辭而去人不能知其所造航徧求訪之滅跡匿形竟無蹤兆遂飾粧歸輦下經藍橋驛側近因渴甚遂下道求漿而飲見茅屋三四間低而復隘有老嫗緝麻苧航揖之求漿嫗咄曰雲英擎一甌漿來郎君要飲航訝之憶樊夫人詩有雲英之句深不自會俄於葦箔之下出雙玉手捧瓷航接飲之真玉液也但覺異香氤鬱透于戶外因還甌遽揭箔覩一女子露裛瓊英春融雪彩臉欺膩玉鬢若濃雲嬌而掩面蔽身雖紅蘭之隱幽谷不足比其芳麗也航驚怛植足而不能去因白嫗曰某僕馬甚饑願憩於此當厚答謝幸無見阻嫗曰任郎君自便且遂飯僕秣馬良久謂嫗曰向覩小娘子豔麗驚人姿容擢世所以躊躇而不能適願納厚禮而娶之可乎嫗曰渠已許嫁一人但時未就耳我今老病只有此女孫昨有神仙遺靈丹一刀至但須玉杵臼擣之百日方可就吞當得後天而老君約取此女者得玉杵臼吾當與之也其餘金帛吾無

用處耳航拜謝曰願以百日為期必攜杵臼而至更無他許人嫗曰然航恨恨而去及至京國殊不以舉事為意但於坊曲鬧市喧衢而高聲訪其玉杵臼曾無影響或遇朋友若不相識衆言為狂人數月餘日或遇一貨玉老翁曰近得虢州藥鋪卞老書云有玉杵臼貨之郎君懇求如此吾當為書導達航媿荷珍重果獲杵臼卞老曰非二百緡不可得航乃瀉囊兼貨僕貨馬方及其數遂步驟獨挈而抵藍橋昔日嫗大笑曰有如是信士乎吾豈愛惜女子而不酬其勞哉女亦微笑曰雖然更為吾擣藥百日方議姻好嫗於襟帶間解藥航即擣之晝為而夜息夜則嫗收藥臼於內室航又聞擣藥聲因窺之有玉兔持杵臼而雪光輝室可鑒毫芒於是航之意愈堅如此日足嫗持而吞之曰吾當入洞而告姻戚為裴郎具帳幃遂挈女入山謂航曰但少留此逡巡車馬僕隸迎航而往別見一大第連雲珠扉晃日內有帳幄屏幃珠翠珍玩莫不臻至愈如貴戚家焉仙童侍女引航入帳就禮訖航拜嫗悲泣感荷嫗曰裴郎自是清泠裴真人子孫業當出世不足深媿老嫗也及引見諸賓多神仙中人也後有仙女鬟髻霓衣云是妻之姊耳航拜訖女曰裴郎不相識耶航曰昔非姻好不醒拜侍女曰不憶鄂渚同舟回而抵襄漢乎航深驚怛懇悃陳謝後問左右曰是小娘子之姊雲翹夫人劉綱仙君之妻也已是高真為玉皇之女吏嫗遂遣航將妻入玉峯洞中瓊樓殊室而居之餌以絳雪瓊英之丹體性清虛毛髮紺綠神化自在超為上仙至太和中友人盧顥遇之於藍橋驛之西因說得道之事遂贈藍田美玉十斤紫府雲丹一粒敘話永日使達書于親愛盧顥稽顙曰兄既得道如何乞一言而教授航曰老子曰虛其心實其腹今之人心愈實何由得道之理盧子懵然而語之曰心多妄想腹漏精溢即虛實可知矣凡人自有不死之術還丹之方但子未便可教異日言之盧子知不可請但終宴而去後世人莫有遇者

宜君王老

王老坊州宜君縣人也居於村墅頗好道愛客務行陰德為意其妻亦同心不倦一旦有藍縷道士造其門王老與其妻俱延禮之居月餘間日與王老言談盃酌甚相歡狎俄患遍身惡瘡王老乃求醫藥看療益加勤切而瘡日甚逮將逾年道士謂王老曰此瘡不煩以凡藥相療但得數斛酒浸之自愈於是王老為之精潔釀酒及熟道士言以大瓮盛酒吾自加藥浸之遂入瓮三日方出鬚髮俱黑面顏復少年肌若凝脂王老闔家視之驚異道士謂王老曰此酒可飲能令人飛上天王老信之初瓮酒五斛餘及窺二三斗存耳清冷香美異常時方打麥王老與妻子并打麥人共飲皆大醉道士亦飲云可上天去否王老願隨師所適於是祥風忽起綵雲如蒸屋舍草樹全家人物雞犬一時飛去空中猶聞打麥聲數村人共覩望驚歎唯猫棄而不去風定其傭打麥二人乃遺在別村樹下後亦不食皆得長年宜君縣西三十里有昇仙村存焉

陳復休者號陳七子貞元中來居褒城耕農樵採與常無異如五十許人多變化之術褒有人好事少年承奉之者五六人常為設酒食以求學其術勤勤不已復休約之曰我出西郊行及我者授以術休復徐行羣少年奔走追之終不能及遂止無得其術者後入市衆復奉之不已休復與出郊外坐大樹下語道未竟忽然暴卒須臾臭敗衆皆驚走莫敢迴視自此諸少年不敢干之常狂醉市中褒帥李讜怒而縶於獄中欲加其罪桎梏甚嚴忽不食而死尋即臭爛蟲蛆流出郊外旋亦還家復在市中讜時加禮異為築室於褒城江之南岸遺與甚多略無受者河東柳公仲郢相國周墀燕國公高駢擁旄三州皆威望嚴重而深加禮敬書幣相屬休復亦無所受唯鶴氅布裘受而貯之亦未嘗衣著也昌明令胡微常師事之將赴任留錢五千為復休市酒笑而不取曰吾金玉甚多恨不能用耳以鋤授微使之斸地不二三寸金玉錢貨隨斸而出曰人間之物固若是矣但世人福分有定不合多取若吾用之豈有限約乎微之昌明休復祖之於仙流江上指砂中令微取酒器微攫砂數寸得器皿五六事飲酒畢復埋砂中又戲曰吾於砂中嘗藏菓子今亦應在又令取之皆得蜀相燕公使人致書至褒城所居延召休復同日離褒城使人經旬方達休復當日已至成都而又有一休復與使者偕行未嘗相捨燕公詰於使者益奇待之常於巴南太守筵中為酒妓所侮休復笑視其面須臾妓者鬚長數尺泣訴於守為祈謝休復咒酒一盃使飲之良久如舊又有藥一丸投水中沉浮旋轉任人指呼變化隱顯其類極多不可備載光啟元年大駕還京休復亦至闕下田晉公軍容問至京國幾年安寧曰二十果自問後二十日再幸陳倉後於道中寄詩與田晉公曰夜坐空庭月色微一樹寒梅發兩枝及駕至梁洋邠帥朱玫立襄王監國寒梅兩枝驗矣自是衛駕諳都多在西縣三泉褒斜以來屯駐休復之術素為人所傳俄為人釘其手於柱上尋有人救而拔之竟亦無患

歲餘卒於家葬於江南山下數月好事者掘其墓無復所有見休復在長安駕駐華州休復亦至興
德府矣

殷七七名天祥又名道筌嘗自稱七七俗多呼之不知何所人也遊行天下人言久見之不測其年
壽面光白若四十許人到處或易其姓名不定曾於涇州賣藥時靈臺蕃漢疫癘俱甚得藥者入口
即愈皆謂之神聖得錢卻施於人又嘗醉於城市間周寶舊於長安識之尋為涇原節度延之禮重
慕其道術房中之事及寶移鎮浙西數年後七七忽到復賣藥寶聞之驚喜召之師敬益甚每日醉
歌曰琴彈碧玉調藥鍊白朱砂解醒頃刻酒能開非時花寶常試之悉有驗復求種瓜釣魚若葛仙
翁也鶴林寺杜鵑高丈餘每春末花爛熳寺僧相傳言貞元中有外國僧自天台來盂中以藥養其
根來種之自後構飾花院鏁閉時或窺見三女子紅裳豔麗共遊樹下人有輒採花折枝者必為所
祟俗傳女子花神也是以人共寶惜故繁盛異於常花其花欲開探報分數節使賓僚官屬繼日賞
翫其後一城士女四方之人無不載酒樂遊縱連春入夏自旦及昏閭里之間殆于廢業寶一日謂
七七曰鶴林之花天下奇絕常聞能開非時花此花可開否七七曰可也寶曰今重九將近能副此
日乎七七乃前二日往鶴林宿焉中夜女子來謂七七曰道者欲開此花耶七七乃問女子何人深
夜到此女子曰妾為上玄所命下司此花然此花在人間已逾百年非久即歸閬苑去今與道者共
開之非道者無以感妾於是女子瞥然不見來日晨起寺僧忽訝花漸折蕊及九日爛熳如春乃以
聞寶與一城士庶驚異之遊賞復如春間數日花俄不見亦無落花在地後七七偶到官僚家適值
賓會次主與賓趨而迎奉之有佐酒倡優甚輕侮之七七乃白主人欲以二栗為令可乎咸喜謂必
有戲術資於歡笑乃以栗巡行接者皆聞異香驚歎唯佐酒笑七七者二人作石綴於鼻掣拽不落
但言穢氣不可堪二人共起狂舞花鈿委地相次悲啼粉黛交下及優伶輩一時亂舞鼓樂皆自作
聲頗合節奏曲止而舞不已一席之人笑皆絕倒久之主人祈謝於七七有頃石自鼻落復為栗嗅

之異香及花鈿粉黛悉如舊略無所損咸敬事之又七七酌水為酒削木為脯使人退行指船郎住呼烏自墜噉魚郎活撮土畫地狀山川形勢折茅聚蟻變成城市人有曾經行處見之歷歷皆似但少狹耳凡諸術不可勝紀後二十年薛郎劉浩亂寶南奔杭州而寶總戎為政刑殺無辜前上饒牧陳全裕經其境搆之以禍盡赤其族寶八十三筋力尤壯女妓百數盡得七七之術後為無辜及全裕作厲一旦忽殂七七劉浩軍變之時甘露寺為衆推落北崖謂墜江死矣其後人見在江西十餘年賣藥入蜀莫知所之鶴林犯兵火焚寺樹失根株信歸閬苑矣

張卓者蜀人唐開元中明經及第歸蜀覲省唯有一驢衣與書悉背在上不暇乘但驅而行取便路自斜谷中數日將至洋州驢忽然奔擲入深箐中尋之不得天將暮又無人家欲宿林下且懼狼虎是夜月明約行數十里得大路更三二里見大宅朱門西開天旣明有山童自宅中出卓問求水童歸逡巡見一人朱冠高履曳杖而出卓趨而拜之大仙曰覩子塵中之人何為至此卓具陳之仙曰有緣耳乃命坐賜杯水香滑清冷身覺輕健又設美饌訖就西院沐浴以衣一箱衣之仙曰子骨未成就分當留此某有一女兼欲聘之卓起拜謝是夕成禮數日卓忽思家仙人與卓二朱符二黑符一黑符可置於頭入人家能隱形一黑符可置左臂千里之內引手取之一朱符可置舌上有不可卻者開口示之一朱符可置左足即能蹙地脉及拒非常然勿恃靈符自顛狂耳卓至京師見一大宅人馬駢闐窮極華盛卓入之經數門至廳事見鋪陳羅列賔客滿堂又於帳內粧飾一女年可十五六卓領之潛於中門聞一宅切切之聲云相公失小娘子具事聞奏敕羅葉二師就宅尋之葉公踏步叩齒噴水化成一條黑氣直至卓前見一少年執女衣襟右座一見怒極令前擒之卓因舉臂如抵牆壁終不能近遂以狗馬血潑之又以刀劍擊刺之卓乃開口鋒刃斷折續又敕使宣云斷頸進上卓聞而懼因脫左鞋伸足推之右座及羅葉二師暨敕使皆仰仆焉葉公曰向來入門見非常之氣及其開口果有太乙使者相公但獲愛女何苦相害卓因縱女上使衛兵送歸舊山仙人曳杖途中曰張郎不聽吾語遽遭羅網也侍衛兵士尚隨之仙人以柱杖畫地化為大江波濤浩淼闊三二里妻以霞帔搭於水上須臾化一飛橋在半天之上仙山前行卓次之妻又次之三人登橋而過隨步旋收但見蒼山四合削壁萬重人皆遙禮歸奏玄宗俄發使就山祭醮之因呼為隔仙山在洋州西六十里至今存焉

麒麟客

麒麟客者南陽張茂實客傭僕也茂實家於華山下唐大中初偶遊洛中假僕于南市得一人焉其
名曰王夐年可四十餘傭作之直月五百勤幹無私出於深誠苟有可為不待指使茂實器之易其
名曰大歷將倍其直固辭其家益憐之居五年計酬直盡一旦辭茂實曰夐本居山家業不薄適與
厄會須傭作以禳之固非無資而賣力者今厄盡矣請從此辭茂實不測其言不敢留聽之去日暮
入白茂實曰感君恩宥深欲奉報夐家去此甚近其中景趣亦甚可觀能相逐一遊乎茂實喜曰何
幸然不欲令家人知潛一遊可乎夐曰甚易於是截竹杖長數尺其上書符授茂實曰君杖此入室
稱腹痛左右人悉令取藥去後潛置竹於衾中抽身出來可也茂實從之夐喜曰君真可遊吾居者
也相與南行一里餘有黃頭執青麒麟一赤文虎二候於道左茂實驚欲迴避夐曰無苦但前行既
到前夐乘麒麟茂實與黃頭各乘一虎茂實懼不敢近夐曰相隨請不須畏且此物人間之極俊者
但試乘之遂憑而上穩不可言於是從之上仙掌峰越壑凌山舉意而過殊不覺峻險如到三更計
數百里矣下一山物象鮮媚松石可愛樓臺宮觀非世間所有將及門引者揖曰阿郎何來紫衣吏
數百人羅拜道側既入青衣數十人容色皆殊衣服鮮華不可名狀各執樂器引拜遂于中堂宴食
畢且命茂實坐夐入更衣返坐衣裳冠冕儀貌堂堂然實真仙之風度也其窗戶階闥屏幃茵褥之
盛固非人世所有歌鸞舞鳳及諸聲樂皆所未聞情意高逸不復思人寰之事歡極主人曰此乃仙
居非世人所到以君宿緣合一到此故有逃厄之遇仙俗路殊塵靜難雜君宜歸修其心三五劫後
當復相見夐比者塵緣將盡上界有名得遇太清真人召入小有洞中亦以九天之樂復令下指生
死海波且曰樂雖難求苦亦易遣如為山者掬土增高不掬則止穿則陷天昇高者不上難而下易
乎自是修習經六七劫乃證此身迴視委骸積如山岳曰大海水半是吾宿世父母妻子別泣之淚

然念念修之倏已一世形骸雖遠此不忘修致其功即亦非遠亦時有心遠氣清一言而悟者勉之遺金百鎰為營身之助復來麒麟令黃頭執之負步送到家家人方環泣茂實投金於井中覓抽去竹杖令茂實潛臥衾中負曰我當至蓬萊謁大仙伯明旦蓮花峰上有綵雲車去我之乘也遂揖而去茂實忽呻吟衆驚而問之茂實紿之曰初腹痛時忽若有人見召遂奄然耳不知其多少時也家人曰取藥既迴呼之不應已七日矣唯心頭尚暖故未斂也明日望之蓮花峰上果有綵雲遂棄官遊名山後歸出非中金與眷屬再出遊山後不知所在也

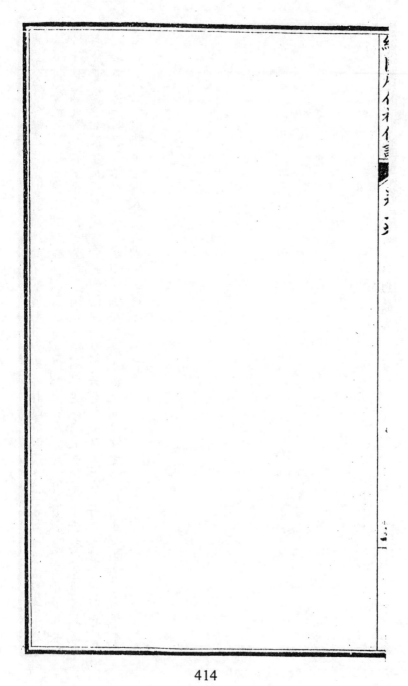

王法進

王法進者劒州臨津人也幼而好道家近古觀雖無道士居之其嬉戲未嘗輕侮於像設也十餘歲有女冠自劒州歷外邑過其家父母以其慕道託女冠以保護之與授正一延生小籙名曰法進而專勤香火齋戒護持亦茹栢絕粒時有感降時三川饑儉斛㪷翔貴死者十五六多採野葛山芊以充饑忽三青童降於其庭謂法進曰上帝以汝夙稟仙骨歸心精誠不忘於道敕我迎汝受事於上京也不覺騰空遲達大帝之所命以玉盃霞漿賜之徐謂曰人處三才之大體天地之和得人形生中土甚不易也天運四時之氣地稟五行之秀生五穀百果以養於人而人不知天地養育之恩輕棄五穀厭捨絲麻使耕農之夫紡績之婦身勤而不得飽力竭而不禦寒徒施其勞曾無愛惜者斯固神明所責天地不佑矣近者地司岳瀆所奏以世人厭擲五穀不貴衣食之本我已敕太華之府收五穀之神所種不成下民饑餓因示罰責以懲其心然旋奉太上慈旨以大道好生務先救物雖天地神明責之愚民不知其過所自固無懺請首原之路汝當為上宮侍童入侍天府今且令汝下歸於世告喻下民使其悔罪寶愛農桑此亦汝之陰功也命侍女以靈寶清齋告謝天地儀一軸付之使傳行於世曰令世人相率於幽山高静之所致齋悔謝一年再為之則宿罪可除穀父蠶母之神為致豐衍矣龍虎之年復當召汝即今清齋天公告謝之法是也法進以天寶十二年壬辰遂復昇天

維揚十友者皆家產麤豐守分知足不于祿位不貪貨財慕玄知道者也相約為友若兄弟焉時海內大安民人胥悅遂以酒食為娛自樂其志始於一家周于十室率以為常忽有一老叟衣服滓弊氣貌羸弱似貧窶不足之士也亦著麻衣領十人來以造其會衆既適情亦皆憫之不加斥逐醉飽自去莫知所之一旦言於衆曰余力困之士也幸衆人許陪坐末不以為責今十人置宴皆得預之席既周畢亦願力為一會以答厚恩約以他日願得同往至期十友如其言相率以待凌晨貧叟果至相引徐步詣東塘郊外不覺為遠草莽中茆屋兩三間傾側欲摧引入其下有丐者數輩在焉皆是蓬髮鶉衣形狀穢陋叟至丐者相顧而起墻立以俟其命叟令掃除舍下陳列蘧蒢布以菅席相邀環坐日既旰矣咸有饑色久之各以醯鹽竹筋置於客前逡巡數輩共舉一巨板如案長四五尺設於席中以油帊幕之十友相顧謂必濟饑甚以為喜既撒油帊氣燑燑然尚未可辨久而視之乃是蒸一童兒可十數歲已糜爛矣耳目手足半已墮落叟揖讓勸勉使衆就食衆深嫌之多託以飫飽亦有忿恚逃去都無肯食者叟縱意飡啖似有盈味食之不盡即命諸丐擎去令盡食之因謂諸人曰此所食者千歲人參也頗甚難求不可一遇吾得此物感諸公延遇之恩聊欲相報且食之者白日昇天身為上仙衆既不食其命也夫衆驚異悔謝未及叟促問諸丐令食訖即來俄而丐者化為青童玉女幡蓋導從與叟一時昇天十友剗心追求更莫能見

金可記新羅人也賓貢進士性沉靜好道不尚華侈或服氣鍊形自以為樂博學強記屬文清麗美姿容舉動言談逈有中華之風俄擢第於終南山子午谷葺居懷隱逸之趣手植奇花異果極多常焚香靜坐若有思念又誦道德及諸仙經不輟後三年思歸本國航海而去復來衣道服却入終南務行陰德人有所求初無阻拒精勤為事人不可偕也唐大中十一年十二月忽上表言臣奉玉皇詔為英文臺侍郎明年二月二十五日當上昇時宣宗極以為異遣中使徵入內固辭不就又求玉皇詔辭以為別仙所掌不留人間遂賜宮女四人香藥金綵又遣中使二人專伏侍者可記獨居靜室宮女中使多不接近每夜聞室內常有客談笑聲中使竊窺之但見仙官仙女各坐龍鳳之上儼然相對復有侍衛非少而宮女中使不敢輒驚二月二十五日春景妍媚花卉爛熳果有五雲唳鶴翔鸞白鵠笙簫金石羽蓋瓊輪幡幢滿空仙仗極衆昇天而去朝列士庶觀者填隘山谷莫不瞻禮歎異

弘農楊真伯幼有文性耽翫書史以至忘寢食父母不能禁止時或奪其脂燭匿其詩書真伯頗以為患遂逃過洪饒間於精舍空院肄習半年餘中秋夜習讀次可二更已來忽有人扣學窗牖間真伯淫於典籍不知也俄然有人啟扉而入乃一雙鬟青衣言曰女郎久棲幽隱服氣茹芝多往來洞庭雲水間知君子近至此又骨氣清淨志操堅白願盡款曲真伯殊不應青衣自反三更後聞戶外珩璜環珮之聲異香芬馥俄而青衣報女郎且至年可二八冠碧雲鳳翼冠衣紫雲霞日月衣精光射人逡巡就坐真伯殊不顧問一言久之於真伯案取硯青衣薦牋女郎書札數行憮然而去真伯因起乃視其所留詩曰君子竟執逆無由達誠素明月海上山秋風獨歸去其後亦不知女郎是何人也豈非洞庭諸仙乎覩其詩思豈人間之言歟

韓愈外甥

唐吏部侍郎韓愈外甥忘其名姓幼而落拓不讀書好飲酒弱冠往洛下省骨肉乃慕雲水不歸僅二十年杳絕音信元和中忽歸長安知識闒茸衣服滓敝行止乖角吏部以久不相見容而恕之一見之後令於學院中與諸表話論不近詩書殊若土偶唯與小臧賭博或醆中醉卧三日五日或出宿於外吏部懼其犯禁陷法時或勗之暇日偶見問其所長云善卓錢鍋子試令為之植一鐵條尺餘百步內卓三百六十錢一一穿之無差失者書亦旋有詞句以資笑樂又於五十步內雙鉤草天下太平字點畫極工又能於鑪中累三十斤炭支三日火火勢常熾日滿乃消吏部甚奇之問其修道則玄機清話該博真理神仙中事無不詳究因說小伎云能染花紅者可使碧或一朵具五色皆可致之是年秋與吏部後堂前染白牡丹一叢云來春必作含稜碧色內合有金含稜紅間暈者四面各合有一朵五色者自劚其根下置藥而後栽培之俟春為驗無何潛去不知所之是歲上迎佛骨於鳳翔御樓觀之一城之人忘業廢食吏部上表直諫忤旨出為潮州刺史至商山泥滑雪深頗懷鬱鬱忽見是甥迎馬首而立拜起勞問扶鐙接轡意甚慇懃至翌日雪霽送至鄧州乃曰吏部曰某師在此不得遠去將入玄扈倚帝峰矣吏部驚異其言問其師即洪崖先生也東園公方使柔金水玉作九華丹火候精微難於暫捨吏部加敬曰神仙可致乎至道可求乎曰得之在心失之亦心校功銓善黜陟之嚴做王禁也其他日復當起居請從此逝吏部為五十六字詩以別之曰一封朝奏九重天夕貶潮陽路八千本為聖朝除弊事豈將衰朽惜殘年雲橫秦嶺家何在雪擁藍關馬不前知汝遠來應有意好收吾骨瘴江邊與詩訖揮淚而別行入林谷其速如飛明年春牡丹花開數朵花色一如其說但每一葉花中有楷書十四字曰雲橫秦嶺家何在雪擁藍關馬不前書勢精能人工所不及非神仙得道立見先知何以及於此也或云其後吏部復見之亦得其月華度世之道

而迹未顯陋

劉𥊍音潛小字宜哥唐宰相瞻之兄也𥊍家貧好道嘗有道士經其家見𥊍異之乃問知道否曰知之某性鈍俗氣業應未淨遽可彊學邪道士曰能相師乎𥊍曰何敢於是師事之道士命𥊍曰山棲求道無必裹巾𥊍遂了髻布衣隨道士入羅浮山初𥊍與瞻俱讀書為文而𥊍性唯高尚瞻情慕榮達𥊍嘗謂瞻曰鄙必不第則逸於山野爾得第則勞於塵俗竟不及於鄙也然慎於富貴四十年後當驗矣瞻曰神仙遐遠難求秦皇漢武非不區區也廊廟咫尺易致焉周張嘉貞可以繼踵矣自後𥊍愈精思於道乃隱於羅浮瞻進士登科屢歷清顯及昇輔相頗著燮調之稱俄謫日南行次廣州朝臺泊舟江濱忽有了角布衣少年衝暴雨而來衣履不濕云欲見瞻左右皆訝乃詰之但言宜哥來也以白瞻閽形狀具以對瞻驚歎乃迎入見之𥊍顏貌可二十來瞻以皤然衰朽方為逐臣悲喜不勝𥊍復勉之曰與余為兄弟手足所痛曩曰之言今四十年矣瞻亦感歎謂𥊍曰可復修之否𥊍曰身邀榮寵職和陰陽用心動靜能無損乎自非茅家阿兄已昇天仙詎能救爾今唯來相別非來相救也於是同舟行別話平生隔濶之事一夕失瞻所在今羅浮山中時有見者𥊍遂南適歿於貶所矣

唐相國盧公鈞進士射策為尚書郎以疾出為均州刺史到郡疾稍加羸瘠不耐見人常於郡後山齋養性獨處左右接侍亦皆遠去非公呼召莫敢前也忽一人衣飾敝故踰垣而入云姓王問其所自云山中來公笑而謂之曰即王山人也此來何以相救王曰公之貴位極人臣而壽不永災運方深由是有沉綿之疾故相救耳山齋無水公欲召人取湯茶之屬王止之以腰巾蘸於井中解丹一粒捩腰巾之水以咽丹與之約曰此後五日疾當愈矣康愈倍常後三年當有大厄勤立陰功救人憫物為意此時當再相遇在夏之初也自是盧公疾愈旬日平復明年解印還京署鹽鐵判官夏四月於務本東門道左忽見山人尋至盧宅喜而言曰君今年第二限終為災極重也以君為郡去年雪冤獄活三人之命災已息矣今此月內三五日小不康而已固無憂也翌日山人使二僕持錢十千於狗脊坡分施貧病而已自此復去云二十三年五月五日午時可令一道士於萬山頂相候此時君節制漢土當有月華相授勿愆期也自是公揚歷清切便藩貴盛後出鎮漢南之明年已二十三年矣及期命道士牛知微五日午時登萬山之頂山人在焉以金丹二使知微吞之謂曰子有道氣而寡陰功未契道品更宜勤修也以金丹十粒令授於公曰當享上壽無忘修鍊世限既畢佇還蓬宮耳與知微揖別忽不復見其後知微年八十餘狀貌常如三十許盧公年九十耳目聰明氣力不衰既終之後異香盈室矣

貴冠卿池州人也進士擢第將歸故鄉別相國鄭公餘慶公素與秋浦劉令友善喜貴之行託以寓書焉手札盈幅緘以授貴戒之曰劉令久在名場所以不登甲乙之選者以其褊率不拘於時舍科甲而就卑官可善遇之也貴因請公略批行止書末責其因所慰薦稍垂青眼公然之發函批數行復緘如初貴至秋浦先投刺於劉劉閱刺委諸案上略不顧眄貴悚立俟命久而無報疑其不可也即以相國書授閽者劉發緘覽畢慢罵曰鄭某老漢用此書何為劈而棄之貴愈懼排門而入趨拜於前劉忽閔然顧之揖坐與語日暮矣劉促令排店貴曰日已昏黑或得逆旅之舍亦不及矣乞於廳廡之下席地一宵明日徐詣店所即自解囊裝舒氈席於地劉即拂衣而入良久出曰此非待賓之所有閣子中既而閉門鎖繫甚嚴貴莫知所以據榻而息是夕月明於門隙中窺其外悄然無聲見劉令自執箒畚掃除堂之內外庭無啀壁摩不周悉貴異其事危坐屏息不寐而伺焉將及一更忽有異香之氣郁烈殊常非人世所有良久劉執版恭立於庭似有所候香氣彌甚即見雲冠紫衣仙人長八九尺數十人擁從而至劉再拜稽首此仙人直詣堂中劉立侍其側俄有筵席羅列餚饌奇果香聞閣下貴聞之已覺氣清神爽須臾奏樂飲酒命劉令布席於地亦侍飲焉樂之音調亦非人間之曲仙人忽問劉曰得鄭某信否對曰得信甚安頃之又問得鄭某書否對曰貴冠卿先輩自長安來得書笑曰貴冠卿且喜及第也今在此邪對曰在仙人曰吾未合與之相見且與一杯酒但向道早修行即得相見矣即命劉酌酒一杯送閣子中貴窺見劉自呷酒半盃即以階上盆中水投杯中疑而未飲仙人忽下階與徒從乘雲而去劉拜辭嗚咽仙人戒曰爾見鄭某但令修行即當相見也既去劉郎詣閣中見酒猶在驚曰此酒萬劫不可一遇何不飲也引而飲之貴力爭得一兩呷劉郎與冠卿為修道之友卜居九華山以左拾遺徵竟不起鄭相國尋亦去世劉貴頗秘其事不知

所降是何真仙也

吳興沈彬少而好道及致仕歸高安恒以朝修服餌為事嘗遊郁木洞觀忽聞空中樂聲仰視雲際見女仙數十冉冉而下還之觀中徧至像前焚香良久乃去彬匿室中不敢出既去入殿視之几案上皆有遺香彬悉取置爐中已而自悔曰吾平生好道今見神仙而不能禮謁得仙香而不能食之是其無分歟初彬恒誡其子云吾所居堂中正是吉地即葬之及卒如其言掘地得自然塼壙製作甚精塼上皆作吳興字彬年八十餘卒後豫章有漁人投生米於潭中捕魚不覺行遠忽入一石門煥然明朗行數百步見一白髯翁諦視之頗類於彬謂漁人曰此非爾所宜來速出猶可漁人遽出登岸云入水已三日矣故老有知者云此即西仙天寶洞之南門也

軒轅彌明者不知何許人在衡湘間往來九十餘年善捕逐鬼物能囚拘蛟螭虎豹人莫知其壽進士劉師服常於湘南遇之元和七年壬辰十二月四日將自衡山遊太白還京師與師服相值師服招其止宿有校書郎侯喜新有詩名擁爐夜坐與劉説詩彌明在其側貌極醜白鬚黑面長頸而高結喉中又作楚語喜視之若無人彌明忽掀衣張眉指爐中古鼎謂喜曰子云能詩與我賦此乎師服以衡湘舊識見其老貌頗敬之不知其有文也聞此説大喜即援筆而題其首兩句曰巧匠琢山骨刳中事煎烹次傳與喜喜踴躍而綴其下曰外苞乾蘚文中有暗浪驚題訖吟之彌明啞然笑曰子詩如是而已乎即袖手竦肩倚北墻坐謂劉曰吾不解世俗書子為吾書之因高吟曰龍頭縮菌蠢豕腹脹彭亨初不似經意詩旨有似譏喜二子相顧慚駭然欲以多窮之即賦兩句以授喜曰大若烈士膽圓如戴馬纓喜又成兩句曰在冷足自安遭焚意彌貞彌明又令師服書曰秋瓜未落蒂凍芋強抽萌師服又吟曰磨礱去圭角浮潤著光精訖又授喜喜思益苦務欲壓彌明每營度欲出口吻吟聲益悲操筆欲書將下復止亦竟不能奇曰旁有雙耳穿上為孤髻撐吟竟彌明曰時於蚯蚓竅微作蒼蠅聲其不用意如初所言益奇不可附説語皆侵二子夜將闌二子起謝曰尊師非常人也某等伏矣願為弟子不敢更詩彌明奮曰不然此章不可以不成也謂劉曰把筆把筆吾與汝就之即又連唱曰何當出灰炮無計離餅罌謬居鼎鼐間長使水火爭形模婦女笑度量兒童輕徒爾堅貞性不過升合盛寧依煖熱敝不與寒涼并忽罹翻溢愆實負任使誠陋質荷斟酌狹中愧提挈豈能煮仙藥但未污羊羹區區徒自做瑣瑣安足呈難比俎豆用不為手所撜願君勿嘲誚此物方施行師服書訖即使讀之畢謂二子曰此皆不足與語此寧為文耶吾就子所能而作耳非吾之所學於師而能者也吾所能者子皆不足以聞也豈獨文乎哉吾閉口矣二子大懼皆起立床下拜

曰不敢他有問也願一言而已先生稱吾不解人間書敢鼓解何書請聞此而已累問不應二子不自得卽退就坐彌明倚牆睡鼻息如雷鳴二子但恐失色不敢喘息斯須曙問鼕鼕二子亦困遂坐睡及覺驚顧已失彌明所在問童奴曰天且明道士起出門若將便旋然久不返覓之已不見矣二子驚惋自責因携詩詣昌黎韓愈問此何人也愈曰余聞有隱君子彌明豈其人耶遂為石鼎聯句序行於代焉

蔡少霞者陳留人也性情恬和幼而奉道早歲明經得第選蘄州參軍秩滿漂寓江浙間久之再授兗州泗水丞遂於縣東二十里買山築室為終焉之計居處深僻俯瞰龜蒙水石雲霞竟象殊勝少霞世累早絕尤諳夙尚偶一日沿溪獨行忽得美蔭因憩焉神思昏然不覺成寐因為褐衣鹿幘之人夢中召去隨之遠遊乃至城郭一所碧天虛曠瑞日曈曨人俗潔淨卉木鮮茂少霞舉目移足惶惑不寧即被導之令前經歷門堂深邃莫測遙見玉人當軒獨立少霞遽修敬謁玉人謂曰愍子虔心今宜領事少霞靡知所謂復為鹿幘人引至東廊止于石碑之側謂少霞曰召君書此賀遇良因少霞素不工書即極辭讓鹿幘人曰但按文而錄胡乃拒違俄有二童自北而來一捧牙箱內有兩幅紫絹文書一齋筆硯即付少霞凝神搦管頃刻而畢因覽讀之已記于心矣題云蒼龍溪新宮銘紫陽真人山玄卿撰良常西麓源澤東洩新宮宏宏崇軒巘巘雕珉盤礎鏤檀楝泉碧瓦鱗差瑤瑎昉截閶凝瑞霞樓橫祥霓騶虞巡徼昌明捧閽珠樹規連玉泉矩洩靈飈遐集聖日俯晰太上游詣無極便闕百神守護諸真班列仙翁鵠立道師水潔飲玉成漿饌璜為屑桂旗不動蘭幄互設妙樂競奏流鈴閒發天籟虛徐風簫泠澈鳳歌諧律鶴舞會節三變玄雲九成絳雪易遷徒語童初詎說方更周視遂為鹿幘人促之忽遽而返醒然遂寤急命紙筆登即紀錄自是兗豫好奇之人多詣少霞謁訪其事有鄭還古者為立傳焉且少霞乃孝廉一叟耳固知其不妄矣

熊皦補闕說頃年有伊用昌者不知何許人也其妻甚少有殊色音律女工之事皆曲盡其妙夫雖饑寒丐食終無愧意或有豪富子弟以言笑戲調常有不可犯之色其夫能飲多狂逸時人皆呼為伊風子多遊江左廬陵宜春等諸郡出語輕忽多為衆所毆擊愛作望江南詞夫妻唱和或宿於古寺廢廟間遇物即有所詠其詞皆有旨熊只記得詠鼓詞云江南鼓梭肚兩頭欒釘着不知侵骨髓打來只是没心肝空腹被人漫餘多不記江南有芒草貧民採之織屨緣地土卑濕此草耐水而貧民多着之伊風子至茶陵縣門大題云茶陵一道好長街兩畔栽柳不栽槐夜後不聞更漏鼓只聽鎚芒織草鞋時縣官及胥吏大為不可遭衆人亂毆逐出界江南人呼輕薄之詞為覆窠其妻告曰常言小處不要覆窠而君須要覆窠之譬如騎惡馬落馬足穿鐙非理傷墮一等君不用苦之如是夫妻俱有輕薄之態天祐癸酉年夫妻至撫州南城縣所有村民斃一犢夫妻丐得牛肉一二十觔於鄉校內烹炙一夕俱食盡至明夫妻為肉所脹俱死於鄉校內縣鎮吏民以蘆蓆裹尸於縣南路左百餘步而瘞之其鎮將姓丁是江西廉使劉公親隨一年後得替歸府劉公已薨忽一旦於北市棚下見伊風子夫妻唱望江南詞乞錢既相見甚喜便敘舊事執丁手上酒樓三人共飲數酙丁大醉而睡伊風子遂索筆題酒樓壁云此生生在此生先何事從玄不復玄已在淮南雞犬後而今便到玉皇前題畢夫妻連臂高唱而出城遂渡江至遊帷觀題真君殿後其銜云定億萬兆恒沙軍國主南方赤龍神王伊用昌詞云日日祥雲瑞氣連應儂家作大神仙筆頭灑起風雷力劍下驅馳造化權更與戎夷添禮樂永教胡虜絕烽烟列仙功業只如此直上三清第一天題罷連臂入西山時人皆見躡虛而行自此更不復出其丁將於酒樓上醉醒懷內得紫金一十兩其金並送在淮海南城縣後人開其墓只見蘆蓆兩領裹爛牛肉十餘觔臭不可近餘更無別物熊言六七歲時猶記識

伊風子或着道服稱伊尊師熊嘗於頂上患一癰瘤疼痛不可忍伊尊師含三口水噀其癰便潰並不為患至今尚有痕在熊言親睹其事非謬說也

西王母者九靈太妙龜山金母也一號太虛九光龜臺金母元君乃西華之至妙洞陰之極尊在昔道氣凝寂湛體無為將欲啟廸玄功化生萬物先以東華至真之氣化而生木公木公生於碧海之上蒼靈之墟以主陽和之氣理於東方亦號曰東王公焉又以西華至妙之氣化而生金母金母生於神州伊川厥姓侯氏生而飛翔以主元毓神玄奧於眇莽之中分大道醇精之氣結氣成形與東王公共理二氣而育養天地陶鈞萬物矣柔順之本為極陰之元位配西方母養羣品天上天下三界十方女子之登仙者得道者咸所隸焉所居宮闕在龜山春山西那之都崑崙之圃閬風之苑有城千里玉樓十二瓊華闕光碧之堂九層玄室紫翠丹房左帶瑤池右環翠水其山之下弱水九重洪濤萬丈非飈車羽輪不可到也所謂玉闕暨天綠臺承霄青琳之宇朱紫之房連琳綵幌明月四朗戴華勝佩虎章左侍仙女右侍羽童寶蓋沓映羽摻蔭庭軒砌之下植以白環之樹丹剛之林空青萬條瑤幹千尋無風而神籟自韻琅琅然皆九奏八會之音也神州在崑崙之東南故爾雅云西王母日下是矣又云王母蓬髮戴華勝虎齒善嘯者此乃王母之使金方白虎之神非王母之真形也元始天王授以方天元統龜山九光之籙使制召萬靈統括真聖監盟證信總諸天之羽儀天尊上聖朝晏之會考校之所王母皆臨訣焉上清寶經三洞玉書凡有授度咸所關預也黃帝討蚩尤之暴威所未禁而蚩尤幻變多方徵風召雨吹烟噴霧師衆大迷帝歸息太山之阿昏然憂寢王母遣使者被玄狐之裘以符授帝曰太一在前天一在後得之者勝戰則克矣符廣三寸長一尺青瑩如玉丹血為文佩符之畢王母乃命一婦人人首鳥身謂帝曰我九天玄女也授帝以三宮五意陰陽之略太一遁甲六壬步斗之術陰符之機靈寶五符五勝之文遂克蚩尤於中冀剪神農之後誅榆罔於阪泉天下大定都於上谷之涿鹿又數年王母遣使白虎之神乘白鹿集於帝庭授以地

圖其後虞舜攝位王母遣使授舜白玉環舜即位又授益地圖遂廣黃帝之九州為十有二州王母又遣使獻舜白玉琯吹之以和八風尚書帝驗期曰王母之國在西荒也昔茅盈字叔申王褒字子登張道陵字輔漢洎九聖七真凡得道授書者皆朝王母於崑陵之闕焉時叔申道陵侍太上老君乘九蓋之車控飛虬之軌越積石之峰濟弱流之津浮白水凌黑波顧眄倏忽詣王母於闕下子登清齋三月王母授以瓊華寶曜七晨素經茅君從西城王君詣白玉龜臺朝謁王母求長生之道曰盈以不肖之軀慕龍鳳之年欲以朝菌之脆求積朔之期王母愍其勤志告之曰吾昔師元始天王及皇天扶桑帝君授我以玉環金璫二景纏煉之道上行太極下造十方溉月咀日入天門名曰玄真之經今日授爾宜勤修焉囙敕西城王君一一解釋以授焉又周穆王時命八駿與七華之士使造父為御西登崑崙而賓於王母穆王持白珪重錦以為王母壽事具周穆王傳至漢武帝元封元年七月七日夜降生漢宮語在漢武帝傳內此不復載焉

卷三
雲華夫人

雲華夫人王母第二十三女太真王夫人之妹也名瑤姬受徊風混合萬景鍊神飛化之道嘗東海遊還過江上有巫山焉峰巖挺拔林壑幽麗巨石如壇留連久之時大禹理水駐山下大風卒至崖振谷隕不可制因與夫人相值拜而求助即敕侍女授禹策召鬼神之書因命其神狂章虞余黃魔大翳庚辰童律等助禹斵石疏波決塞導阨以循其流禹拜而謝焉禹嘗詣之崇巘之巔顧眄之際化而為石或倏然飛騰散為輕雲油然而止聚為夕雨或化遊龍或為翔鶴千態萬狀不可親也禹疑其狡獪怪誕非真仙也問諸童律律曰天地之本者道也運道之用者聖也聖之品次真人仙人也其有稟氣成真不修而得道者木公金母是也蓋二氣之祖宗陰陽之原本仙真之主宰造化之元光雲華夫人金母之女也昔師三元道君受上清寶經受書於紫清闕下為雲華上宮夫人主領教童真之士理在玉英之臺隱見變化蓋其常也亦由凝氣成貞與道合體非寓胎稟化之形是西華少陰之氣也且氣之彌綸天地經營動植大包造化細入毫髮在人為人在物為物豈止於雲雨龍鶴飛鴻騰鳳哉禹然之後往詣焉忽見雲樓玉臺瑤宮瓊闕森然既靈官侍衛不可名識獅子抱關天馬啓塗毒龍電獸八威備軒夫人宴坐于瑤臺之上禹稽首問道召禹使坐而言曰夫聖匠肇興剖大混之一樸發為億萬之體發大蘊之一苞散為無窮之物故步三光而立乎晷景封九域而制乎邦國刻漏以分晝夜寒暑以成歲紀兑離以正方位山川以分陰陽城郭以聚民器械以衛衆輿服以表貴賤禾黍以備凶歉凡此之制上稟乎星辰而取法乎神真以養有形之物也是故日月有幽明生殺有寒暑雷震有出入之期風雨有動靜之常清氣浮乎上而濁衆散于下廢興之數治亂之運賢愚之質善惡之性剛柔之氣壽夭之命貴賤之位尊卑之叙吉凶之感窮達之期此皆稟之於道懸之於天而聖人為紀也性發乎天而命成乎人立之者天行之者道道存則有道去則非

道無物不可存也非修不可致也玄老有言致虛極守静篤萬物將自復復謂歸於道而常存也道之用也變化萬端而不足其一是故天参玄玄地参混黄人参道德去此之外非道也哉長久之要者天保其玄地守其物人養其氣所以全也則我命在我非天地殺之鬼神害之失道而自逝也至乎哉勤乎哉子之功及於物矣勤逮於民矣善格乎天矣而未聞至道之要也吾昔於紫清之闕受書寶而勤之我師三元道君曰上真内經天真所寶封之金臺佩入太微則雲輪上往神武抱關振衣瑶房遨宴希林左招仙公右棲白山而下眄太空汎乎天津則乘雲騁龍遊此名山則真人詣房萬人奉衛山精伺迎動有八景玉輪静則宴處金堂亦謂之太上玉佩金璫之妙文也汝將欲越巨海而無飈輪渡飛砂而無雲軒陟阸塗而無所攀涉泥波而無所乘陸則困於遠絶水則懼於漂淪將欲以導百谷而濬萬川也危乎悠哉太上愍汝之至亦將授以靈寶真文陸策虎豹水制蛟龍斷馘千邪檢馭羣凶以成汝之功也其在乎陽明之天也吾所授寶書亦可以出入水火嘯吒幽冥收束虎豹呼召六丁隱淪八地顛倒五星久視存身與天相傾也因命侍女陵容華出丹玉之笈開上清寶文以授禹拜受而去又得庚辰虞余之助遂能導波決川以成其功奠五岳别九州而天錫玄珪以為紫庭真人其後楚大夫宋玉以其事言於襄王王不能訪道要以求長生築臺於高唐之館作陽臺之宫以祀之宋玉作神仙賦以寓情荒淫穢蕪高真上仙豈可誣而降之也有祠在山下世謂之大仙隔岸有神女之石即所化也復有石天尊神女壇側有竹垂之若篲有稿葉飛物着壇上者竹則因風掃之終瑩潔不為所污楚人世祀焉

太真夫人王母之小女也年可十六七名婉字羅敷遂事玄都太真王有子為三天太上府司直主總糺天曹之違錯比地上之卿佐年少好遊逸委官廢事有司奏劾以不親局察降主事東岳退真王之編司鬼神之師五百年一代其職夫人因來視之勵其使修守政事以補其過過臨淄縣小吏和君賢為賊所傷殆死夫人見愍問之君賢以實對夫人曰汝所傷乃重刃關於肺腑五臟泄漏血凝絳府氣激傷外此將死之厄也不可復生如何君賢知是神人扣頭求哀夫人於肘後筒中出藥一丸大如小豆即令服之登時而愈血絕創合無復慘痛君賢再拜跪曰家財不足不知何以奉答恩施唯當自展駑力以報所受耳夫人曰汝必欲謝我亦可隨去否君賢乃易姓名自號馬明生隨夫人執役夫人還入東岳岱宗山峭壁石室之中上下懸絶重岩深隱去地千餘丈石室中有金床玉几珍物奇瑋人跡所不能至明生初但入學授金創方既見神仙來往及知有不死之道旦夕供給掃洒不敢懈倦夫人亦以鬼怪虎狼及眩惑衆變試之明生神情澄正終不恐懼又使明生他行別宿因以好女戲調親接之明生心堅靜固無邪念夫人他行去十日五日一還或一月二十日輒見有仙人賓客乘龍騎駕虎豹往來或有拜謁者真仙彌日盈坐客到輒令明生出外別室中或立致精細廚食餚果香酒奇漿不可名目或呼坐與之同飲食又聞空中有琴瑟之音歌聲宛妙夫人亦時自彈琴有一絃而五音並奏高朗響激聞於數里衆鳥皆聚集於岫室之間徘徊飛翔驅之不去殆天人之樂自然之妙也夫人棲止常與明生同石室中而異榻幽寂之所唯二人或行去亦不道所往但見常有一白龍來迎夫人即着雲光繡袍乘龍而去袍上專是明月珠綴衣領帶玉佩戴金華太玄之冠亦不見有從者既還龍即自去所居石室玉床之上有紫錦被褥紫羅帳帳中服玩瑰金函玉玄黃羅列非世所有不能一一知其名也有兩卷素書題曰九天太上道經明生亦不敢

發視其文唯供灑掃守嚴室而已如此五年愈加勤肅夫人歎而謂之曰汝真可教必能得道者也以子俗人而不淫不慢恭仰靈氣終莫之廢雖欲求死焉可得乎因以姓氏本末告之曰我久在人間今奉天皇命又按太上召不復得停念汝專謹故以相語欲教汝長生之方延年之術而我所受服以太和自然龍胎之醴適可撥三天真人不可以教始學固非汝所得聞縱或聞之亦不能用以持身也有安期先生燒金液丹法其方秘要立可得用是元君太乙之道白日昇天者矣明日安期當來吾將以汝付囑焉汝相隨稍久其術必傳明日安期先生果至乘駮驎着朱衣遠遊冠帶玉佩及虎頭般革囊視之年可二十許潔白嚴整從可六七仙人皆執節奉衛見夫人拜揖甚敬自稱下官須臾設酒果廚膳飲宴半日許安期自說昔與夫人遊安息國西海際食棗異美此間棗殊不及也憶此未久已二十年矣夫人云吾昔與君共食一棗乃不盡此間小棗那可比耶安期曰下官先日往九河見司陰與西漢夫人共遊見問以陽九百六之期聖主受命之劫下官答以幼稺未識運厄之紀別當　太真王夫人令既賜坐願請此數夫人曰期運漫汗非君所能卒知夫天地有大陽九大百六小陽九小百六天厄謂之陽九地虧謂之百六此二災是天地之否泰陰陽九地之孛蝕也大期九千九百年小期三千三十年而此運所鍾聖人所不能禳今大厄猶未然唐世是小陽九之始計訖來甲申歲百六將會矣爾時道德方隆凶惡頓肆聖君受命乃在壬辰無復千年亦尋至也西漢夫人俱已經見所以相問當是相試耳然復是司陰君所局夫陽九者天旱海消而陸自燋百六者海竭而陵自填四海水減滄溟成山連城之鯨萬丈之鮫不達期運之度唯叩天而索水詞訟紛紜布於上府三天煩於省察司命亦疲於按對九河之口是赤水之所衝其深難測今已漸相入氣蒸於山澤流沙塵於原口於是四海俱會羣龍鼓舞爾乃須甲申之年將飛洪倒流今水母上

天門而告期積石開萬泉而通路飛陰風以撓蒼生注玄流以布遐邇洋溢在數年之中漫衍終九載之暮既得道之真體靈合妙至其時也但當騰虛空而眄山陵遊浮岳而視廣川乘玄鴻以湊州城御虬革而邁景雲耳咄嗟之閒忽焉便適可以翔身娛目豈足經意乎當今日且論酒事何用此為也因指明生向安期曰此子有心向慕殆可教訓昔遇因緣遂來見隨雖質織未靈而淫欲已消今未可授玄和太真之道且欲令就君受金液丹方君有得爾便宜將去夫流俗之人心肺單危經胃肉薄血津疲羸用脊不注其眼唇口不辨其機蓋大慈而不合天人欲奔走而不及靈飛適宜慰撫以成其志不可試以仙變八威也切勿刻令其失正矣安期曰諾但恐道淺術薄不足以訓授耳下官昔受此方於漢成丈人此則先師之成法實不敢倉卒而傳要當令在二千年之內必使其關天路矣下官往與女郎俱會玄丘觀九陔之磐硌望弱水而東流賜酣玄碧之香酒不覺高卑而詠同當開尊筴靈籙偶見玉胎瓊膏之方服之刀圭立登雲天解形萬變上為真皇此術徑妙蓋約於金液之華又速於霜雪九轉之鋒令非敢有譏捨近而從遠棄邇而追煩實思闡神方之品第願知真仙之高尊卑降有時非所宜論瓊腴之方必是侍者未可得用邪夫人曰君未知乎此是天皇之靈方乃天真所宜用非俗流下尸所能闚闢也仙方凡有九品一名太和自然龍胎之醴二名玉胎瓊液之膏三名飛丹紫華流精四名朱光雲碧之腴五名九種紅華神丹六名太清金液之華七名九轉霜雪之丹八名九鼎雲英九名雲光石流飛丹此皆九轉之次第也得仙者亦有九品第一上仙號天九真王第二次仙號三天真王第三號太上真人第四號飛天真人第五號靈仙第六號真人第七號靈人第八號飛仙第九號仙人此九仙之品第也各有差降不可超學彼知金液已為過矣至於玉皇之所餌非淺學所宜聞君雖得道而久在世上囂濁染於正氣塵垢鼓於三一猶未

可登三天而朝太上邁扶桑而謁太真玉胎之方尚未可諭何況下才而令聞其篇目耶安期有慚色退席曰下官實不知靈藥之妙品殊乃爾信駭聽矣因自陳曰下官曾聞女郎有九天太真道經清虛鏡無鑒朗玄冥誠非下才可得仰瞻然天遇彌久接引每重不自省量希乞教訓不審其書可得見乎如暫覩眄太真則魚目易質矣夫人哂爾而笑良久曰太上道殊真府遐邈將非下才可得交關君但當弘令之功無代非分之勞矣我正爾暫北到玄洲東詣方丈漱龍胎於玄都之宮試玉女於衆仙之堂天事靡盬將俟事暇相示以太上真經也君能勤正一於太清役恒華而命四瀆然後尋我於三天之丘見索於鍾山王屋則真書可得而授焉如其不然無為屈逸駿而步滄津損舟檝而濟溟海矣如向所論陽九百六應期輒降夫安危無專否泰有對超然遠鑒悵懷感慨亢極之災可避而不可禳明期運所鍾聖主不能知是以伯陽棄周關令悟其國弊天人之事彰於品物君何為杳杳久為他仙乎孰若先覺以高飛超紅塵而自潔避甲申於玄涂並真靈而齊列乎言為爾盡君將勗之安期長跪曰今日受教輒奉修焉夫人語明生曰吾不得復停汝隨此君去勿憂念也我亦時當往視汝因以五言詩二篇贈之可以相勗明生流涕而辭乃隨安期負笈入女几山夫人乘龍而去後明生隨師周遊青城廬潛凡二十年乃受金液之方鍊而昇天

樊夫人者劉綱妻也綱仕為上虞令有道術能檄召鬼神禁制變化之事亦潛修密證人莫能知為理尚清靜簡易而政令宣行民受其惠無水旱疫毒鷙暴之傷歲歲大豐暇日常與夫人較其術用俱坐堂上綱作火燒客碓屋從東起夫人禁之即滅庭中兩株桃夫妻各呪一株使相鬬擊良久綱所呪者不知數走出籬外綱唾盤中即成鯉魚夫人唾盤中成獺食魚綱與夫人入四明山路阻虎綱禁之虎伏不敢動適欲往虎即滅之夫人徑前虎即面向地不敢仰視夫人以繩繫虎於床脚下綱每共試術事事不勝將昇天縣廳側先有大皂莢樹綱昇樹數丈方能飛舉夫人平坐冉冉如雲氣之昇同昇天而去後至唐貞元中湘潭有一媪不云姓字但稱湘媪常居止人舍十有餘載矣常以丹篆文字救疾於閭里莫不嚮應鄉人敬之為結構御名華屋數間而奉媪媪曰不然但上木其宅是所願也媪鬓翠如雲肥潔如雪策杖曳履日可數百里忽遇里人女名曰逍遙年二八艷美携筐採菊偶媪瞪視足不能移媪目之曰汝乃受我可同之所止否逍遙欣然擲筐斂衽稱弟子從媪歸室父母奔追及以杖擊之叱而返舍逍遙操益堅竊索自縊親黨敦喻其父母請縱之度不可制遂捨之復詣媪但篙塵易水焚香讀道經而已後月餘媪白鄉人曰某暫之羅浮扃其戶慎勿開也鄉人問逍遙何之曰前往如是三稔人但於戶外窺見小松迸筍而叢生堦砌及媪歸召鄉人同開鎖見逍遙懵坐於室貌若平日唯蒲履為竹稍串於棟宇間媪遂以杖叩地曰吾至汝可覺逍遙如寐醒方起將欲拜忽遺左足如刖於地媪遽令無動拾足勘膝噀之以水乃如故鄉人大駭敬之如神相率數百里皆歸之媪貌甚閑暇不喜人之多相識忽告鄉人曰吾欲往洞庭救百餘人性命誰有心為我設船一隻一兩日可同觀之有里人張拱家富請具舟檝自駕而返之欲至洞庭前一日有大風濤蹙一巨舟沒於君山島上而碎載數十家近百餘人然不至損未有舟檝來救各星居於

島上忽有一白鼉長丈餘遊於沙上數十人擱之撾殺分食其肉明日有城如雪圍繞島上人家莫能辨其城漸窄狹束島上人忙怖號呌囊橐皆為齏粉束其人為簇其廣不三數丈又不可攀援勢已緊急岳陽之人亦遙覩雪城莫能曉也時媪舟已至岸媪遂登島擭劍步罡噀水飛劍而刺之白城一聲如霹靂城遂崩乃一大白鼉長十丈餘蜿蜒而斃劍立其胸遂救百餘人之性命不然頃刻即拘束為血肉矣島上之人咸號泣禮謝命拱之舟返湘潭拱不忍便去忽有道士與媪相遇曰樊姑尒許時何處來甚相慰悅拱詰之道士曰劉綱真君之妻樊夫人也後人方知媪即樊夫人也拱遂歸湘潭後媪與逍遙一時返真

張玉蘭

張玉蘭者天師之孫靈真之女也幼而潔素不茹葷血年十七歲夢赤光自天而下光中金字篆文繚繞數十尺隨光入其口中覺不自安因遂有孕母氏責之終不言所夢唯侍婢知之一旦謂侍婢曰吾不能忍恥而生死而剖腹以明我心其夕無疾而終侍婢以白其事母不欲違冀雪其疑忽有一物如蓮花自踾其腹而出開其中得素金書本際經十卷素長二丈許幅六七寸文明甚妙將非人功玉蘭死旬月常有異香乃傳寫其經而瘞玉蘭百餘日大風雷雨天地晦暝失經其玉蘭所在墳壙自開棺蓋飛在巨木之上視之空棺而已今墓在益州温江縣女郎觀是也三月九日是玉蘭飛昇之日至今鄉里常設齋祭之靈真即天師之子名衡號曰嗣師自漢靈帝光和二年己未正月二十三日於陽平化白日昇天玉蘭產經得道當在靈真上昇之後三國紛兢之時也

繪圖歷代神仙鑑
卷十三
王妙想

王妙想蒼梧女道士也辟穀服氣住黃庭觀邊之水傍朝謁精誠想念丹府由是感通每至月旦常有光景雲物之異重嶂幽壑人所罕到妙想未嘗言之於人如是歲餘朔旦忽有音樂遙在半空虛徐不下稍久散去又歲餘忽有靈香郁烈祥雲滿庭天樂之音震動林壑光燭壇殿如十日之明空中作金碧之色烜爚亂眼不可相視須臾千乘萬騎懸空而下皆乘麒麟鳳凰龍鶴天馬人物儀衛數千人皆長丈餘持戈戟兵杖旌旛幢蓋良久乃鶴蓋鳳車導九龍之輦下降壇前有一人羽衣寶冠佩劍曳履升殿而坐身有五色光赫然羣仙擁從亦數百人妙想即往視謁大仙謂妙想曰吾乃帝舜耳昔勞厭萬國養道此山每欲誘教後進使世人知道無不可教授者且大道在于內不在於外道在身不在他人玄經所謂修之於身其德乃真此蓋修之自己證仙成真非他人所能致也吾覩地司奏汝於此山三十餘歲始終如一守道不邪存念貞神遵稟玄戒汝亦至矣若無所成證此乃道之棄人也玄經云常善救物而無棄物道之布惠周普念物物皆欲成之人人皆欲度之但是世人福果單微道氣浮淺不能精專於道既有所修又不勤久道氣未應而已中怠是人自棄道非道之棄人也汝精誠一至將以百生千生望於所誠不怠不退深可悲愍吾昔遇太上老君示以道德真經理國理身度人行教此亦可以亘天地塞乾坤通九天貫萬物為行化之要修證之本不可譬諭而言也吾常銘之於心布之於物弘化濟俗不敢斯須輙有怠替至今稟奉師匠終劫之寶也但世俗浮詐迷妄者多嗤謙光之人以為懦怯輕退身之道以為迂劣笑絕聖棄智之旨以為荒唐鄙絕仁棄義之詞以為勁捷此蓋迷俗之不知也玄聖之意將欲還淳復朴崇道黜邪斜徑既除至道自顯淳朴已立澆兢自祛此則裁制之義無所施兼愛之慈無所措照灼之聖無所用機譎之智無所行天下混然歸乎大順此玄聖之大旨也奈何世俗浮偽人奔奢巧帝王不得以靜理則萬緒

交馳矣道化不得以坦行則百家紛競矣故曰人之自迷其日固久若洗心潔己獨善其身能以至道為師資長生為歸趣亦難得其人也吾以汝修學勤篤暫來省視爾天骨宿稟復何疑乎汝必得之也吾昔於民間年尚幼沖忽感太上大道君降於曲室之中教以修身之道理國之要使吾瞑目安坐冉冉乘空至南方之國曰揚州上直牛斗下瞰淮澤八十龍之門泛昭回之河匏瓜之津得水源號方山四面各闊千里中有玉城瑤闕云九疑之山山有九峰峰有一水九江分流其下以注六合周而復始泝上於此以灌天河故九水源出此山也上下流注周于四海使我導九州開八域而歸功此山山有三宮一名天帝宮二名紫微宮三名清源宮吾以歷數既往歸理此山上居紫微下鎮于此常以久視無為之道分命仙官下教於人夫諸天上聖高真大仙愍拯歷不常代運流轉陰陽倚伏生死推遷俄爾之間人及陽九百六之會孜孜下教以救於人愈切於世人之求道也世人求道若存若亡繫念存心百萬中無一人勤久者天真憫俗常在人間隱景化形隨方開悟而千萬人中無一人可教者古有言曰修道如初得道有餘多是初勤中惰前功併棄耳道豈負於人哉汝布宣我意廣令開曉也此山九峰者皆有宮室命真官主之其下有寶玉五金靈芝神草三天所鎮之藥太上所藏之經或在石室洞臺雲崖嵌谷故亦有靈司主掌巨虬猛獸螣蛇毒龍以為備衛一曰長安峰二曰萬年峰三曰宗正峰四曰大理峰五曰天寶峰六曰廣得峰七曰宜春峰八曰宜城峰九曰行化峰下有宮闕各為理所九水者一曰銀花水二曰復淑水三曰巢水四曰許泉五曰歸水六曰沙水七曰金花水八曰永安水九曰晉水此九水支流四海周灌無窮山中異獸珍禽無所不有無毒螫鷙獲之物可以度世可以養生可以修道可以登真也汝居山以來未嘗遊覽四表拂衣塵外遐眺空碧俯睇岑巒固不可得而知也吾為汝導之得不勉之修之佇駕景策空然後倒景

而研其本末也於是命侍臣以道德二經及駐景靈丸授之而去如是一年或三五降于黃庭觀十
年後妙想白日昇天茲山以舜修道之所故曰道州營道縣

緱仙姑長沙人也入道居衡山年八十餘容色甚少於魏夫人仙壇精修香火十餘年孑然無侶壇側多虎遊者須結隊執兵而入姑隱其間曾無怖畏數年後有一青鳥形如鳩鴿紅頂長尾飛來所居自語云我南嶽夫人使也以姑修道精苦獨棲窮林命我為伴他日又言西王母姓緱乃姑之祖也聞姑修道勤至將有真官降而授道但時未至耳宜勉於修勵也每有人遊山必青鳥先言其姓字又曰河南緱氏乃王母修道之故山也又一日青鳥飛來曰今夕有暴客無害勿以為怖也其夕果有十餘僧來毀魏夫人仙壇乃一大石方可丈餘其下空浮寄他石之上每一人推之則搖動人多則屹然而震是夕群僧持火挺刃將害仙姑入其室姑在牀上而僧不見僧既出門即推壞仙壇轟然有聲山震谷裂謂已顛墜矣而終不能動僧相率奔走及明有遠村至者云十僧中九僧為虎所食其一不共推故免歲餘青鳥語姑還居他所因徙居湖南鳥亦隨之而往人未嘗會其語鄭畋自承旨學士左遷梧州師事於姑姑謂畋曰此後四海多難人間不可久居吾將隱九嶷矣一旦遂去

昜卯女

陽都女陽都市酒家女也生有異相眉連耳細長衆以為異疑其天人也時有黑山仙人犢子者鄴人也常居黑山採松子茯苓餌之已數百年莫知其姓名常乘犢時人號為犢子時壯時老時醜時美來往陽都酒家女悅之遂相奉侍一旦女隨犢子出取桃一宿而返得桃甚多連葉甘美異於常桃邑人候其去時旣出門二人共牽犢耳而走其速如飛人不能追如是且還復在市中數十年夫婦俱去後有見在潘山之下冬賣桃棗焉

龍女

麗女者幼而不食常慕清虛每云我當昇天不願住世父母以為戲言耳因行經東武山下忽見神仙飛空而來自南向北將逾千里女即端立不敢前進仙人亦至山頂不散即便化出金城玉樓瓊宮珠殿彌滿山頂有一人自山而下身光五色來至女前召女升宮闕之內衆仙羅列儀仗肅然謂曰汝有骨籙當為上真太上命我授汝以靈寶赤書五篇真文按而行之飛昇有期矣昔阿丘曾皇妃皆奉行於此証位高真可不勤耶既受真文羣仙亦隱十年之後白日昇天其所過天真處東武山者即今庚除化也其後道士張方亦居此山於石室中棲止當有赤虎來往室外方不為懼亦得道昇天麗女一本作蓬字

繪圖歷代神仙譜　卷二三　李真多　四

李真多神仙李脫妹也脫居蜀金堂山龍橋峰下修道蜀人歷代見之約其往來八百餘年因號曰李八百焉初以周穆王時居來廣漢棲玄山合九華丹成雲遊五岳十洞二百餘年於海上遇飛陽君授水木之道還歸此山鍊藥成又去數百年或隱或顯遊於市朝又登龍橋峰作九鼎金丹丹成已八百年三於此山學道故世人號此山為三學山亦號為賢山蓋因八百為號丹成試之抹於崖石上頑石化玉光彩瑩潤試藥處於今尚在人或鑿崖取之即風雷為變真多隨兄修道居緜竹中令有真多古跡猶在或來往浮山之側今號真多化即古浮山化也亦如地肺得水而浮真多幼挺仙姿耽尚玄理八百授其朝元默真之要行之數百年狀如二十許人耳神氣莊肅風骨英偉異於弱女之態人或見之不敢正視其後太上老君與玄古三師降而度之授以飛昇之道先於八百白日昇天化側有潭其水常赤乃古之神仙煉丹砂之泉浮山一名萬安山上有二師井飲之愈疾今以真多之名故為真多化也八百又於什邡仙居山三月八日白日昇天

繪圖歷代神仙通鑑 卷之三 天台二女 五

劉晨阮肇入天台採藥遠不得返經十三日饑遙望山上有桃樹子熟遂躋險援葛至其下噉數枚饑止體充欲下山以杯取水見蕪菁葉流下甚鮮妍復有一杯流下有胡麻飯焉乃相謂曰此近人矣遂渡山出一大溪溪邊有二女子色甚美見二人持盃便笑曰劉阮二郎捉向杯來劉阮驚二女遂忻然如舊相識曰來何晚耶因邀還家西壁東壁各有絳羅帳帳角懸鈴上有金銀交錯各有數侍婢使令其饌有胡麻飯山羊脯牛肉甚美食畢行酒俄有群女持桃子笑曰賀汝壻來酒酣作樂夜後各就一帳宿婉態殊絕至十日求還苦留半年氣候草木常是春時百鳥啼鳴更懷鄉歸思甚苦女遂相送指示還路鄉邑零落已十世矣

杜蘭香

杜蘭香者有漁父於湘江洞庭之岸聞兒啼聲四顧無人惟三歲女子在岸側漁父憐而舉之十餘歲天姿奇偉靈顏姝瑩迨天人也忽有青童靈人自空而下來集其家攜女而去臨昇天謂其父曰我仙女杜蘭香也有過謫於人間玄期有限今去矣自後時亦還家其後於洞庭包山降張碩家盍修道者也蘭香降之三年授以舉形飛化之道碩亦得仙初降時留玉簡玉唾盂紅火浣布以為登真之信焉又一夕命侍女賫黃麟羽帔絳履玄冠鶴氅之服丹玉珮揮劍以授於碩曰此上仙之所服非洞天之所有也不知張碩仙官定何班品漁父亦老因益少往往不食亦學道江湖不知所之

蔡女仙者襄陽人也幼而巧慧善刺繡鄰里稱之忽有老父詣其門請繡鳳眼畢功之日自當指點既而繡成五綵光煥老父觀之指視安眼俄而功畢雙鳳騰躍飛舞老父與仙女各乘一鳳昇天而去時降於襄陽南山林木之上時人名為鳳林山後於其地置鳳林關關南由側有鳳臺勑於其宅置靜貞觀有女仙真像存焉云晉時人也出仙傳拾遺

唐開元末冀州棗强縣女道士邊洞玄學道服餌四十年年八十四歲忽有老人持一器湯餅來詣洞玄曰吾是三山仙人以汝得道故來相取此湯餅是玉英之粉神仙所貴頃來得道者多服之爾但服無疑後七日必當羽化洞玄食畢老人曰吾今先行汝後來也言訖不見後日洞玄忽覺身輕齒髮盡換謂弟子曰上清見召不久當往顧念汝等能不悢悢善修吾道無為樂人間事為土棺散魂耳滿七日弟子等晨往問訊動止已見紫雲昏凝徧滿庭戶又聞空中有數人語乃不敢入悉止門外須臾門開洞玄乃乘紫雲竦身空中立去地百餘尺與諸弟子及法侶等辭訣時刺史源復與官吏百姓等數萬人皆遥瞻禮有頃日出紫氣化為五色雲洞玄冉冉而上久之方滅

唐開元天寶中有崔書生於東州邏谷口居好植名花暮春之中英蓝芬鬱遠聞百步書生每初晨必與漱看之忽有一女自西乘馬而來青衣老少數人隨後女有殊色所乘駿馬極佳崔生未及細視則已過矣明日又過崔生乃於花下先致酒茗樽杓鋪陳茵席乃迎馬首拜曰某性好花木此園無非手植今正值香茂頗堪流眄女郎頻日而過計僕馭當疲敢具單醪以俟憩息女不顧而過其後青衣曰但具酒饌何憂不至女顧叱曰何故輕與人言崔生明日又先及鞭馬隨之到別墅之前又下馬拜請良久一老青衣謂女曰馬大疲暫歇無爽因自控馬至當寢下老青衣謂崔生曰君既求婚予為媒妁可乎崔生大悅載拜跪請青衣曰事亦必定後十五六日大是吉辰君於此時但具婚禮所要并於此備酒餚今小娘子阿姊在邏谷中有小疾故日往看省向某去後便當咨啓期到皆至此矣於是俱行崔生在後即依言營備吉日所要至期女及姊皆到其姊亦儀質極麗送留女歸於崔生崔生母在故居殊不知崔生納室崔生以不告而娶但啓以婢媵母見新婦之姿甚美經月餘忽有人送食於女甘香殊異後崔生覺母慈顏衰悴因伏問几下母曰有汝一子冀得求全今汝所納新婦妖媚無雙吾於土塑圖畫之中未曾見此必是狐魅之輩傷害於汝故致吾憂崔生入室見女淚涕交下曰本侍箕箒望以終天不知尊夫人待以狐魅輩明晨即別崔生亦揮涕不能言明日女車騎復至女乘一馬崔生亦乘一馬從送之入邏谷三十里山間有一川川中有異花珍果不可言紀館宇屋室侈於王者青衣百許迎拜曰無行崔郎何必將來於是捧入留崔生於門外未幾一青衣女傳姊言曰崔郎遣行太夫人疑阻事宜便絕不合相見然小妹曾奉周旋亦當奉屈俄而召崔生入責誚再三詞辨清婉崔生但拜伏受譴而已後遂坐於中寢對食食訖命酒召文樂洽奏鏗鏘萬變樂闋其姊謂女曰須令崔郎却迴汝有何物贈送女遂袖中取白玉盒子遺崔生生亦

留別於是各嗚咽而出門至邏谷口回望千巖萬壑無有逕路因慟哭歸家常持玉盒子鬱鬱不樂忽有胡僧扣門求食曰君有至寶乞相示也崔生曰某貧士何有是請僧曰君豈不有異人奉贈乎貧道望氣知之崔生試出玉盒子示僧僧起請以百萬市之遂往崔生問僧曰女郎誰耶曰君所納妻西王母第三女玉巵娘子也姊亦負美名於仙都況復人間所惜君納之不得久遠若住得一年君舉家不死矣

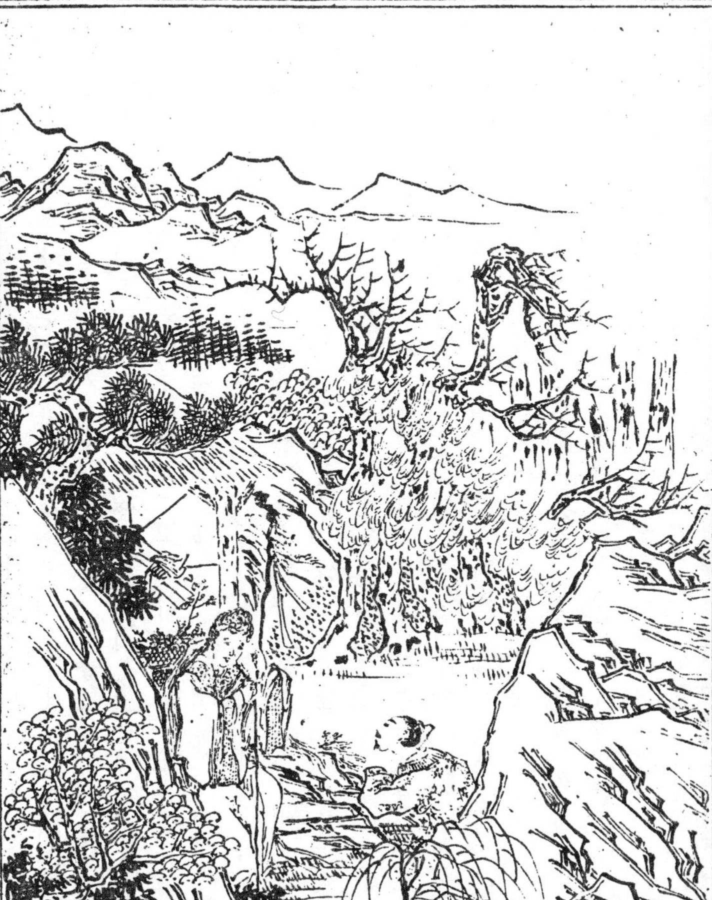

驪山姥不知何代人也李筌好神仙之道常歷名山博採方術至嵩山虎口巖石室中得黃帝陰符本素絹書緘之甚密題云大魏真君二年七月七日道士寇謙之藏之名山用傳同好以糜爛筌抄讀數千徧竟不曉其義理因入秦至驪山下逢一老母髮髻當頂餘髮半垂弊衣扶杖神狀甚異路旁見遺火燒樹因自言曰火生於木禍發必尅筌聞之驚前問曰此黃帝陰符秘文母何得而言之母曰吾受此符已三元六周甲子矣三元一周計一百八十年六周共計一千八年少年從何而知筌稽首再拜具告得符之所因請問玄義使筌正立向明視之曰受此符者當須名列仙籍骨相應仙而後可以語至道之幽妙啓玄關之鎖鑰耳不然者反受其咎也少年顴骨貫於生門命輪齊於月角血脈未減心影不偏性賢而好法神勇而樂智真吾弟子也然四十五歲當有大厄因出丹書符一通貫於杖端令筌跪而吞之曰天地相保於是命坐為說陰符之義曰陰符者上清所秘玄臺所尊理國則太平理身則得道非獨機權制勝之用乃至道之要樞豈人間之常典耶昔雖有暴横黃帝舉賢用能誅彊伐叛以佐神農之理三年百戰而功用未成齋心告天罪已請命九靈金母命蒙狐之使授以玉符然後能通天達誠感動天帝命玄女教其兵機賜帝九天六甲兵信之符此書乃行於世凡三百餘言一百言演道一百言演法一百言演術上有神仙抱一之道中有富國安民之法下有彊兵戰勝之術皆出自天機合乎神智觀其精妙則黃庭八景不足以為玄察其至要則經傳子史不足以為文較其巧智則孫吳韓白不足以為奇一名黃帝天機之書非奇人不可妄傳九竅四肢不具慳貪愚痴驕奢淫佚者必不可使聞之凡傳同好當齋而傳之有本者為師受書者為弟子不得以富貴為重貧賤為輕違之者奪紀二十每年七月七日寫一本藏名山石巖中得加算本命日誦七徧益心機加年壽出三尸下九蟲秘而重之當傳同好耳此書至人學之得其道賢

人學之得其法凡人學之得其殃職分不同也經言君子得之固躬小人得之輕命蓋泄天機也泄天機者沉三劫得不戒哉言訖謂筌曰日已晡矣吾有麥飯相與為食袖中出一瓠令筌於谷中取水既滿瓠忽重百餘斤力不能制而沉泉中却至樹下失姥所在惟於石上留麥飯數升悵望至夕不復見姥筌食麥飯自此不食因絕粒求道注陰符述二十四機著太白陰經述中台志閫外春秋以行於世仕為荊南節度副使仙州刺史

黃觀福者雅州百丈縣民之女也幼不茹葷血好清靜家貧無香以栢葉栢子焚之每凝然靜坐無所營為經日不倦或食栢葉飲水自給不嗜五穀父母憐之率任其意旣笄欲嫁之忽謂父母曰門前水中極有異物女常時多與父母說奇事先兆往往信驗聞之因以為然隨往看之水果來洶湧乃自投水中良久不出漉之得一古木天尊像金彩已駁狀貌與女無異水即澄靜便以木像置路上號泣而歸其母時來視之憶念不已忽有綵雲仙樂引衛甚多與女子三人下其庭中謂父母曰女本上清仙人也有小過謫在人間年限旣畢復歸天上無至憂念也同來三人一是玉皇侍女一是天帝侍辰女一是上清侍書此去不復來矣今來此地疾疫死者甚多以金遺父母使移家益州以避凶歲即留金數餅昇天而去父母如其言移家蜀郡其歲疫毒黎稚尤甚十喪三四即唐麟德年也今俗呼為黃冠佛蓋以不識天尊道像仍是相傳語訛以黃冠福為黃冠佛也

楊正見者眉州通義縣民楊寵女也幼而聰悟仁憫雅尚清虛既笄父母聘同郡王生王亦鉅富好賓客一旦舅姑會親故市魚使正見為膾賓客博戲於廳中日晏而盤食未備正見憐魚之生盆中戲弄之竟不忍殺既晡矣舅姑促責食遲正見懼竄於隣里但行野徑中已數十里不覺疲倦見夾道花木異於人世至一山舍有女冠在焉具以其由白之女冠曰子有慈人好生之心可以教也因留止焉山舍在蒲江縣主簿化側其居無水常使正見汲澗泉女冠素不食為正見故時出山外求糧以贍之如此數年正見恭慎勤恪執弟子之禮未嘗虧怠忽于汲泉之所有一小兒潔白可愛纔及年餘見人喜且笑正見抱而撫怜之以為常矣由此汲水歸遲者數四女冠疑怪而問之正見以事曰女冠曰若復見必抱兒徑來吾欲一見耳自是月餘正見汲泉此兒復出因抱之而歸漸近家見已殭矣視之尤如草樹之根重數斤女冠見而識之乃茯苓也命潔甑以蒸之會山中糧盡女冠出山求糧給正見一日食柴三小束諭之曰甑中之物但盡此三束柴止火可也勿輒視之女冠出山期一夕而回此夕大風雨山水溢道阻十日不歸正見食盡飢甚聞甑中物香因竊食之數日俱盡女冠方歸聞之歎曰神仙固當有定分向不遇雨水壞道汝豈得盡食靈藥乎吾師嘗云此山有人形茯苓得食之者白日昇天吾伺之二十年矣汝今遇而食之真得道者也自此正見容狀益異光彩射人常有衆仙降其室與之論真官天府之事歲餘白日昇天即開元二十一年壬申十一月三日也常謂其師曰得食靈藥即日便合登仙所以遲迴者幼年之時見父母揀稅錢輸官有明淨圓好者竊藏二錢玩之以此為隱藏官錢過罰居人間更一年耳其昇天處即今邛州蒲江縣主簿化也有汲水之處存焉昔廣漢主簿王興上昇於此

張鎬

張鎬南陽人也少為業勤苦隱王房山未嘗釋卷山下有酒家鎬執卷詣之飲二三盃而歸一日見美婦人在酒家揖之與語命以同飲欣然無拒色詞旨明辯容狀佳麗既晚告去鎬深念之通夕不寐未明復往伺之已在酒家矣復召與飲徵詞調之婦人曰君非常人願有所託能終身即所願也鎬許諾與之歸山居十年而鎬勤於墳典意漸疎薄時或忿恚婦人曰君情若此我不可久住但得鯉魚脂一斗合藥即足矣鎬未測所用力求以授之婦以鯉魚脂投井中身亦隨下須臾乘一鯉自井躍出凌空欲去謂鎬曰吾比待子立功立事同昇太清今既如斯固子之薄福也他日守位不終悔亦何及鎬拜謝悔過於是乘魚昇天而去鎬後出山歷官位至宰輔為河南都統常心念不終之言每自咎責後貶辰州司戶復徵用薨時年方六十每話於賓友終身為恨矣

太陰夫人

盧杞少時窮居東都於廢宅內賃舍鄰有麻氏嫗孤獨杞遇暴疾臥月余麻婆來作羹粥疾愈後晚從外歸見金犢車子在麻婆門外盧公驚異窺之見一女年十四五真神人明日潛訪麻婆麻婆曰莫要作婚姻否試與商量杞曰某貧賤焉敢輒有此意麻曰亦何妨既夜麻婆曰事諧矣請齋三日會於城東廢觀既至見古木荒草久無人居逡巡雷電風雨暴起化出樓臺金殿玉帳景物華麗有輜軿降空即前時女子也與杞相見曰某即天人奉上帝命遣人間自求匹偶耳君有仙相故遣麻婆傳意更七日清齋當再奉見女子呼麻婆付兩丸藥須臾雷電黑雲女子已不見古木荒草如舊麻婆與杞歸清齋七日斸地種藥纔種已蔓生未頃刻二葫蘆生於蔓上漸大如兩斛甕麻婆以刀剖其中麻婆與杞各處其一仍令具油衣三領風雷忽起騰上碧霄滿耳只聞波濤之聲久之覺寒令着油衫如在冰雪中復令着至三重甚煖麻婆曰去洛已八萬里長久葫蘆止息遂見宮闕樓臺皆以水晶為墻垣被甲伏戈者數百人麻婆引杞入見紫殿從女百人命杞坐具酒饌麻婆屛立於諸衛下女子謂杞君合得三事任取一事當留此宮壽與天畢次為地仙常居人間時得至此下為中國宰相杞曰在此處實為上願女子喜曰此水晶宮也某為太陰夫人仙格已高足下便是白日昇天然須定不得改移以致相累也乃賫青紙為表當庭拜奏曰須啓上帝少頃聞東北聞聲云上帝使至太陰夫人與諸仙趨降俄有幢節香幡引朱衣少年立階下朱衣宣帝命曰盧杞得太陰夫人狀云欲住水晶宮如何杞無言夫人但令疾應又無言夫人及左右大懼馳入取鮫綃五匹以賂使者欲其稽緩食頃間又問盧杞欲水晶宮住作地仙及人間宰相此度須快杞大呼曰人間宰相朱衣趨去太陰夫人失色曰此麻婆之過速領回推入葫蘆又聞風水之聲却至故居塵榻宛然時已夜半葫蘆與麻婆並不見矣

天水趙旭少孤介好學有姿貌善清言習黃老之道家於廣陵嘗獨葺幽居唯二奴侍側嘗夢一女子衣青衣挑笑牖閒及覺而異之因祝曰是何靈異願覩仙姿幸賜神契夜半忽聞窗外切切笑聲旭知其神復祝之乃言曰吾上界仙女也聞君累德清素幸因寤寐願託清風旭驚喜整衣而起曰襄王巫山之夢洞簫秦女之契乃今知之靈鑒忽臨忻歡交集乃迴燈拂席以延之忽有清香滿室有一女年可十四五容範曠代衣六銖霧綃之衣躡五色連文之履開簾而入旭載拜女笑曰吾天上青童久居清禁幽懷阻曠位居末品時有世念帝罰我人間隨所感配以君氣質虛爽體洞玄默幸託清音願諧神韻旭曰蜉蝣之資假息刻漏不意高真俯垂濟度豈敢妄興俗懷女乃笑曰君宿世有道骨法應仙然已名在金格相當與吹洞簫於紅樓之上撫雲璈于碧落之中乃延坐話玉皇內景之事夜鼓乃令施寢具旭貧無可施女笑曰無煩仙郎乃命備寢內須臾霧暗食頃方收其室中施設珍奇非所知也遂携手于內其瓌姿發越希世罕傳夜深忽聞外一女呼青夫人旭駭以問之答曰同宮女子相尋爾勿應乃扣柱歌曰月露飄颻星漢斜獨行窈窕浮雲車仙郎獨邀青童君結情羅帳連心花歌甚長旭唯記兩韻謂青童君曰可延入否答曰此女多言慮洩吾事於上界耳旭曰設琴瑟者由人調之何患乎乃起迎之見一神女在空中去地丈餘許侍女六七人建九明蟠龍之蓋戴金精舞鳳之冠長裙曳風璀璨心目旭載拜邀之乃下曰吾嫦娥女也聞君與青君集會故捕逃耳便入室青君笑曰卿何已知吾處也答曰佳期不相告誰過耶相與笑樂旭喜悅不知所裁既同歡洽將曉侍女進曰雞鳴矣巡人案之女曰命車答曰備矣約以後期答曰慎勿言之世人吾不相棄也及出户有五雲車二乘浮於空中遂各登車訣別靈風颯然凌虛而上極目乃滅旭不自意如此喜悅交甚但灑掃焚名香絕人事以待之隔數夕復来来時皆先有清風肅然異香從之

其所從仙女益多歡娛日給為旭致行厨珍膳皆不可識甘美殊常每一食經旬不饑但覺體氣沖爽旭因求長生久視之道密受隱訣其大抵如抱朴子內篇修行旭亦精誠感通又為旭致天樂有仙妓飛奏簷楹而不下謂旭曰君未列仙品不合正御故不下也其樂唯笙簫琴瑟畧同人間其餘並不能識聲韻清鏘奏訖而雲霧霏然已不見矣又為旭致珍寶奇麗之物乃曰此物不合令世人見吾以卿宿世當仙得肆所欲然仙道密妙與世殊途君若洩之吾不得來也旭言誓重疊後歲餘旭奴盜琉璃珠鬻於市適值胡人捧而禮之酧價百萬奴驚不伏胡人逼之而相擊官勘之奴悉陳狀旭都未知其夜女至愴然無容曰奴洩吾事當逝矣旭方知失奴而悲不自勝女曰甚知君心然事亦不合長與君往來運數然耳自此訣別努力修持當速相見也其大要以心死可以身生保精可以致神遂留仙樞龍席隱訣五篇內多隱語亦指驗於旭旭洞曉之將旦而去旭悲哽執手女曰悲自何來旭曰在心所牽耳女曰身為心牽鬼道至矣言訖竦身而上忽不見室中簾幃器具悉無矣旭恍然自失其後寤寐彷彿猶尚往來旭大曆初猶在淮泗或有人於益州見之短小美容範多在市肆商貨故時人莫得辨也仙樞五篇篇後有旭紀事詞甚詳悉

謝自然者其先兖州人父寰居果州南克舉孝廉鄉里器重建中初刺史李端以試秘書省校書表為從事母胥氏亦邑中右族自然性穎異不食葷血年七歲母令隨尼越惠經年以疾歸又令隨尼日朗十月求還常所言多道家事詞氣高異其家在大方山下頂有古像老君自然因拜禮不願却下母從之乃徙居山頂自此常誦道德經黃庭內篇年十四其年九月因食新稻米飰云盡是蛆虫自此絕粒數取皂莢煎湯服之即吐痢困劇腹中諸虫悉出體輕目明其虫大小赤白狀類頗多自此猶食柏葉日進一枝七年之後柏亦不食九年之外仍不飲水貞元三年三月於開元觀詣絕粒道士程太虛受五千文紫靈寶籙六年四月刺史韓佾至郡疑其妄延入州北堂東閤閉之累月方率長幼開鑰出之膚體宛然聲氣朗暢佾即使女自明師事焉先是父寰旋遊多年及歸見自然修道不食以為妖妄曰我家世儒風五常之外非先王之法何得有此妖惑因鎖閉堂中四十餘日益加爽秀寰方驚駭焉七年九月韓佾舉於大方山置壇請程太虛具三洞籙十一月徙自然居於州郭貞元九年刺史李堅至自然告云居城郭非便願依泉石堅即築室於金泉山移自然居之山有石嵌竇水灌其口中可澡飾形神揮斥氛澤自然初駐山有一人年可四十自稱頭陀衣服形貌不類緇流云速訪真人合門皆拒之云此無真人頭陀但笑耳舉家拜之獨不受自然拜施錢二百竟亦不受乃施手巾一條受之云後會日當以此相示須臾出門不知所在久之當午有一大蛇圍三尺長丈餘有兩小白角以頭枕房門吐氣滿室斯須雲霧四合及霧散蛇亦不見自然所居室惟容一牀四邊纔通人行白蛇去後常有十餘小蛇或大如臂或大如股旦夕在牀左右或黑或白或吐氣或有聲各各盤結不相毒螫又有兩虎出入必從人至則隱伏不見家犬吠虎凡八年自遷居郭中犬留方出上昇之後犬不知所在自然之室父母亦不敢同坐其牀或輙詣其中必有異變自是

呼為仙女之室常晝夜獨居深山窮谷無所畏怖亦云誤踏蛇背其冷如冰虎在前後異常腥臭兼言常有天使八人侍側二童子青衣戴冠八使衣黃又二天神衛其門屏如今壁畫諸神手執鎗鉅每行止則諸使及神驅斥侍衛又云某山神姓陳名壽魏晉時人并說真人位高仙人位卑言已將授東極真人之任貞元十年三月三日移入金泉道場其日雲物明媚異於常景自然云此日天真羣仙皆會金泉林中長有鹿未嘗避人士女雖衆亦馴擾明日上仙送白鞍一具縷以寶鈿上仙曰以此遺之其地可安居也五月八日金母元君命盧使降之從午至亥六月二十日聞使從午至戌七月一日崔張二使從寅至午多說神仙官府之事言上界好奕棊多音樂語笑率論至道元妙之理又云此山千百蛇虫悉驅向西矣盡以龍鎮其山道場中常有二虎五麒麟兩青鸞或前或後或飛或鳴麟如馬形五色有角紫麟駿尾白者常在前舉尾茗幕七月十一日上仙杜使降石壇上以符一道丸如藥丸使自然服之十五日可焚香五爐於壇上五爐於室中至時真人每來十五日五更有青衣七人內一人稱中華云食時上真至良久盧使至云金母來須臾金母降於庭自然拜禮母曰別汝兩刼矣自將几案陳設珍奇溢目命自然坐初盧使侍立久亦令坐盧云暫詣紫極宮看中元道場官吏士庶咸在逡巡盧使來云此一時全勝以前齋問其故云此度不燒乳頭香乳頭香天真惡之唯可燒和香耳七月崔張二使至問自然能就長林居否答云不能二使色似不悅二十二日午前金母復降云為不肯居長林被貶一階長林仙宮也戌時金母去崔使方云上界最尊金母賜藥一器色黃白味甘自然餌不盡却將去又將衣一副珠碧綠色相間外素內有文其衣縹緲執之不着手且却將去已後卽取汝來又將桃一枝大於臂上有三十桃碧色大如椀云此猶是小者是日金母乘鸞侍者悉乘龍及鶴五色雲霧浮泛其下金母云便向州中過羣仙後去望之皆在

雲中其日州中馬坊廚戟門皆報云長虹入州翌日李堅問於自然方驗之紫極宮亦報虹入遠近共見八月九日十日十一日羣仙日來傳金母敎速令披髮四十日金母當自來所降使或言姓崔名某將一板濶二尺長五尺其上有九色每羣仙欲至墻壁間悉熒煌似鏡羣仙亦各自有几案隨從自然每披髮則黃雲繚繞其身又有七人黃衣戴冠侍於左右自八月十九日巳後日誦黃庭經十遍誦時有二童子侍立丹一遍卽抄錄至十遍童子一人便將向上界去九月一日羣仙又至將桃一枝大如斗半赤半黃半紅云鄉里甚足此果割一臠食餘則侍者郤收九月五日金母又至持三道符令吞之不令着水服之覺身心殊勝金母云更一來則不來矣又指旁側一仙云此卽汝同類也十五日平明一仙便至不言姓名將三道符傳金母敎盡令服之又將桃六臠令食食三臠又將去其使至暮方還十月十一日入靜室之際有仙人來召卽乘麒麟昇天將天衣來迎自然所着衣留在繩牀上郤回着舊衣置天衣於鶴背將去云去時乘驎回時乘鶴也十九日盧仙使來自辰至未方去每天使降時鸞鶴千萬衆仙畢集位高者乘鸞次乘麒麟次乘龍鸞鶴每翅各大丈餘近有大鳥下長安鸞之大小幾欲相類但毛彩異耳言下長安者名曰天雀亦曰神雀每降則國家當有大福二十五日滿身毛髮孔中出血沾漬衣裳皆作通帔山水橫紋就溪洗濯轉更分明向日看似金色手觸之如金聲二十六日二十七日東嶽夫人併來勸令沐浴兼用香湯不得令有乳頭香又云天上自有神非鬼神之神上界無削髮之人若得道後悉皆戴冠功德則一凡齋食切忌當之尤宜潔淨器皿亦爾上天諸神每齋卽降而視之深惡不精潔不唯無福亦當獲罪李堅常與夫人于几上誦經先讀外篇次讀內篇內卽魏夫人傳中本也大都精思講讀者得福麁行者招罪立驗自然絕粒凡一十三年晝夜寐兩膝上忽有印形小於人間官印四壖若有古篆六字槃如白玉今

年正月其印移在兩膝內並膝則兩印相合分毫無差又有神力日行二千里或至千里人莫知之冥夜深室纖微無不洞鑒又不衣綿纊寒不近火暑不搖扇人問吉凶善惡無不知者性嚴重深密事不出口雖父母亦不得知以李堅崇尚至道稍稍言及云天上亦欲遣世間奉道人知之俾其尊明道教又言凡禮尊像四拜為重三拜為輕又居金泉道場每靜坐則羣鹿必至又云凡人能清淨一室焚香諷黃庭道德經或一遍或七遍全勝布施修齋凡誦經在精心不在遍數多事之人中路而退所損尤多不如元不會者慎之慎之人命至重多殺人則損年夭壽來往之報永無休止矣又每行常聞天樂皆先唱步虛詞多止三首第一篇第五篇第八篇步虛訖卽奏樂先撫雲璈雲璈形圓似鏡有絃凡傳道法必須至信之人魏夫人傳中切約不許傳教但令秘密亦恐乖於折中夫藥力只可益壽若昇天駕景全在修道服藥修道事頗不同服柏便可絕粒若山谷難求側柏只尋常柏葉但不近邱墓便可服之石上者尤好曝乾者難將息旋採旋食尚有津潤易清益人大都柏葉茯苓枸杞胡麻俱能常年久視可試驗修道要山林靜居不宜俯近村柵若城郭不可以其葷腥靈仙不降與道背矣煉藥飲水宜用泉水尤惡井水仍須遠家及血屬處有恩情忽起卽非修持之行凡食米體重食麥體輕辟穀入山須依衆方除三虫伏尸凡服氣先調氣次閉氣出入不由口鼻令滿身自由則生死不能侵矣是年九月霖雨甚自然自金泉往南山省程君凌晨到山衣履不濕詰之云旦離金泉耳程君甚異之十一月九日詣州與李堅別云中旬的去矣亦不更入靜室二十日辰時於金泉道場白日昇天士女數千人咸共瞻仰祖母周氏母胥氏妹自柔弟子李生聞其訣別之語曰勤修至道須臾五色雲遮亘一川天樂異香散漫彌久所着衣冠簪帔一十事脫留小繩牀上結繫如舊刺史李堅表聞詔褒美之李堅述金泉道場碑立本末為傳云天上有白堂玉老君居

之殿壁上高列真仙之名如人間壁記時有朱書注其下云降世為帝王或為宰輔者又自然當昇天時有堂内東壁上書記五十二字云寄語主人及諸眷屬但當全身莫生悲苦自可勤修功德併諸善心修立福田清齋念道百刼之後冀有善緣早會清原之鄉卽與相見其書迹存焉

盧眉娘 一

唐永真年南海貢奇女盧眉娘年十四歲眉娘生眉如線且長故有是名本北祖帝師之裔自大定中流落嶺表後漢盧景裕景祚景宣景融兄弟四人皆為皇王之師因號帝師眉娘幼而慧悟工巧無比能于一尺絹上繡法華經七卷字之大小不踰粟粒而點畫分明細如毛髮其品題章句無不具矣更善作飛仙蓋以絲一鉤分為三段染成五色結為金蓋五重其中有十洲三島天人玉女臺殿麟鳳之像而執幢捧節童子亦不啻千數其蓋闊一丈秤無三兩煎靈香膏傳之則堅硬不斷唐順宗皇帝嘉其工謂之神姑因令止于宮中每日止飲酒二三合至元和中憲宗嘉其聰慧而又奇巧遂賜金鳳環以束其腕眉娘不願在禁中遂度為道士放歸南海仍賜號曰逍遙及後神遷香氣滿堂弟子將葬舉棺覺輕即徹其蓋惟見之舊履而已後人見往往乘紫雲遊於海上羅浮處士李象先作羅逍遙傳而象先之名無聞故不為時人傳焉

崔少玄者唐汾州刺史崔恭之小女也其母夢神人衣綃衣駕紅龍持紫函受於碧雲之際乃孕十四月而生少玄既生而異香襲人端麗殊絕紺髮覆目耳璫及頤右手有文曰盧自列妻後十八年歸于盧陲陲小字自列歲餘陲從事閩中道過建溪遠望武夷山忽見碧雲自東峰來中有神人翠冠緋裳告陲曰玉華君來乎陲怪其言曰誰為玉華君曰君妻即玉華君也因是反告之妻曰扶桑夫人紫霄元君果來迎我事已明矣難復隱諱遂整衣出見神人對語久之然夫人之音陲莫能辨逡巡揖而退陲拜而問之曰少玄雖胎育之人非陰隲所積昔居無欲天為玉皇左侍書謚曰玉華君主下界三十六洞學道之流每至秋分日即持簿書來訪志道之士嘗貶落所犯為與同宮四人退居靜室嗟嘆其事恍惚如有欲想太上責之謫居人世為君之妻二十三年矣又遇紫霄元君已前至此今不復近附於君矣至閩中日獨居靜室陲既駭異不敢輒踐其間往往有女真或二或四衣長綃衣作古鬟髻周身光明燭燿如畫來詣其室升堂連榻笑語通夕陲至而看之亦皆天人語言不可明辨試問之曰神仙秘密難復漏泄況累至重不可不隱陲守其言誡亦常隱諱泊陲罷府恭又解印組得家於洛陽陲以妻之誓不敢陳泄於恭後二年謂陲曰少玄之父壽算止于二月十七日某雖神仙中人生于人世為有撫養之恩若不救之枉其報矣乃請其父曰大人之命將極於二月十七日少玄受劬勞之恩不可不獲遂發絳箱取扶桑大帝金書黃庭內景之書致於其父曰大人之壽常數極矣若非此書不可救免今將授父可讀萬徧以延一紀乃令恭沐浴南向而跪少玄當几授以功章寫於青紙封以素函奏之上帝又召南斗注生真君附奏上帝須臾有三朱衣人自空而來跪少玄前進脯羞嗡酒三爵手持功章而去恭大異之私訊於陲陲諱之經月餘遂命陲語曰玉清真侶將雪予於太上今復召為玉皇左侍書玉華君主化元精炁施布仙品將欲反神還

於無形復侍玉皇歸彼玉清君莫泄是言遺予父母之念又以救父之事泄露神仙之術不可久留人世之情畢于此矣陲跪其前嗚呼流涕曰下界蟻虱黷汚仙上永淪穢濁不得昇舉乞賜指喻以救沉痼久永不忘其恩少玄曰予留詩一首以遺子予上界天人之書皆雲龍之篆下界見之或損或益亦無會者予當執管記之其詞曰

得之一元　匪受自天　太老之真　無上之仙　光含影藏　形於自然
真安匪求　神之久留　淑美其真　體性剛柔　丹霄碧虛　上聖之儔
百歲之後　空於墳丘

陲載拜受其辭晦其義理跪請講貫以為指明少玄曰君之於道猶未熟習上仙之韻昭明有時至景申年中遇琅琊先生能達其時與君開釋方見天路未悶但當保之言畢而卒九日葬舉棺如空發櫬視之留衣而蛻處室十八居閩三歸洛二在人間二十三年後陲與恭皆保其詩遇儒道適達者示之竟不能會至景申年中九疑道士王方古其先琅琊人也遊華嶽迴道次于陝郊時陲亦客于其郡因詩酒夜話論及神仙之事時會中皆貴道尚德各徵其異殿中侍御史郭固左拾遺齊推右司馬韋宗卿王建皆與崔恭有舊因審少玄之事於陲陲出涕泣恨其妻所留之詩絕無會者方古請其辭吟詠須臾即得其旨歎曰太無之化金華大仙亦有傳於後會哉時坐客聳聽其詞句句解釋流如貫珠凡數千言方盡其義因命陲執筆盡書先生之辭目曰少玄玄珠心鏡好道之士家多藏之

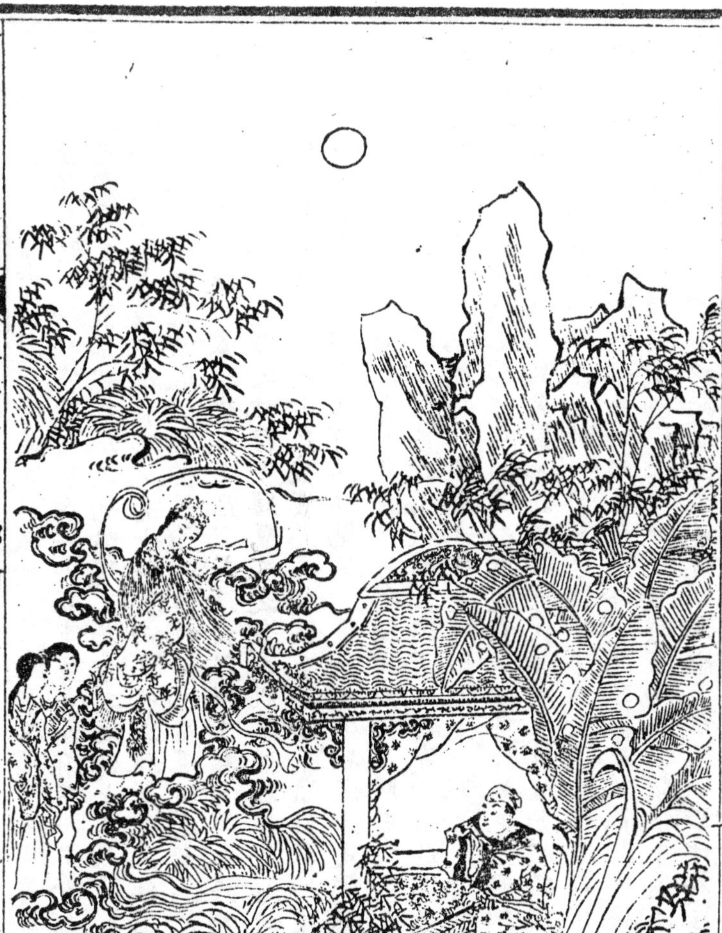

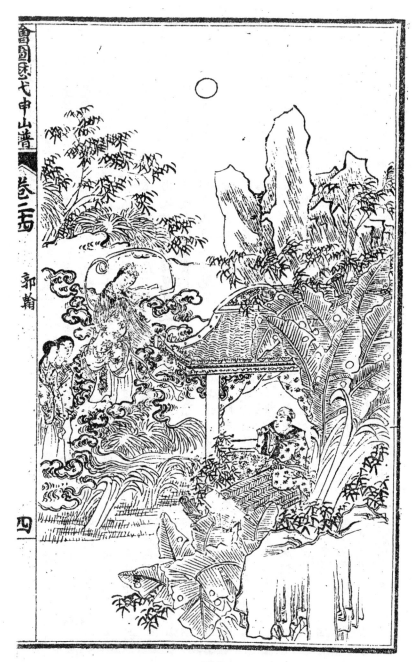

太原郭翰少簡貴有清標姿度美秀善談論工草隸早孤獨處當盛暑乘月卧庭中時有清風稍聞香氣漸濃翰甚怪之仰視空中見有人冉冉而下直至翰前乃一少女也明艷絶代光彩溢目衣玄綃之衣曳霜羅之披戴翠翹鳳凰之冠躡瓊文九章之履侍女二人皆有殊色感蕩心神翰整衣巾下牀拜謁曰不意尊靈迥降願垂德音女徽笑曰吾天上織女也久無主對而佳期阻曠幽態盈懷上帝賜命遊人間仰慕清風願託神契翰曰非敢望也益深所感女為敕侍婢淨掃室中張霜霧丹縠之幃施水晶玉華之簟轉會風之扇宛若清秋乃攜手升堂解衣共卧其襯體輕紅綃衣似小香囊氣盈一室有同心龍腦之枕覆雙縷鴛文之衾柔肌膩體深情密態妍艷無匹欲曉辭去面粉如故為試拭之乃本質也翰送出户凌雲而去自後夜夜皆來情好轉切翰戲之曰牽郎何在那敢獨行對曰陰陽變化關渠何事且河漢隔絶無可復知縱復知之不足為慮因撫翰心前曰世人不明瞻矚耳翰又曰卿已託靈辰象辰象之門可得聞乎對曰人間觀之只見是星其中自有宮室居處羣仙皆遊觀焉萬物之精各有象在天成形在地下人之變必形於上也吾今觀之皆了了自識因為翰指列宿分位盡詳紀度時人不悟者翰遂洞知之後將至七夕忽不復來經數夕方至翰問曰相見樂乎笑而對曰天上那比人間正以感運當爾非有他故也君無相忌問曰卿來何遲答曰人中五日彼一夕也又為翰致天廚悉非世物徐視其衣並無縫翰問之謂翰曰天衣本非針線為也每去輒以衣服自隨經一年忽於一夕顏色悽惻涕流交下執翰手曰帝命有程便可永訣遂嗚咽不自勝翰驚惋曰尚餘幾日在對曰只今夕耳遂悲泣徹曉不眠及旦撫抱為別以七寶椀一留贈言明年某日當有書相問翰答以玉環一雙便履空而去迴顧招手良久方滅翰思之成疾未嘗暫忘明年至期果使前者侍女將書函致翰遂開封以青縑為紙鉛丹為字言詞清麗情意重疊書末

有詩二首詩曰河漢雖云濶三秋尚有期情人終已矣良會更何時又曰朱閣臨清漢瓊宮御紫房佳期情在此只是斷人腸翰以香箋答書意甚慊切并有酬贈詩二首詩曰人世將天上由來不可期誰知一迴顧交作兩相思又曰贈枕猶香澤啼衣尚淚痕玉顏霄漢裏空有往來魂自此而絕是年太史奏織女星無光翰思不已凡人間麗色不復措意復以繼嗣大義須婚强娶程氏女所不稱意復以為嗣遂成反目翰後宮至侍御史而卒

上海南市彩衣街總發行所

掃葉山房書籍目錄

詞林紀事	十二册	三元
大字精本絶妙好詞箋	四册	六角
十六國宮詞	四册	八角
詞律校勘記	二册	二角五分
十國宮詞	一册	一角
明宮詞	一册	一角五分
吳梅村詞	一册	一角五分
二三家宮詞	一册	二角
張惠言詞選	一册	二角
歷朝名媛詩詞	四册	一元
評選古詩源	四册 洋紙本	四角 八角
史通削繁	四册	一元
四書反身錄	四册	八角
涑水紀聞	四册	八角
文心雕龍	四册	八角
大字古文筆法	六册	四角
茗柯文編	二册	四角

粟香隨筆	十二册 洋紙本	二元五角 三元五角
鷗陂漁話吹網錄	六册	一元五角
廣虞初新志	八册	一元二角
世說新語	六册 本洋紙	一元 六角
齊東野語	四册	八角
夢言	四册	四角
談史志奇	二册	三角
談異	四册	四角五分
美人千態詩	一册	二角
歷代神仙傳	八册	一元
男女必讀畜德錄	六册	一元二角
天后聖蹟全圖	一册	三角
道古堂全集		印
蓮洋集		
崇百藥齋全集		刷
此木軒筆記		
韓湘子全集		中

分發行所　北市棋盤街　漢口黃陂街　蘇州閶門內　松江馬路橋

裴玄靜緱氏縣令昇之女鄠縣尉李言妻也幼而聰慧母教以詩書皆誦之不忘及笄以婦功容自飾而好道請于父母置一靜室披戴父母亦好道許之日以香火瞻禮道像女使侍之必逐於外獨居別有女伴言笑父母看之復不見人詰之不言潔思閑淡雖骨肉常見亦執禮曾無慢容及年二十父母欲歸於李言聞之固不可唯願入道以求度世父母抑之曰女生有歸是禮婦時不可失禮不可虧儻入道不果是無所歸也南嶽魏夫人亦從人育嗣後為上仙遂適李言婦禮臻備未一月告于李言以素修道神人不許為君妻請絕之李言亦慕道從而許焉乃獨居靜室焚修夜中聞言笑聲李言稍疑未之敢驚潛壁隙窺之見光明滿室異香芬馥有二女子年十七八鳳髻霓衣姿態婉麗侍女數人皆雲髻綃服綽約在側玄靜與二女子言談李言異之而退及旦問於玄靜答曰有之此崑崙仙侶相省上仙已知君窺以術止之而君未覺更來慎勿窺也恐君為仙官所責然玄靜與君宿緣甚薄非久在人間之道念君後嗣未立候上仙來當為言之後一夕有天女降李言之室經年復降送一兒與李言此君之子也玄靜即當去矣後三日有五雲盤旋仙女奏樂白鳳載玄靜昇天向西北而去時大中八年八月十八日在溫縣供道村李氏別業

薛氏者河中少尹馮徽妻也自號玄同適馮徽二十年乃言素志稱疾獨處焚香誦黃庭經日二三遍又十三年夜有青衣玉女二人降其室將至有光如月照其庭廡香風颯然時秋初殘暑方甚而清涼虛爽飄若洞中二女告曰紫虛元君主領南方下校文籍命諸真大仙於六合之內名山大川有志道者必降而教之玄同善功地司累奏簡在紫虛之府況聞女子立志君尤嘉之即日將親降於此如此凡五夕皆焚香嚴盛以候元君咸通十五年七月十四日元君與侍女群真二十七人降于其室玄同拜迎于門元君憩坐良久示以黃庭澄神存修之旨賜九華丹一粒使八年後吞之當遣玉女飈車迎汝於嵩嶽矣言訖散去玄同自是冥心靜神往往不食雖真仙降眄光景燭空靈風異香雲璈鈞樂奏於其室馮徽亦不知也常復毀笑及黃巢犯闕馮與玄同寓晉陵中和元年十月舟行至瀆口欲抵別墅忽見河濱有朱紫官吏及戈甲武士立而序列若迎候狀所在寇盜舟人見之驚愕不進玄同曰無懼也即移舟及之官吏皆拜玄同曰未也猶在春中但去無速也遂各散去同舟者莫測之明年二月玄同沐浴餌紫靈所賜之丹二仙女亦密降其室十四日稱疾而卒有仙鶴三十六隻翔集庭宇形質柔緩狀若生人額中有白光一點良久化為紫氣沐浴之際玄髮重生立長數寸十五日夜雲彩滿空忽爾雷電棺蓋飛在庭中失尸所在空衣而已異香群鶴浹旬不休時僖宗在蜀浙西節度使周寶表其事詔付史官

戚逍遙冀州南宮人也父以教授自資逍遙十餘歲好道清淡不為兒戲父母亦好道常行陰德父以女誡授逍遙逍遙曰此常人之事耳遂取老子仙經誦之年二十餘適同邑蒯潯舅姑酷責之以蠶農怠惰而逍遙旦夕以齋潔修行為事殊不以生計在心蒯潯亦屢責之逍遙白舅姑請返於父母及父母家亦逼迫終以不能為塵俗事願獨居小室修道以資舅姑蒯潯及舅姑俱疑乃棄之於室而逍遙但以香水為資絕食靜想自歌曰笑看滄海欲成塵王母花前別衆真千歲却歸天上去一心珍重世間人蒯氏及隣里悉以為妖夜聞室內有人語聲及曉見逍遙獨坐亦不驚又三日晨起舉家聞屋裂聲如雷但見所服衣履在室內仰視半天有雲霧鸞鶴復有仙樂香軿彩仗羅列逍遙與仙衆俱在雲中歷歷聞分別言語蒯潯馳報逍遙父母到猶見之郭邑之人咸奔觀望無不驚歎

葛玄字孝先從左元放受九丹金液仙經未及合作常服餌朮尤長於治病鬼魅皆見形或遣或殺能絕穀連年不饑能積薪烈火而坐其上薪盡而衣冠不灼飲酒一斛便入深泉澗中臥酒解乃出身不濡濕玄備覽五經又好談論好事少年數十人從玄遊學嘗船行見器中藏書札符數十枚因問此符之驗能為何事可得見否玄曰符亦何所為乎即取一符投江中逆流而上曰何如客曰異矣又取一符投江中停立不動須臾下符上上符下三符合一處玄乃取之又江邊有一洗衣女玄謂諸少年曰吾為卿等走此女何如客曰善乃投一符于水中女便驚走數里許不止玄曰可以使止矣復以一符投水中女即止還人問女何怖而走答曰吾自不知何故也玄常過主人主人病祭祀道精主人使玄飲酒精人言語不遜玄大怒曰奸鬼敢爾敕五伯曳精人縛柱鞭脊即見如有人牽精人出者至庭抱柱解衣投地但聞鞭聲血出流漓精人故作鬼語乞命玄曰赦汝死罪汝能令主人病愈否精人曰能玄曰與汝三日期病者不愈當治汝精人乃見放玄嘗行過廟此神常使往來之人未至百步乃下騎乘中有大樹數十株上有衆鳥莫敢犯之玄乘車過不下須臾有大風迴逐玄車塵埃漫天從者皆辟易玄乃大怒曰小邪敢爾即舉手止風風便止玄還以符投廟中樹上鳥皆墮地而死後數日廟樹盛夏皆枯尋廟屋火起焚燒悉盡玄見賣魚者在水邊玄謂魚主曰欲煩此魚至河伯處可乎魚人曰魚已死矣何能為玄曰無苦也乃以魚與玄玄以丹書紙納魚腹擲魚水中俄頃魚還躍上岸吐墨書青色如大葉而飛去玄常有賓後來者出迎之坐上又有一玄與客語迎送亦然時天寒玄謂客曰貧居不能人人得爐火請作火共使得煖玄因張口吐氣赫然火出須臾滿屋客盡得如在日中亦不甚熱諸書生請玄作可以戲者玄時患熱方仰臥使人以粉粉身未及結衣答曰熱甚不能起作戲玄因徐徐以腹指屋棟數十過還復牀上及下冉冉如雲氣腹

粉着屋棟連日猶在玄方與客對食食畢漱口口中飯盡成大蜂數百頭飛行作聲良久張口群蜂還飛入口中玄嚼之故是飯也玄手拍牀蝦蟆及諸蟲飛鳥燕雀魚鱉之屬使之舞皆應絃節如人玄止之即止玄冬中能為客設生瓜夏致氷雪又能取數十錢使人散投井中玄徐徐以器於上呼錢出於是一一飛從井中出悉入器中玄為客致酒無人傳杯杯自至人前或飲不盡杯亦不去畫流水即為逆流十丈許于時有一道士頗能治病從中國來欺人言我數百歲玄知其誑後會衆坐玄謂所親曰欲知此公年否所親曰善忽有人從天上下舉座矚目良久集地着朱衣進賢冠入至此道士前曰天帝詔問公之比年幾許而欺誑百姓道士大怖下牀長跪答曰無狀實年七十三玄因撫手大笑忽然失朱衣所在道士大慚遂不知所之吳大帝請玄相見欲加榮位玄不聽求去不得以客待之常共遊宴坐上見道間人民請雨帝曰百姓請雨安可得乎玄曰易得耳即便書符著社中一時之間天地晦冥大雨流注中庭平地水尺餘帝曰水寧可使有魚乎玄曰可復書符水中須臾有大魚百許頭亦各長一二尺走水中帝曰可食乎玄曰可遂使取治之乃真魚也常從帝行舟遇大風百官船無大小多濡沒玄船亦淪失所在帝歎曰葛公有道亦不能免此乎乃登四望山使大船鈎船沒已經宿忽見玄從水上來既至尚有酒色謝帝曰昨因侍從而伍子胥見彊牽過卒不得捨去煩勞至尊暴露水次玄每行卒逢所親要于道間樹下折草刺樹以杯器盛之汁流如泉杯滿即止欲之皆如好酒又取土石草木以下酒入口皆是鹿脯其所刺樹以杯承之杯至即汁出杯滿即止他人取之終不為出也或有請玄玄意不欲往主人彊之不得已隨去行數百步玄腹痛止而臥地須臾死舉頭頭斷舉四肢四肢斷更臭爛蟲生不可復近請之者遽走告玄家更見玄故在堂上此人亦不敢言之走還向玄死處已失玄尸所在與人俱行能令去地三四尺仍並而步又

玄遊會稽有賈人從中國過神廟廟神使主簿教語賈人曰欲附一封書與葛公可為致之主簿因以函書擲賈人船頭如釘着不可取及達會稽即以報玄玄自取之即得語弟子張大言曰吾為天子所逼留不遑作大藥今當尸解八月十三日日中當發至期玄衣冠入室卧而氣絶其色不變弟子燒香守之三日夜半忽大風起發屋折木聲如雷炬滅良久風止忽失玄所在但見委衣床上帶無解者旦問鄰家鄰家人言了無大風風止止一宅籬落樹木皆敗折也

繪圖歷代神仙傳／（清）石園主人輯--影印本--臺北市：臺灣學生，民 78

14,532面；21公分--（中國民間信仰資料彙編第一輯；9）

ISBN 957-15-0017-8（精裝）：全套新臺幣 20,000 元

I（清）石園主人輯 II 中國民間信仰資料彙編第1輯；9

272.08/8494 V. 9

中國民間信仰資料彙編 第一輯

王秋桂 李豐楙 主編

繪圖歷代神仙傳（全一册）

編輯者：清・石園主人
出版者：臺灣學生書局
發行人：丁文治
發行所：臺灣學生書局
臺北市和平東路一段一九八號
郵政劃撥帳號〇〇〇二四六六～八號
電話：三六三四一五六
本書局登記證字號：行政院新聞局局版臺業字第一一〇〇號
印刷所：明國印製有限公司
地址：台北市桂林路二四二巷五七號
電話：三〇八九八二〇
香港總經銷：藝文圖書公司
地址：九龍又一村達之路三十號地下後座
電話：三－八〇五八〇七
中華民國七十八年十一月景印初版

27203-9

ISBN 957-15-0017-8（套）